THE THIRD WAVE:
Russian Literature in Emigration

Edited by Olga Matich with Michael Heim

Ardis, Ann Arbor

Ardis Publishers
2901 Heatherway
Ann Arbor, Michigan 48104

311549

Library of Congress Cataloging in Publication Data
Main entry under title:

The Third wave.

1. Russian literature—Foreign countries—History and
criticism—Addresses, essays, lectures. I. Matich, Olga.
II. Heim, Michael Henry.
PG3515.T45 1984   891.7'09'920693   84-376
ISBN 0-88233-782-3
ISBN 0-88233-783-1 (pbk.)

CONTENTS

DAY TWO: POLITICS AND LITERATURE

DAY THREE: LITERATURE BEYOND POLITICS

List of Illustrations

PREFACE

On May 14-16, 1981 a number of Russian writers who had recently emigrated from the Soviet Union and were living in various parts of the United States and Western Europe gathered at the University of Southern California in Los Angeles to meet one another, a battery of critics and journalists, and an audience of approximately five hundred to discuss the present and future of Russian literature. The event was called "Russian Literature in Emigration: The Third Wave."

The Los Angeles conference was not the first of its kind. In 1928 the Yugoslav government sponsored a gathering of Russian "first wave" emigre writers from all over Europe, and exactly fifty years later the University of Geneva organized an international symposium on the topic "One or Two Russian Literatures?" The former promoted local interest in the participating writers;[1] the latter resulted in the publication of a volume of valuable essays.[2] Their accomplishments followed logically from their participants: the Yugoslav conference featured writers, the Swiss conference scholars. By combining the two, the Los Angeles conference organizers hoped to accomplish goals similar to those of both its predecessors; by confronting the two groups with each other, it hoped to go beyond those goals and create a forum for pluralistic discussion. But the main goal of the Los Angeles conference was to give the writers—writers of different interests, schools, and generations—a chance to assess their positions on language and literary tradition in the presence and with the assistance of their new critics from the Western academic world, the world of the emigre and Western press, and long-time colleague and well-wisher Edward Albee.

The idea began as a modest proposal by Professor Olga Matich of the Department of Slavic Languages and Literatures, who had invited Vasily Aksyonov for the spring semester and thought it would be fruitful to gather together a few more writers for a small colloquium. But since from the start the aim was to represent as many points of view (literary, ideological, and generational) as possible, the number of potential participants kept growing. Luckily, funding sources kept pace, and in the end support for the conference came from the National Endowment for the Humanities, the Rockefeller Foundation, the Ford Foundation, the UCLA Center for Russian and East European Studies, the Humanities Division of USC and the USC Presidential Inaugural Fund.

Not all the writers invited actually attended the conference, of course. Some, like Solzhenitsyn, did not respond; others, like Brodsky and

Zinovyev, had previous commitments or did not wish to undertake the long journey; still others—Maximov and Maramzin, for example—initially accepted the invitation, then chose not to come.

In the end, however, there was a great deal of diversity. With diversity come polemics, and some of the talks gave rise to heated debate both among the writers and from the floor. Ruffled feathers notwithstanding, the reigning spirit at the conference was positive. The participants showed great exhilaration at seeing one another again (often after long months or years) or at meeting for the first time. The common problem of finding an audience, a subject matter, and a brand of Russian suitable to them abroad outweighed their nonetheless very real differences. And then there was the temporary common enemy, the moderators, who constantly insisted that the speakers respect the rather stringent time limits imposed on them. But one of the writers pointed out that by the third day of any session of the Writers' Union in Moscow the hall was empty, and if on the third day of the Los Angeles conference the audience was larger than on the first, surely some of the credit belongs to those limits.

The audience that came and stayed was surprisingly heterogeneous. Since both Russian and English were official languages of the conference and a team of simultaneous interpreters provided instant earphone translation for those who needed it, the conference was truly bilingual and language proved no barrier. There were large contingents from the Los Angeles emigre community (Los Angeles is second only to New York in the size of its third-wave emigre population), from the local scholarly community, and from lovers of literature in general. A considerable number of Slavists and emigres came from all over the United States and Canada. The press was also well represented, and large portions of the proceedings were taped by the Voice of America for its Russian-language programming.

In a recent short novel, *The Meeting at Telgte,* Günter Grass celebrates the Group 47, a fraternity of German writers who gathered after the Second World War to read their works to one another and discuss the main problem facing them all: how to write in a language recently overladen with tainted terms and tainted concepts. The action of the novel takes place three hundred years before and deals with a totally imaginary meeting of writers after the Thirty Years War. As the meeting draws to a close, the convener sums up his thoughts in a way that might also do justice to the Los Angeles conference: "Whether the whole affair should be repeated at some auspicious time, he did not, or not yet, know, eagerly as he was being urged to set a place and time. Yes, he reflected, there had been vexations. Almost too many to count. But all in all the effort had proved worthwhile. After this, none of them would feel quite so isolated."[3]

Michael Heim

10

Notes

1. Gleb Struve, *Russkaia literatura v izgnanii* (New York, 1956), p. 198.
2. Georges Nivat, ed., *Odna ili dve russkikh literatury?* (Lausanne, 1981).
3. Günter Grass, *The Meeting at Telgte,* trans. Ralph Manheim (New York, 1981), p. 129.

ACKNOWLEDGMENTS

The planning and organization of the conference on "Russian Literature in Emigration: The Third Wave" involved the advice, support and assistance of many people, all of whom unfortunately cannot be individually acknowledged here. I would like to single out David Malone, the Dean of Humanities at the University of Southern California, for encouraging me to go ahead with the conference and providing financial as well as moral support. I am indebted to Deborah Grossman, then of the Center for the Humanities at the University of Southern California, for assisting me in all phases of this project. I wish to thank Michael Heim, Associate Director of the Center for Russian and East European Studies at the University of California, Los Angeles, and my colleague Halina Stephan, who participated in the conference organization from its inception. Valuable advice and support also came from Carl and Ellendea Proffer, Robert Hughes, Sasha Sokolov, Vasily Aksyonov, Emil Draitser, Sarah Pratt, and Ron Gottesman. My appreciation goes to Lilia Sokolov, Sharon Morris and Karen Karbo for attending to the myriad of day-to-day details associated with organizing a conference of this size and complexity. I am grateful to Hari Rorlich and Leon Ferder for bibliographic assistance and Randy Bowlus and Almanac Press for graphic design. And finally special thanks are due to the interpreters Tina Anderson, Erika Desbonnet and Tamara Holmes, who made the meeting a truly international event.

The conference was funded by the National Endowment for the Humanities, the Rockefeller Foundation, the Ford Foundation, the UCLA Center for Russian and East European Studies, the Humanities Division of USC and the USC Presidential Inaugural Fund.

The conference proceedings volume was prepared with the assistance of Ninel Dubrovich, Larisà Eryomina, Karen Karbo, Elena Muravina and Lilia Sokolov. The transcription and editing of the conference materials were subsidized by the USC Division of the Humanities and the UCLA Center for Russian and East European Studies.

Olga Matich

12

DAY ONE:
RUSSIAN LITERATURE IN EMIGRATION

RUSSIAN LITERATURE IN EMIGRATION:
A HISTORICAL PERSPECTIVE ON THE 1970S

Olga Matich

The geography of publishing has become such an important issue in contemporary Soviet literary politics that the term *tamizdat*[1] has entered the critical vocabulary. Although a sporadic and illusive phenomenon, it has gained enough of a foothold to allow us to speak of a *tamizdat* era in Soviet literature, launched by Boris Pasternak's *Doctor Zhivago* (1957) and Abram Tertz's[2] "What is Socialist Realism?" (1959). There are by now many variations of *tamizdat* profiles, which include authors publishing both openly and anonymously abroad, exclusively *tamizdat* authors, and authors who manage to publish some works at home and others only in the West. For the most part, they choose the Western route because it is the only way to get certain texts into print, but in some cases a *tamizdat* publication is intentionally confrontational and is meant as a challenge to official literary politics and sensibility.

The increasing emigration of literary texts has contributed to the emigration of large numbers of both well-known and not yet established Russian writers. During the last decade the decision to emigrate was commonly made over time and for many writers was preceded by *tamizdat* publications. Since the seventies were not a time of mass social upheaval or war and subsequent radical change, emigration was not a matter of physical survival or a response to fundamentally altered socioeconomic circumstances as it was after the Revolution, Civil War, and World War II. Emigres today exercise a greater degree of choice than the preceding generations in their decision to go abroad. That is not to say that the reasons for departure today are not compelling: they are simply different, and so is the process involved in making the decision. The emigration of the 1970s generation, commonly referred to as the third wave, appears to be in response to what the East Germans call *Finalitätskrise,* the belief that society has become stagnant and the system incorrigible. Like the postrevolutionary emigration, the third wave includes a significant number of cultural figures who have left for political reasons. This group is currently revitalizing Russian culture abroad and assuring its continuity. Although the third wave is primarily Jewish, many of the writers are not, and the cultural identity of the emigration as a whole is Russian.

The first generation of Russian emigres established their cultural centers in exile and played a pivotal role in the development of the Western arts, most notably Kandinsky and Chagall, Stravinsky and Nabokov. While less distinguished, the post-war or second generation contributed to the continuity and viability of Russian culture in emigration. It is often assumed that both generations adopted a monolithic anti-Soviet position and lost touch with Soviet realia, thereby leading to the bifurcation of Russian literature into metropolitan and emigre. Although this holds true for the post-war generation, a closer look at the first half of the twenties reveals more officially sanctioned literary contact with the Soviet Union than exists today. A significant number of important Russian writers took an ambiguous intermediate position: geographically they lived abroad and participated openly in Russian emigre cultural life, without having severed their ties with the Soviet Union. Unlike today, when the agonizing decision to "cross the borders" is made at home, writers in the twenties made up their minds about emigration while already living in the West. Maxim Gorky, Andrei Bely, Ilya Ehrenburg, and Viktor Shklovsky all lived abroad but ultimately chose to return to the Soviet Union. Nor was the emigre community uniformly anti-Soviet in its politics and literary aesthetics. For example, *smenovekhovstvo,* which was pro-Soviet in its sentiments, attracted such a prominent author as Alexei Tolstoi, who was also the best known *smenovekhovets* to return to the Soviet state. Not even *tamizdat* is a new notion. During the twenties, many Soviet Russian texts were published by emigre publishing houses, especially in Berlin, for economic and political reasons and for Western copyright purposes. These as well as emigre publications made their way to the Soviet Union until well into the mid-twenties. Permission to publish abroad and import foreign books was relatively easy to obtain, which differs significantly from post-Stalin *tamizdat* practice. But the already limited geographical mobility of writers and the possiblity of fence-straddling disappeared completely in the thirties, and with it the opportunity to publish abroad and read emigre books.[3]

In spite of the initial contacts and coexistence of the two branches of Russian literature, the first generation quickly lost touch with Soviet reality: the radical socio-political changes taking place in Russia were simply too great. When treating Russian themes, emigre literature necessarily depicted a way of life that had disappeared in Russia and was preserved only by inner emigres and those abroad. The preservation of true Russian culture and the Russian national spirit was seen by the first emigration as its special mission. Russians abroad commonly viewed Soviet Russian literature as revolutionary and anti-traditional and consequently unacceptable. Unlike today, when artists of different literary persuasions emigrate, it was the more traditional writers who tended to leave after 1917. Except for Marina Tsvetaeva, Alexei Remizov, and, of course, Vladimir Nabokov, who were often misunderstood and un-

16

appreciated, the emigres, on the whole, consisted of realists in the nineteenth-century tradition and ex-symbolists and acmeists, associated with art-for-art's sake or visionary literature at the turn of the century. The futurists and other avant-garde writers remained in the Soviet Union,[4] in spite of the potentially receptive ambience in such countries as Germany, where there was a large avant-garde movement.

In post-Stalin literature, Boris Pasternak, a member of the original avant-garde, was one of the few links to prerevolutionary culture and that of the deliberately rejected twenties. Their rediscovery was crucial to the younger writers seeking literary continuity and legitimacy for their literary tradition. Pasternak offered them both, like his fictional hero Zhivago, whose life as an alienated poet after the Revolution marks the beginning of the internal emigre theme in contemporary and unofficial Russian literature. The affair surrounding *Doctor Zhivago* graphically illustrates the problem of getting published in a state where censorship looms as a constant obstacle. A text about spiritual exile which had to cross the borders to see print, *Doctor Zhivago* provided an impetus to the most recent movement of Russian literature abroad. Ironically Pasternak himself equated physical exile with spiritual death.

Abram Tertz's critical essay "What is Socialist Realism?" was another *tamizdat* milestone. It raised major theoretical issues regarding Soviet prescriptive aesthetics: "Right now I put my hope in a phantasmagoric art," wrote Tertz, "with hypotheses instead of a Purpose, an art in which the grotesque will replace realistic descriptions of ordinary life. Such an art would correspond to the spirit of our time."[5] One of the reasons for the *tamizdat* text followed by its author was the creation of a phantasmagoric literature as suggested by Tertz, whose literary sense was truly prophetic. Unlike Pasternak, who tried to publish *Doctor Zhivago* in the Soviet Union, Sinyavsky had no illusions about the merging of his double identity into one public literary persona and never submitted his Tertz manuscripts for Soviet publication. Of course, his texts were much more anti-Soviet than Pasternak's, and the duality of the respectable liberal academic Sinyavsky and ironic and iconoclastic Tertz was categorically different from Pasternak's *Zhivago* dilemma. Although both were outsiders in their society, Tertz's alienation was much more extreme, as expressed in the image of the extraterrestrial outsider in the short story "Pkhents," whose title is reminiscent of the sound combination "Tertz." This is not to say that Sinyavsky did not understand Soviet cultural politics. He understood more than most, and like some other members of the critically thinking Soviet intelligentsia, he pushed the system to its limits. This was reflected in his official critical and scholarly publications, especially his well-known essay on Pasternak, which introduced a volume of Pasternak's poetry.

Abram Tertz's relationship with *tamizdat* was longer and much more complex than Pasternak's and that of others who followed. It was Tertz who made *tamizdat* a real option for the Soviet writer. If a historical moment were to be chosen to represent the onset of the dissident movement, which from its inception was closely tied to literary developments, it would probably be the Sinyavsky-Daniel trial in 1966. This event reminded writers of both their importance and vulnerability in Soviet society; it also shocked many out of their guarded optimism. Sinyavsky's self-assured and dignified behavior at the trial offered new possibilities for a Soviet citizen writer's stance vis-à-vis the state. The Sinyavsky model has been crucial for the development of the dissident movement, and the two writers' double existence gave the quintessential expression to the public/private dichotomy built into Soviet life. The private and secret side of the critically-minded and sensitive Soviet citizen was propelled into the pubilc arena by the *tamizdat* behavior of Tertz and Arzhak. Their discovery, trial, and punishment forced many such Soviet citizens to consider and, in the course of time, make choices regarding their double existence. The more hardy and committed joined the dissent movement; the rest retreated into even greater privacy or back into the establishment.

In the second half of the sixties and early seventies, it became clear that in spite of an occasional pleasant surprise—the publication of a thematically and aesthetically daring literary text or a controversial theater or film production—the hopeful Thaw days were over. The most exciting and significant of these "surprises" was the unexpected appearance of Mikhail Bulgakov's *Master and Margarita* in 1966-67. It was in the latter part of the sixties that Alexander Solzhenitsyn emerged as the undisputed leader of the rapidly growing dissent movement. Literary and political trials proliferated. Several leaders of the opposition were sent to prison, labor camps or psychiatric hospitals. Charged with social parasitism, Joseph Brodsky was brought to trial in 1964. Andrei Amalrik was tried in 1965 for his "anti-Soviet" and "pornographic" plays, although ultimately he was convicted for being a parasite on Soviet society. One of the largest literary trials was that of Alexander Ginzburg, Yury Galanskov, Vera Lashkova and Alexei Dobrovolsky in 1968. Among other things, Ginzburg was charged with smuggling out the transcripts of the Sinyavsky-Daniel trial, commonly referred to as the White Book. Nineteen sixty-eight was also the year of the Soviet invasion of Czechoslovakia, which further polarized the Soviet intelligentsia and marked another major turning point in the growth of political dissent. Solzhenitsyn's courageous and uncompromising behavior vis-a-vis the literary establishment led to his expulsion from the Writers' Union in 1969. In 1970, Natalya Gorbanevskaya, poet and human rights activist, was committed to a psychiatric hospital for her leading role in the establishment and distribution of *Khronika tekushchikh sobytii*[6] (*The Chronicle of Current Events*). The silencing and blacklisting of well established writers which followed reflected the government's intensified struggle with growing literary nonconformism. Unofficial means of publication (*samizdat,*[7] *tamizdat, magnitizdat*[8]) expanded rapidly during those years, as did human rights activism and a variety of counterculture activities.

In the early 1970s, forced emigration emerged as an alternative to prison, internal exile and psychiatric treatment and became increasingly common as time went on. Brodsky's departure in 1972 was an important signpost in contemporary Russian literary history, as was Sinyavsky's in 1973. Solzhenitsyn was literally expelled in 1974, the same year that Vladimir Maximov, Alexander Galich, Naum Korzhavin, Viktor Nekrasov, Alexei Tsvetkov, and Eduard Limonov emigrated to the West. Vladimir Maramzin, Sasha Sokolov, Nikolai Bokov, Konstantin Kuzminsky, and Yury Mamleev left in 1975; Amalrik and Anatoly Gladilin in 1976, Alexander Zinovyev and Sergei Dovlatov in 1978. Dmitry Bobyshev and Yuz Aleshkovsky emigrated in 1979.

The most recent arrivals in the West are Vasily Aksyonov, Lev Kopelev and Vladimir Voinovich, all of whom left the Soviet Union in 1980.[9] Voinovich's departure followed a long and difficult struggle that began when he protested the trials of 1966-68 and Solzhenitsyn's expulsion from the Writers' Union. He himself was expelled in 1974, after which he could only publish in *tamizdat.* Although a nonpolitical writer until recently, Aksyonov emigrated as a direct result of the *Metropol* affair, a major event in recent Soviet literary politics. He was the main organizer and inspiration behind *Metropol* (published in 1979), an unprecedented collective effort of twenty-five Soviet writers and artists to counter Soviet censorship and uphold the rights of the individual artist by resorting to *tamizdat* publication. The anthology brought together in one volume the very well-known authors Bella Akhmadulina, Aksyonov, Andrei Bitov, Fazil Iskander, Andrei Voznesensky and Vladimir Vysotsky, with lesser known figures, including Viktor Erofeev and Evgeny Popov, two important writers of the younger generation. The last two were expelled from the Writers' Union for their participation in *Metropol,* upon which Aksyonov, Semyon Lipkin and Inna Lisnyanskaya, all members of the collective, resigned from the Union, in yet another unusual form of resistance to Soviet cultural politics. Instead of awaiting expulsion, the writers took the initiative themselves.

Although literary exile is a hard lot, the future of nonconformist writers who have not crossed the borders grows increasingly precarious and bleak. There is a growing sense of isolation in Moscow and Leningrad as their ranks dwindle, especially since emigration today is viewed by most as permanent. Such decisions are final, irrrevocable, and are particularly difficult for writers to make.

Notes

1. In post-Stalin literature, *tamizdat* refers to publication abroad of manuscripts which are ideologically or aesthetically unacceptable to the Soviet intellectual establishment.

2. Abram Tertz was the *tamizdat* pseudonym of Andrei Sinyavsky, which he has chosen to use in emigration as well.

3. For a more thorough discussion of political intermediacy, *smenovekhovstvo* and Soviet publishing in the twenties, see Gleb Struve, *Russkaia literatura v izgnanii* (New York, 1956), especially pp. 24-40, 63-71, 73-77.

4. The differentiation of emigre and early Soviet literatures according to formal characteristics offers a fresh and insightful point of view on the Russian literary process in the twenties. See F. Bol'dt, D. Segal, L. Fleishman, "Problemy izucheniia literatury russkoi emigratsii pervoi treti XX veka: Tezisy," *Slavica Hierosolymitana*, 3 (1978), pp. 78-80.

5. Abram Tertz, "On Socialist Realism," *The Trial Begins and On Socialist Realism*, Czeslaw Milosz, ed. (New York, 1960), p. 218.

6. *The Chronicle of Current Events* is a typescript periodical publication, which started appearing in 1968. As the primary printed organ of the Democratic movement, it focuses on the Soviet infraction of human rights and other political issues of concern to dissidents.

7. *Samizdat* refers to the post-Stalin self-publishing method of circulating officially unacceptable and uncensored literary and documentary texts in typescript form.

8. *Magnitizdat* operates on the same principle as samizdat and refers to the private copying and circulation of tape-recorded songs by Bulat Okudzhava, Alexander Galich, Vladimir Vysotsky, and other poet-bards and satirists.

9. Below is a list of writers who have emigrated in the past decade. Compiled without any aesthetic criterion of excellence, the list was made in 1982 and is undoubtedly incomplete. I include it as a point of information in spite of its possible shortcomings.

Vasily Aksyonov, Yuz Aleshkovsky, Andrei Amalrik,* German Andreev, Alexander Antonovich, Sara Babenysheva, Filipp Berman, Vasily Betaki, Iosif Beyn, Dmitry Bobyshev, Nikolai Bokov, Ilya Bokshteyn, Iosif Brodsky, Vladimir Bukovsky, Vladimir Chernyavsky, David Dar,* Vadim Delone, Sergei Dovlatov, Igor Efimov, Efim Etkind, Alexander Galich,* Lev Galperin, Alexander Genis, Leonid Girshovich, Anatoly Gladilin, Alexander Glezer, Igor Golomshtok, Natalya Gorbanevskaya, Fridrikh Gorenshtein, Violetta Iverni, Boris Kamyanov, Felix Kandel, Lev Khalif, Mikhail Kheifits, Alexei Khvostenko, Andrei Klenov, Lev Kopelev, Naum Korzhavin, Mikhail Kreps, Konstantin Kuzminsky, Anatoly Kuznetsov,* Eduard Kuznetsov, Yury Lekht, Eduard Limonov, Alexei Losev, Arkady Lvov, Lev Mak, Vladimir Maximov, Yury Maltsev, Yury Mamleev, Tatyana Mamonova, Vladmir Maramzin, David Markish, Shimon Markish, Itskhak Meras, Yury Miloslavsky, Mikhail Morgulis, Lev Navrozov, Vadim Nechaev, Viktor Nekrasov, Raisa Orlova, Viktor Perelman, Sergei Petrunis, Leonid Pliushch, Mark Popovsky, Arkady Rovner, Maria Rozanova, Felix Roziner, Ilya Rubin,* Vladimir Rybakov, Dmitry Savitsky, Efraim Sevella, Elena Shchapova, Andrei Sinyavsky, Sasha Sokolov, Viktor Sokolov, Alexander Solzhenitsyn, Vyacheslav Sorokin, Alexander Sukonik, Alexander Suslov, Ilya Suslov, Leonard Ternovsky, Eduard Topol, Yakov Tsipelman, Alexei Tsvetkov, Viktor Urin, Boris Vail, Pyotr Vail, Grigory Varshavsky, Alexander Vernik, Yuliya Vishnevskaya, Liya Vladimirova, Anri Volokhonsky, Alexander Voronel, Ninel Voronel, Vladimir Voinovich, Sergei Yurenin, Ruf Zernova, Zinovy Zinik, Alexander Zinovyev.

Since I wrote this survey, new writers have crossed the borders. The best known among them is Georgy Vladimov, who left the Soviet Union in 1983.

* Author died in emigration.

Two Literatures or One?

Andrei Sinyavsky

ДВЕ ЛИТЕРАТУРЫ ИЛИ ОДНА

Андрей Синявский

Я не собираюсь делать основополагающий доклад, потому что и нет у меня никаких основополагающих идей, и не уверен я, что подобные основополагающие идеи нам нужны. Скорее, поскольку мне дали первому слово, это будет что-то вроде ,,приглашения к танцу". Какая-то, что ли, завязка общего разговора, и поэтому то, что я намерен говорить, будет довольно субъективно, во многом сомнительно, может быть, не слишком достоверно. Просто, я выскажу какие-то свои взгляды, причем чаще всего это будут горькие и неприятные вещи. Я, в основном, хочу коснуться литературной критики, но не в целом, а в плане соотношения, отчасти, взаимодействия двух литератур: литературы советской и, условно говоря, диссидентско-эмигрантской, причем с упором именно на наши эмигрантские беды и болезни. Заранее хочу оговориться, что, как и многие другие, я придерживаюсь точки зрения, что, при всех исторических разрывах и разобщениях, русская литература едина, а понятием двух литератур я пользуюсь скорее ради схематического и терминологического удобства.

Вторая литература, порвавшая с официальной идеологией и выехавшая частично на Запад, если не своими авторами, то, во многом, своими текстами — это, вероятно, самое значительное событие в русском литературном развитии нашего времени. Помимо собственных успехов второй литературы, которых я не буду касаться, ее появление поставило своего рода альтернативы и перед отдельными авторами, и перед литературой в целом, и даже, в какой-то мере, перед советским государством. Вместе с возникновением этой литературы у писателя в Советском Союзе появилась как бы возможность выбирать, возможность быть самим собой, и не только работая ,,в стол" — для себя и для потомства, но и выходя уже сегодня на холодный ветер истории. Правда, писатели при этом кое-чем рискуют, но литература — вообще дело рискованное.

Соответственно, в какой-то мере поколебался закон партийности литературы, тот закон, который на новом этапе, может быть, всего четче сформулировал Хрущев, когда, обращаясь к творческой интеллигенции, как суровый хозяин к своим гостям, он весь этот закон сформулировал одной русской поговоркой: ,,Ешь пирог с грибами,

23

держи язык за зубами". И, хотя этот закон и этот пирог продолжают довольно успешно действовать, все же появилась какая-то опасность, что часть гостей, к стыду хозяина, при его словах разбежится. Хозяин государства вынужден с этим считаться, и, нисколько не меняясь по своей сути, вести более скрытную и более гибкую игру в советскую литературу. То есть кого-то и на порог не пускать, кого-то выгонять пинками из-за стола, а на каких-то не вполне благонадежных гостей смотреть сквозь пальцы, как будто ничего особенного не происходит. И по-прежнему за столом торжественно восседает будто бы прежний социалистический реализм.

Таким образом, сам факт существования самиздата и тамиздата оказал и оказывает определенное воздействие на госиздат, и некоторым талантливым авторам государство, скрепя сердце, предоставляет время от времени весьма относительную независимость и идет на какие-то, как бы взаимные, компромиссы, не становясь при этом ни либеральнее, ни гуманнее. С другой стороны, неподцензурная литература влияет и на отдельных писателей, к ней не принадлежащих, влияет чаще всего, мне кажется, не прямым, а косвенным образом, как бы подзадоривая их на более острые и полузапретные темы или на более свободный, раскованный образ мыслей и стиль.

В итоге литературная картина становится интереснее и сложнее, чем просто однообразное или однолинейное деление всей литературы на правоверных авторов и отщепенцев. Все эти сложности, оттенки и переходы заставляют и нас, находящихся здесь в эмиграции, относиться более внимательно, по возможности индивидуально, к тому, что происходит в литературе там, в метрополии, поскольку все-таки там, а не здесь, как мне кажется, источник ее будущего развития и обновления, чему и мы по возможности должны способствовать.

Однако, в литературно-критических статьях и обзорах, которые появляются последнее время в русской зарубежной печати, на мой взгляд, проводится слишком жесткое деление, слишком решительная граница между тем, что происходит в литературе там и здесь. В данном случае под словом „здесь" я имею в виду также и вещи, которые написаны там, но напечатаны здесь. Иногда получается так, что там в подцензурной словесности, даже лучшие вещи — заведомо плохи, поскольку там, как известно, писатель не может или не хочет высказывать полную правду во весь голос, как это делают эмигрантские и диссидентские авторы. Полуправда так называемой „промежуточной литературы" (уже появился такой термин — „промежуточная литература") в этих обзорах рассматривается исключительно как выгодная нынешнему государству сделка и маскировка. Об этом, в частности, пишет Юрий Мальцев в весьма интересной и острой статье, опубликованной в „Континенте" № 25, которая называется „Промежуточная литература и критерий подлинности": „Разрешенная правда подозрительна самим уже фактом ее разрешения. Значит, есть у власти серьезные мотивы для того, чтобы разрешить эту правду и тем самым закрыть другую, более важную и более страшную правду".

Хотя я лично предпочитаю неразрешенную литературу, подобный критерий оценки художественной подлинности произведения, мне представляется все же крайне узким. Государство разрешает иногда печатать не только то, что ему очень выгодно, но и то, что оно вынуждено почему-либо разрешить, или то, что, с его точки зрения, достаточно нейтрально и безопасно. Тут возможны десятки вариантов, каждый из которых нуждается в конкретном рассмотрении. Делить же всю литературу на вредную и полезную государству, на мой взгляд, нелепо. Пусть этим занимается советская власть, а не диссидентская эмиграция. Я думаю, что замечательный „Раковый корпус" Солженицына не напечатали в свое время в России не потому, что это вредная государству вещь, а потому, что, прежде всего, государство у нас довольно глупое и далеко не всегда понимает, где вред, а где польза.

Так же и полнота правды, предлагаемая Юрием Мальцевым в виде главного пробного камня, не является единственным критерием художественного достоинства книги. В нынешней русской словесности, подцензурной и бесцензурной, есть хорошие вещи, иногда прекрасные вещи, значение которых далеко не покрывается полнотою высказанной в них правды. Допустим, милый роман Булата Окуджавы „Путешествие диллетантов" или, особенно меня поразивший своей стилистикой и архитектурой, „Пушкинский дом" Андрея Битова и его же „Похороны доктора". А уж к поэзии понятие полуправды или полной правды совсем неприложимы. Разве Бродского не печатали потому, что он резал беспощадно всю правду-матку, а вот, допустим, Самойлова сейчас печатают, потому что он неправдив?

Мальцев идет еще дальше и предъявляет писателям промежуточного направления, таким, как Трифонов, Шукшин, Распутин, политические обвинения, за то, что они отгораживаются от политики: „Наивно говорить, что писатели эти якобы просто не хотят вмешиваться в политику, а хотят тихо заниматься своим ремеслом. Сознание любого человека в сегодняшнем мире — политизировано. Политика стала неотъемлемым компонентом бытия. Игнорировать это — значит заниматься как раз угодной властям политикой."

Не похоже ли все это на совсем еще свежие в нашей памяти нападки советских властей на аполитичных писателей вроде Пастернака и Анны Ахматовой? Дескать, их стремление уйти от политики — это тоже политика и пособничество мировому империализму. Их беспартийность — это скрытая форма буржуазной партийности, и так далее, и тому подобное, по логике „Кто не с нами — тот против нас".

Как не вспомнить, читая Мальцева, Алексея Ремизова, который, выехав из России позднее других эмигрантов, писал в 23-м году в Берлине: „Эта несчастная политика все перекрутила и перепутала, и ведь было такое время, когда здешние про нас, оставшихся в России, говорили: „Продались большевикам!" Это я читал собственными глазами, а у нас, бывало, чуть что и: „Продался мировому капиталу". Какое надо иметь злое воображение и какие пустяки хранить в душе".

Разделение литературы по партийно-политическому признаку, с какой бы стороны оно ни исходило, возбуждает у меня чувство протеста, и не потому, что я так уж люблю советских писателей промежуточного направления. Просто, на мой взгляд, ничто постороннее искусству — политика, мораль, философия, даже религия, и даже правда или вся полнота правды — все это, на мой субъективный взгляд, писателя еще не спасает. А тем более политика. Самая хорошая политика — это еще не критерий художественности. То самое политизированное сознание, на которое упирает Мальцев, потому что оно теперь, дескать, у всех в мозгу, за редчайшим исключением, не приносило литературных плодов. И ссылка на то, что оно сейчас у всех — не довод. Ну мало ли, что у всех политизированное сознание. Писатель ведь, вспомним слова Марины Цветаевой — это один из всех, а сплошь и рядом еще и без всех, и против всех. Или, как говорил Константин Леонтьев, эстетик (а под эстетиком он имел в виду художника или вообще одаренную художественную натуру) при демократии чувствует себя аристократом, при деспотической власти он демократ, в эпоху безбожья он религиозен, а в эпоху религиозного ханжества он ведет себя как вольнодумец.

Короче, пути искусства неисповедимы, и каждый решает сам, как ему писать лучше. Требовать от писателя, живущего в Советском Союзе, чтобы он непременно вмешивался в политику, причем открыто выступая против государства, — на мой взгляд, просто безнравственно. Это все равно, что заставлять человека идти в тюрьму или эмигрировать. Ни запрещать эмиграцию, ни требовать, чтобы там все настоящие честные писатели шли в тюрьму или покинули бы Россию — нельзя, это не сулит ничего доброго русской литературе.

Вообще, наверно, нам пора уже отказаться от руководящих указаний на тему, каким должен быть писатель, куда, по какому магистральному направлению ему следует двигаться, и куда должна развиваться литература. Пускай она сама развивается.

В противоположность Мальцеву, который ориентируется на писателей-диссидентов, выскочивших за границу дозволенного, а также вообще за границу, и который хочет, чтобы писатели типа Трифонова и Распутина шли путем беспощадных политических разоблачений, наподобие Зиновьева, Солженицын, например, придерживается совсем другого мнения: „ Русская литература всего больше меня поразила и порадовала именно в эти годы, когда я выслан. И не в свободной эмиграции она имела успех, не в раздолье так называемого са-мо-вы-ра-же-ни-я, а у нас на родине, под мозжащим прессом". Сказано крепко, как всегда у Солженицына, своеобразно. Интересно, однако, что беспочвенная эмиграция и диссидентская литература эту пилюлю проглотили. А не самовыражайтесь!.. И далее Солженицын определяет главный стержень литературы: ,,Это так называемая деревенская литература, а на самом деле это труднейшее направление работы наших классиков. Такого уровня во внутреннем изображении крестьянства: как крестьянин чувствует окружающую свою землю, природу, свой труд, — такой ненадуманной органической образности; вырастающей из самого народного быта, такого поэтического и щедрого народного языка — к такому уровню стремились русские классики, но не достигли никогда, ни Тургенев, ни Некрасов, ни даже Толстой, потому что они не были крестьянами. Впервые крестьяне пишут о себе сами".

Я лично высоко ценю некоторых авторов того направления, о котором говорит Солженицын, и вообще тут трудно возразить: одному нравится одно направление, другому — другое. Но меня крайне смущает здесь само понимание художественного творчества. Ведь, согласно такому пониманию, допустим, Шекспир не мог проникнуть в психологию королей, поскольку сам не был даже принцем. Версия Солженицына несколько напоминает, мне кажется, теорию Пролеткульта, согласно которой новую пролетарскую литературу должны создавать сами пролетарии, которые лучше чувствуют душой и шкурой свой родной завод и станок, чем какие-нибудь, допустим, интеллигенты-попутчики. Да и крестьянская литература, созданная силами самих крестьян, тоже у нас была и в конце прошлого века, и при советской власти. Достаточно вспомнить имена Сурикова, Подъячего, Вольного и многих других, а из тех, кто получше и поярче, — Клюева, Клочкова, Есенина. Так что не впервые крестьяне пишут о себе сами. Но действительно, впервые мы слышим, что за несколько последних лет советское крестьянство в лице своих ведущих писателей обогнало классиков в изображении деревни. Так что куда какому-нибудь там Глебу Успенскому, Чехову или Бунину, если сам Лев Толстой не дотягивал до мужика.

Если вдуматься, — это же сенсация, литературный переворот! И на такой переворот не откликнулась наша эмигрантская критика! То ли с Солженицыным спорить не хочется, то ли многие согласны с этим открытием. Да ведь, если и согласны, — надо же немедленно изучать, осмыслять этот редчайший, уникальный опыт, когда за несколько лет молодые писатели крестьянского происхождения обогнали классическую литературу девятнадцатого века. Это ведь не кто-нибудь, а Солженицын определил главный стержень литературного процесса. Или же надо это как-то оспаривать. Но для того и для другого нужна широкая и квалифицированная литературная критика, которой у нас, к сожалению, мало.

И это давняя беда эмиграции. Если перелистать старые эмигрантские журналы, то рефреном звучит там унылая, но уже привычная констатация факта, на который даже как-будто перестали обращать внимание: ,,У нас нет критики". Все прочее, казалось бы, есть. И высокая культура, и плеяда блестящих писателей, которым мы сейчас можем только позавидовать, и издательское дело, которому мы обязаны множеством ценнейших изданий, и более того, как известно, русская религиозная философская мысль получила в эмиграции необыкновенное обоснование и развитие. Появились великолепные книги, которыми до сих пор питается Россия и еще долго будет ими питаться. Вот только настоящая литературная критика почему-то отсутствует. Как писала Зинаида Гиппиус в начале тридцатых годов: ,,Критика нам не по времени, не ко двору. Критические статьи даже самых способных наших литераторов поражают своим ничтожеством".

Можно, конечно, гадать, предполагать: критики не было потому, что критика всегда ведь свидетель и участник живого, бурного литературного процесса, движения, а такого движения не было в старой эмиграции, несмотря на наличие больших творческих индивидуальностей. Или, может быть, отсутствие критики связано с отсутствием читателя, на что не раз жаловались писатели-эмигранты. Ведь критика — это посредник между писателями и читателями. А зачем нужен посредник, если читателя нет?

Сошлюсь в этой связи на очень интересную, очень резкую статью Георгия Иванова, написанную в 31-м году, которая называется ,,Без читателя". Хотя в ней говорится о первой эмиграции, она, мне кажется, очень актуальна и для нас, поскольку во многом рисует окружение, в котором мы сейчас оказались, переехав на Запад. Эта статья — довольно страшное предостережение для нас. По словам Георгия Иванова, есть писатели, но нет читателей, потому что читательская масса окрашена в один цвет безразличной усталости и в литературе ищет только развлечения и успокоения. В итоге, говоря нынешним языком, писатель становится конформистом по отношению к этой читательской среде. Цитирую Иванова: ,,Сама собой, — (обратите внимание — 31-й год, то есть живы еще крупнейшие писатели-эмигранты), — установилась и забирает все большие права строжайшая самоцензура, направленная неумолимо на все, что выбивается из-под формулы ,,писатель пописывает, читатель почитывает", тщательно обрезающая все космы, хоть и вяло пытающиеся из-под нее выбиться. Кто же установил эту цензуру? В том-то и ужас, что никто. Сама собою установилась. Никакие Бенкендорфы и никакие Победоносцевы не могли, как ни старались, низвести русскую литературу до желанного уровня „семейного чтения", а сколько было приложено старания, и какие испытанные применялись средства! Душили, но и полузадушенная, она твердила все то же преступное: „Хочу перевернуть мир". Теперь, в условиях почти абстрактной свободы, сознательно, добровольно, полным голосом она говорит: „Хочу быть приложением к ,Ниве' ". И писатель приспосабливается, как сказано у Иванова, к дорогому покойнику, к эмигрантскому читателю. И далее Иванов пишет: „Представим для примера появление в этом удушливом дыму хотя бы Чаадаева, с его особым мнением о России. Николая Первого нет, нет и Бенкендорфа, но они бы могли быть спокойны. Можно ли сомневаться, что вся русская культура за рубежом, как один человек, не объявила бы Чаадаева заново сумасшедшим? Нельзя сомневаться. И объявив, была бы по-своему права, по своей логике и логике своего читателя, на которого она изо всех сил старается походить. Ну, скажем откровенно, где тут Россия, хотя бы Россия Николая Первого, в которой мог все-таки появиться Чаадаев?"

Так или иначе, получилось, что такие принципиальные для двадцатых годов фигуры, как Пастернак, Маяковский, Хлебников, Бабель, Зощенко, Мандельштам, Платонов, Тынянов, прошли почти мимо современного им эмигрантского восприятия и не получили по достоинству у современников серьезного и, главное, разностороннего осмысления. То же было и с авторами самой эмиграции, как Цветаева, Ремизов, Ходасевич, Набоков, т.е. с теми, которые как-то отклонялись от общей нормы. Вот тот же Георгий Иванов, тонкий поэт и знаток литературы, как мы только что видели, болезненно переживавший все это оскудение эмигрантское, писал о Набокове, в то время авторе „Защиты Лужина" и „Машеньки", следующее: „Это знакомый нам от века тип способного хлесткого пошляка-журналиста, владеющего пером". И дальше: „Набоков — это кухаркин сын, разыгрывающий из себя графа". Вот и все. А доказательств никаких не надо, потому что критики не надо.

Не очень-то гладко обстояло дело и с восприятием новой западной литературы, с которой столкнулась тогда эмиграция. Вот что, например, заявил о Прусте хороший писатель Иван Шмелев в 31-м году, сравнивая Пруста с третьестепенным или даже, может быть, с четырехстепенным писателем конца прошлого века Альбовым, которого, конечно, все уже забыли: „Пруст не может считаться крупнейшим выразителем нашей эпохи. То, что делает Пруст, слишком мало для взыскательного читателя. Если бы знатоки и высокоценители Пруста попробовали бы почитать нашего Альбова, они нашли бы там не менее тонкий и пространный, напоминающий Пруста стиль, столь же утомляющий. Но у Альбова есть полет и светлая жалость к человеку, у Альбова есть Бог, есть путь, куда он ведет читателя. Куда ведет Пруст? Какому Богу служит? Наша литература слишком сложна и избранна, чтобы опускаться до влияний невнятности." Это Пруст — явление невнятного стиля! „Наша дорога столбовая, незачем уходить в аллейки для прогулок." Это Пруст — аллейки для прогулок!

Как все-таки это перекликается с Солженицыным, который сказал в упомянутом мною интервью: „Никакого авангардизма не существует. Это придумка пустых людей. Надо чувствовать родной язык, родную почву, родную историю."

Все бы ничего, когда следуя по Шмелеву этой столбовой дорогой, литература не зашла бы в тупик. И вот та, кстати, куда более блестящая, чем у нас теперь, литературная эмиграция, объявила в 22-м году, что с ее уходом за границу в России вообще ничего творческого не осталось. Но не прошло и 10-ти лет, и она должна сама была признать глубочайший кризис, оскудение. Причин тут много, и, может быть, одна из них та, что литература слишком уж придерживалась столбовой, то есть протоптанной, дороги, жила по инерции, не желала и не искала нового. Так вот, поменьше бы нам с вами устанавливать эти столбовые, стержневые пути, от которых, в сущности, литература, когда она по-настоящему развивается, как раз уклоняется в сторону. И хорошо делает, иначе бы она омертвела.

У нашей третьей волны много недостатков по сравнению с первой эмиграцией, но есть и одно преимущество, которым, во всяком случае, было бы грешно не воспользоваться: сегодняшняя Россия, с тем лучшим, что там появляется в литературе — для нас не чужая и не закрытая страна. Наши читатели не только здесь, но, может быть, главным образом в современной России, да и, рассуждая шире, нынешняя эмиграция куда теснее связана с метрополией, чем это было в прошлом. В нашу задачу входит укрепление мостов, наведение, по возможности, новых, и одной из форм такого живого общения могла бы служить литературная критика. Но не в виде, конечно, вынесения каких-то приговоров и оценок „нравится — не нравится", как это обычно любой читатель может прочитать в нашей прессе. Тут была бы нам нужна настоящая критика, с разносторонним, главное, очень конкретным рассмотрением литературных явлений по разные стороны воздвигнутых барьеров.

ДВЕ ЛИТЕРАТУРЫ ИЛИ ОДНА: ПИСАТЕЛИ ЗА КРУГЛЫМ СТОЛОМ

Ведущий: Карл Проффер

ВАСИЛИЙ АКСЕНОВ

Мне опять повезло. Вечно везет с этим алфавитным порядком... Попадаешь всегда в начало списка... Я с очень большим удовольствием прослушал доклад Андрея Донатовича, и мне кажется, это естественно, что статья Мальцева о промежуточной литературе оказалась сразу же в центре дискуссии. Вообще статья довольно интересная, как мне кажется. Скажем, его разбор деревенских писателей кажется мне очень интересным, заслуживающим внимания.

Но вот это разделение, действительно такое чисто партийное как бы разделение, по принципу наибольшей диссидентщины — оно может нас привести к тому, что мы разделим русскую литературу, тогда как она в общем-то едина. Я сам в свое время был жертвой такого разделения и, между прочим, жертвой того же самого автора, именно Мальцева. Как-то в Москве я получил от кого-то книгу, изданную, кажется, в Мюнхене, книгу Мальцева под названием „Вольная русская литература". Там я обнаружил свое имя с маленькой буквы, между прочим, написанное. Там было сказано так: „Что касается фальшивой литературы аксеновых и бондаревых, то ни один мыслящий советский интеллигент не придает такой литературе ни малейшего значения". Я был несколько задет этим, хотя бы потому, что ставить в один ряд меня и Бондарева — по крайней мере, странно: я был уже наполовину непечатаемый писатель, а Бондарев увенчан всеми премиями и орденами, секретарь и т.д. Было очевидно, что опять в ходу ленинский принцип „кто не с нами, тот против нас", только с другой стороны. Потом, когда все прояснилось, и я стал эмигрантом, явно диссидентским писателем, тот же автор воздал хвалу.

Увы, диссидентщина — это не литература. Писатель — диссидент изначально, но не в том смысле, как часто думают. Политическое диссидентство — это еще не критерий художественности. Термин „промежуточная литература" уже разделяет русскую литературу. Между чем и чем находятся эти писатели в промежутке? Между истинной, по мнению Мальцева, литературой и между какой-

The Russian writers' panel

то литературой другой, советской литературой, т.е. литературой социалистического реализма.

Я полагаю, что советская литература социалистического реализма — это не литература вообще, это некий суррогат, заменитель. Литература социалистического реализма создана, в принципе, графоманами. Иногда думаешь, для чего эта литература партии? Пропагандистское ли значение она имеет? Вроде бы, у власти и так достаточно средств для пропаганды: радио, телевидение, газеты, печать, огромная наглядная агитация, осквернившая наши города. Все, кто недавно прибыл, знают этот бешеный разгул, которого даже во времена Сталина не было. Для чего же создается и пестуется уже в течение стольких декад эта так называемая литература социалистического реализма? Это, по моему мнению, не литература, а заменитель, подмена человеческой ценности парачеловеческой ценностью, близкой к человеческой, но иной. Как и во всем, во всех областях жизни в нашей стране, увы, происходит подмена различных человеческих ценностей не человеческими, похожими на человеческие, но не человеческими ценностями. Ну, предположим, журнализм — это не журнализм, спорт — это не спорт, а что-то похожее. Вытесняется воздух, заменяется каким-то другим газом.

Я бы предложил для деления русской литературы только один критерий — критерий художественности. (Пять минут). Кончаю. Тогда возникнет пейзаж единой русской литературы. И внутри этой литературы мы уже можем дискутировать, полемизировать и говорить: у этого автора недостаточный нравственный накал, у этого автора недостаточный художественный накал, но тем не менее это все внутри русской единой литературы. Говоря о литературе социалистического реализма как о литературе графоманов мы все-таки должны и вокруг себя оглянуться, как бы не возникло нечто противоположное, но похожее. Советская литература рождает антисоветскую литературу, которая иной раз выглядит, как ее зеркальное отражение. Я бы сказал, что истинная единая русская литература — это и не советская и не антисоветская, но внесоветская литература.

ЮЗ АЛЕШКОВСКИЙ

Как всегда в чужих краях, со мной случился маленький анекдот. Я обладаю „синдромом политбюро" и не могу читать без бумажки. Поэтому, когда я получил программу нашей трехдневной встречи, я подготовился, и с некоторым пафосом написал пару страниц вот на эту самую животрепещущую тему: одна литература или две. Сейчас я забыл это выступление.

Когда я думаю о проблеме существования писателя в изгнании, я разлуку с родиной воспринимаю, как садистически извращенную форму изгнания. При размышлении об искусстве, о существовании зарубежном, есть моменты, которые настраивают меня на бодрый лад, потому что я чувствую возможность здесь, в нелегкой во многом атмосфере, соответствовать способностям, отпущенным Богом, духу и гению родного языка и чувству состояния мира, чувству реальности. Но вдруг на Западе у меня появилось ностальгическое размышление о критике. Потому что читатель наш действительно там, в России. Критика, существующая даже в советских условиях, бывает и интеллектуальна, и темпераментна, и эрудирована, т.е. критика бывает интересна.

А часть зарубежной критики как раз пытается нас, литераторов, приехавших оттуда, как бы отучить от этого и вытравить из нас чувство реальности. И начинается это сначала с покушения на лексику, которой мы иногда пользуемся, и мы даже вынуждены приносить не то чтобы извинения, а объяснения, почему мы употребляем бранные слова в каком-либо контексте. А лексика, на мой взгляд, наиважнейший компонент художественного исследования и творческого акта. Кончается опять-таки призывами идти по пресловутой столбовой дороге. По сути дела, если ты необычен, то тебя объявляют и писателем безнравственным. Ты не соответствуешь идеалам добра, свободы, справедливости и т.д. и т.п.

Этот ничтожнейший, на мой взгляд, и вульгарнейший подход к творчеству меня весьма огорчает. А может, литераторы перестанут лениться и сами станут критиками, т.е. аналитиками чужих структур, не собственных, потому что собственные подвергать такому скрупулезному исследованию как-то неэтично, на мой взгляд. И такая критика сможет каким-то образом воспитать вкус, каким-то образом сблизить наше понимание, художественное видение советской реальности, не имеющей буквально никаких родственных форм существования в истории, с восприятием тех людей, которые здесь выросли, искренне любят Россию, но, к сожалению, для них реалии современной российской жизни — это то же самое, что для меня, скажем, вкус лунной пыли.

Я думаю, что эта проблема критики не случайно сегодня звучала в выступлении Андрея Синявского, и это больше, чем ностальгия, собственно, по критике, это ностальгия по путеводителю, путеводителю по нашим страницам, по нашим строениям. К строениям я отношу наши повести, рассказы, поэмы, стихи и т.д. Спасибо за внимание.

ДМИТРИЙ БОБЫШЕВ

Спасибо. Я не готовился к этому выступлению, потому что не знал содержания доклада Андрея Синявского. Поэтому я буквально в нескольких словах выражу просто отношение к основной теме: две литературы или одна, и что значит это разделение между литературами. Конечно, это более глубокое деление — не тамошняя и здешняя, не свободная и подцензурная, но, как мы увидели из доклада, литература столбовой дороги и литература прогулочных аллей, так это было условно названо. Или, иначе говоря, литература индивидуальных путей и литература общих, духовных, культурных ценностей. Когда в условиях свободы, плюрализма, мы утверждаем отдельные индивидуальные ценности, не будем выбрасывать и общие ценности — то главное, что нас связывает. Мне кажется, что отстаивая свои индивидуальные пути, мы все-таки забываем о том, что есть и общие ценности. И как раз русская культура являлась всегда поиском и утверждением универсальной истины.

НИКОЛАЙ БОКОВ

К этой проблеме я отношусь двойственно: с одной стороны, как автор, с другой стороны, как издатель журнала „Ковчег". Проблема, мне кажется, может быть сформулирована несколько иначе. Речь идет о тексте, написанном в метрополии, в условиях русского языка, и тексте, написанном в эмиграции, в условиях, когда вокруг господствует тот или другой иностранный язык. Если видеть нечто большее, чем политическое или идеологическое разделение, в положении писателя и там и здесь есть преимущества. Автор, который работает в метрополии, в условиях господства русского языка, имеет редкую возможность работать со словом как с материалом, утончать свое умение, делать его все более виртуозным, создавать фразу, которая сама по себе несет эстетический элемент только потому, что эти слова соединены вместе. И как таковая, фраза имеет слушателя и читателя. Кругом люди, которые приучились за десятилетия эзопова языка слышать малейшие нюансы и оттенки. В этом положении есть своя прелесть, и я знаю авторов, которые работают прежде всего с языком, и которые страдают здесь, боясь потерять этот язык, хотя бы потому, что их виртуозную игру уже мало кто слышит.

Но в этом положении автора в метрополии есть и опасность — он живет в замкнутом мире, он живет под властью русского языка. Он уже настолько делается виртуозом, что начинает извлекать музыку, которую слышит только он сам. И здесь возникает угроза утраты универсальности автора, универсальности текста, который, по идее,

Edward Albee and Vasily Aksyonov

если он ориентирован на высшие ценности, годится быть переведенным всюду, годится быть услышанным всеми. Есть у него и другая опасность: законсервировавшись, автор перестает обращать внимание на то, как строится все здание. Живущий в России автор начинает все меньше внимания обращать на архитектонику, на то, что кроме стен есть еще невидимый принцип, несущий произведение.

У автора, который живет в эмиграции, есть некоторое преимущество: поскольку он должен отказаться от языка слишком тонкого, слишком богатого нюансами, он начинает замечать, что кроме языка, есть еще и ситуация. А ситуации творчество писателя посвящено всегда не в меньшей степени. Кроме того, у эмигрантского автора есть еще и другое достоинство, или, по крайней мере, шанс. В течение уже многих лет западная жизнь представляется человеку, живущему в Советском Союзе, через произведения эмигрантских писателей старшего поколения — я имею в виду первую и вторую волны — или через официальные советские публикации. Для человека, живущего в Советском Союзе сегодня, западный мир остается неосвоенным. Он искажен, его образ закрашивается так или по другому, но все это очень далеко от действительности. И эта действительность перед нами, новыми эмигрантскими писателями. Мы ее можем назвать, мы ее можем изобразить, о ней мы можем сказать в своих вещах. У эмигрантского автора есть и другое преимущество: он видит, что в течение этих 60-ти лет литература мира не стояла на месте, что авангардистских течений много, и что есть множество возможностей для поиска. Он обращается к ним, он начинает их пробовать. И таким образом, своим телом даже, своей душой, своей работой он преодолевает эту ужасную пропасть между Западом и человеком, потенциально свободным в Советском Союзе, но который, однако, остается жить в замкнутом мире.

СЕРГЕЙ ДОВЛАТОВ

Тема нашей беседы — две литературы или одна. Мне кажется, вопрос сформулирован недостаточно четко. Речь должна идти не о литературе, а о литературном процессе, о различных формах, уровнях и тенденциях литературного процесса. Литература — это то, о чем пишут в школьных учебниках. Мы же, собравшиеся здесь журналисты, беллетристы, критики, издатели, независимо от разряда дарования, являемся участниками литературного процесса. В этом процессе сосуществуют различные тенденции, их не одна и не две, как указано в программе, а, мне кажется, целых три, как в сказке. То есть, официальная верноподданническая тенденция в Советском Союзе, либерально-демократическая там же, и зарубежная часть литературного процесса плюс самиздат, поскольку самиздат тяготеет к литературе в изгнании. Сейчас эти тенденции кажутся нам антагонистическими, взаимоисключающими.

Очень полезно было бы взглянуть на сегодняшнюю ситуацию через двести лет. Это сделать невозможно, но можно поступить иначе, можно поступить наоборот. Можно взглянуть отсюда на литературу столетней давности, и тогда сразу возникнут впечатляющие аналогии. Оказывается, тройственный процесс существовал всегда. Имела место охранительная тенденция, например Лесков, либерально-обличительная — Щедрин, самиздатовская — Чернышевский, и литература в изгнании — Герцен. Издалека литература прошлого кажется ровной и спокойной, и в ней как-будто царит относительный порядок, однако, при ближайшем рассмотрении выясняется, что и ту литературу сотрясали невероятные катаклизмы. Пушкин добивался издания „Бориса Годунова", если не ошибаюсь, шесть лет, „Скупого рыцаря" — десять лет, а „Медный всадник" так и не был опубликован при жизни автора, его, кажется, дописал и издал Жуковский. Белинский и Добролюбов не видели своих книг при жизни, „Горе от ума" вышло через несколько десятилетий после гибели автора, „Философические письма" Чаадаева, по-моему, изданы в 1907 году. Помимо катаклизмов имели место также вопиющие несуразности. Неутомимый обличитель режима Салтыков-Щедрин был, как известно, губернатором. Это такая же дикость, как если бы „Чонкина" написал, например, Андропов. Главный самиздатовский автор — Грибоедов, был дипломатом вроде Добрынина. Революционер Герцен, призывавший к цареубийству, жил в Лондоне на доходы от собственного российского поместья. Вообразите, например, что сейчас в Москве переиздали „Звездный билет" Аксенова и уплатили Аксенову законный большой гонорар. Вот какие вещи происходили. Кто сейчас задумывается об этих вещах, об этих несуразностях и катаклизмах? Время сглаживает политические разногласия, заглушает социальные мотивы, и, в конечном счете, наводит порядок. Взаимоисключающие тенденции образуют единый поток. Белинского и Гоголя мы сейчас легко упоминаем через запятую, а ведь разногласия между ними достигали такой степени, что за одно лишь цитирование письма Белинского — Гоголю, Достоевского чуть не расстреляли...

Время перемещает какие-то акценты, ретуширует контуры, отодвигает на задний план минутные исторические реалии. Достоевский написал „Бесы" как идеологический памфлет, а сейчас мы читаем „Бесы" как изумительный роман. Дело Нечаева забыто, оно интересует специалистов, историков, а фигура Степана Трофимовича Верховенского, например, преисполнена жизни. Герцен создавал „Былое и думы" как политические мемуары, отображая многообразные социальные коллизии и прибегая к тончайшей идеологической нюансировке, мы же читаем „Былое и думы" как великолепную прозу. Если перечитать через двести лет солженицынского „Теленка", мне кажется, никого уже не будет интересовать личность Тевекеляна или подробности взаимоотношений Литфонда с Оргкомитетом ЦК, останется великолепная, замечательная проза. Через двести лет „Иванькиада" останется как замечательная трагикомедия, а Куперштока, скажем, не будет, и он перестанет кого бы то ни было интересовать. Сто лет назад было все: были правоверные, были либералы, был самиздат, были диссиденты. Особняком, скажем, возвышался Лев Толстой с нравственными и духовными поисками, сейчас эту территорию занимает, допустим, Битов или покойный Трифонов. Я говорю только лишь о пропорциях. Многие из нас восхищаются деревенской прозой Белова, Распутина, Лихоносова. И эта тенденция жила сто лет назад. Можно назвать имена Слепцова, Решетникова, Успенского. Все было, и всякое бывало. Мне кажется, что любой из присутствующих сможет обнаружить в истории литературы своего двойника. Вот так я хотел бы ответить на заданный вопрос. Литературный процесс разнороден, литература же едина. Так было раньше, и так, мне кажется, будет всегда.

АНАТОЛИЙ ГЛАДИЛИН

Я еще раз хочу подтвердить мнение, которое здесь высказывалось. Я с большим интересом выслушал доклад Андрея Синявского. Мне кажется, это очень дельный доклад, глубокий, и самое главное, что в общем удивительно в нашей эмигрантской литературе, спокойный доклад, а это довольно редко случается. Немножечко об одном нюансе этого доклада. Много времени докладчик посвятил статье товарища Мальцева. Аксенов уже ответил, опередил меня, но я хочу подчеркнуть одну деталь. Мне пришлось тоже отвечать на первую статью товарища Мальцева, вернее, на книгу, где он имя Аксенова написал с маленькой буквы и вообще говорил, что это не литератор. Книга Мальцева была сделана на материале не только изданных книг, но и на материале самиздатовских книг, на материале тех повестей и романов, которые ходили в рукописи. Роман Аксенова, который потом Мальцев так хвалил, называя чуть ли не гениальной вещью, был уже написан, и ходил в рукописи тоже, и Мальцев, я уверен, знал его. Почему же две такие диаметрально противоположные позиции в течение двух лет? Очень просто. Когда Мальцев писал свою первую работу, Аксенов был в Советском Союзе, когда Мальцев писал свою вторую статью, Аксенов был уже в эмиграции. Вот вам образец партийной нравственности.

Теперь, возвращаясь к теме нашей дискуссии, я позволю себе, с одной стороны, согласиться со всеми: все, вероятно, будут говорить, что литература едина, это верно, а с другой стороны, как мне кажется, и я настаиваю на этом, литературы две. Они были и в Советском Союзе, они есть и здесь. Упрощая, конечно, значительно — есть две литературы: есть литература хорошая, и есть литература плохая. Это было, это будет. Более того, есть критика партийная, и есть критика объективная, т.е. настоящая критика. Это было и в Советском Союзе, это будет и здесь. И здесь, к сожалению, мы наблюдаем тоже и партийную литературу в лучших традициях статьи товарища Ленина о партийности в литературе. И мы видим попытки настоящей критики. И то, что здесь эмигрантский писатель может, решительно никого не боясь, написать что-нибудь, типа: ,,Брежнев дурак — курит табак, спички ворует — дома не ночует", — это никакого значительного вклада в литературу не приносит.

НАУМ КОРЖАВИН

На меня все это производит довольно странное впечатление. Поскольку это конференция писателей, то, значит, мы собрались говорить о литературе, о русской литературе в эмиграции, а речь как будто идет о чем-то другом. Обсуждаем вопрос: одна литература или две, хотя к этому вопросу никто из выступавших пока не отнесся серьезно. Это стремление выделить эмигрантскую литературу из русской и противопоставить их друг другу, напоминает по глубине и серьезности детский спор: ,,Кто лучше — мальчики или девочки?" Дело это несерьезное, серьезному человеку не нужное, нужное только для ,,науки" (т.е. наукообразной болтовни). Поговорим о литературе, хотя за пять минут, которые мне даны, я, будучи оппонентом почти всех выступавших, а может быть, и тех, кто еще будет выступать, вряд ли смогу связно высказать свои взгляды. Придется только слегка наметить то, что я хотел бы сказать. Я чрезвычайно удивился, когда обнаружил, что я в чем-то согласен с Синявским. Это когда он высказал свое отношение к статье Мальцева, к попытке отнестись свысока к литературе, существующей ,,там". Или когда он доказывал, что там и здесь — одна и та же литература. Правда, дальше он остался себе верен (т.е. верен тому, чего я в нем не принимаю) и сказал, что полнота правды — это не критерий. Конечно, это не единственный критерий, но критерий, — это необходимо, хоть этого и недостаточно. Кроме того, я не понимаю, как, не признавая, что есть столбовая дорога, сетовать при этом на отсутствие критики. Критика как раз то, что пытается нащупать эту столбовую дорогу, правильное движение культуры. Конечно, никому наперед не известно, что правильно, а что нет — вот критика и нащупывает эту правильность. А если этой дороги, этих общих вообще ценностей нет, то критике и разговаривать не о чем. И не для чего существовать.

Есть такой „толерантный" взгляд на искусство: дескать, у каждого свое искусство. Одна милая американка так и сказала мне, что у каждого свой вкус, а, так сказать, „вкус вообще" — это русские выдумали. К сожалению, должен ее заверить, что русские вкуса не выдумывали. Я бы очень гордился, если б это сделали русские, но сделали это французы, в XVIII веке. Именно они тогда открыли, что есть законы вкуса, и попытались их нащупать. Ни у кого нет окончательного ответа на вопрос, что это такое, но то, что общий вкус и общее понимание есть и должны быть, по-видимому, признают все, раз за это идет борьба. Литературная борьба, когда есть литературный процесс. (Регламент).

Теперь насчет полноты правды и насчет политики, пардон. Я считаю всякие разговоры о том, что современная русская, как эмигрантская, так и неэмигрантская литература может существовать не то, что вне политики (литература вообще — не политика), а вне политической ситуации в СССР (т.е. забывая о ней, игнорируя ее) — проявлением графомании, притворством и актерством. Правда, я должен сказать, что актерство становится постепенно вообще одной из черт литературы.

Говорят о толерантности. Но это требование относится скорей к политике, чем к искусству. Вот Синявский — большой борец за толерантность, но ведь на поверку получается, что быть толерантным — это значит любить то, что любит Синявский. И не моги сказать что-нибудь против гениальных Пруста или Бабеля. А ведь есть люди, которые по соображениям, каких за пять минут не изложишь, но серьезным, к названным авторам относятся не столь безусловно, как он. И люди это не только русские — на Западе тоже есть и эстетическая, и философская, и всякая иная мысль. И люди тоже озабочены тем положением, в которое они попали, и связывают это как-то с состоянием культуры. И это очень серьезные люди и мысли. Дело не в том, талантлив или неталантлив Пруст. Безусловно, очень талантлив. Дело именно в том, столбовая это дорога или нет. Это вопросы — и не все отвечают на них так, как Синявский.

А что такое эстетика вообще? Это ведь не наука о литературе и не наука вообще. Это дисциплина, которая пытается рассмотреть, что человеку надо, понять его действительные внутренние потребности — те потребности, на которые отвечает и должна отвечать литература. Здесь безответственно употребляется как дубинка еще один термин — „художественность". Впрочем, так он употребляется во всей эмигрантской периодике. Художественность — не одна из сторон художественного произведения, а его суть. Если произведение не художественно, значит, ему грош цена. Поэтому это вопрос сути, а не исполнения (хотя и без него ничего быть не может). Что такое художественность — это то, о чем главный спор, а не некий всем известный эталон.

А так — это очень вальяжное слово, намекающее на некую посвященность говорящего в неисследованные тайны, но в сущности — пустое. Кстати говоря, советская, та самая соцреалистическая фразеология, тоже не отрицает художественности и тоже борется за высоту качества. Причем требование художественности встречается не только в хороших статьях (а такие там еще бывают), но и в самых блеклых — и именно в них художественность произведения отличается от его сути — как у многих эмигрантов. Так что прежде всего надо определить, что такое художественность, договориться об этом. Это плохо для писания пейперов, ибо заводит в рассуждения, а по представлению многих, наука в том и состоит, чтоб не рассуждать „вообще", а сравнивать гвоздь с пальцем, или что-то еще с чем-то еще, или, более того, чтоб применять тот или иной метод к тексту, для чего и нужно четко знать ясные признаки художественности, хоть их и не существует. Но для литературы и мысли, для развития и выживания культуры нужно другое, живое.

ЭДУАРД ЛИМОНОВ

В отличие от предыдущего оратора я не могу кончить в любой момент, и мне несколько трудно после такого эмоционального выступления завладеть вашим вниманием... Я вообще собирался говорить по-английски, но мой сосед Алеша Цветков сказал мне: „Не выпендривайся, будь как все". Я постараюсь.

Честно говоря, проблема, о которой говорил Андрей Донатович, далека от меня. Я не литературовед, я — писатель и только... И я больше озабочен собой, своей собственной жизнью, своими проблемами, чем проблемой — одна ли русская литература или две русские литературы существуют, или, может, их вообще несколько... Мне даже не нравится название нашей конференции — „Литература третьей волны". Third wave звучит вроде "third rate" что-то третье, третье — это уже плохо, мне хочется быть первым, хочу быть представителем первой волны — единственной. Я думаю, что проблема — две или одна литературы — это скорее все-таки действительно литературоведческая проблема, на творчестве она вряд ли отражается. Я могу сказать только несколько слов о том, как я себя представляю как писателя, и где я себе место в русской литературе отвожу.

Мне вообще кажется, что я не русский писатель. Может быть,

мне это только кажется, я не уверен. Это опять же дело литературоведов, они решат. Я признаюсь, что я почти не читаю русских книг. Они очень все скучные, за несколькими исключениями. Честное слово, если бы было по-другому, я бы признался. Я не тот человек, который читает только самого себя. Но, к сожалению, читать нечего. Есть вещи, написанные о событиях 30-летней давности, о том, как жили русские во времена Сталина, как нужно было спасаться. Мне надоели лагеря, надоели жертвы, надоело читать о лагерниках в книгах... Мы все имеем guilty conscience, мы почему-то считаем себя ответственными за то, что было пятьдесят лет назад. Но мы прозеваем таким образом сегодняшнюю жизнь, я думаю. Я стараюсь что-то писать, чтобы мне было интересно как читателю. Я ждал своих книг от других писателей, не дождавшись, — написал их сам. Вот все, я сказал все.

ВИКТОР НЕКРАСОВ

Хотелось бы мне сейчас ответить Лимонову, хотя понимаю, что, действительно, многие из нас думают главным образом о себе, а не о каком-то другом процессе, и все же не буду сейчас отвечать. Когда-нибудь просто друг с другом отдельно поговорим. А сейчас — о двух литературах или об одной. Для меня вопрос ясный — конечно же, одна, но немыслимо сложная. Может быть, ни одной литературы в мире нет такой сложной, такой противоречивой и в то же время такой интересной.

И как ни странно может быть многим это покажется, но я бы внес в нашу русскую литературу и то, что называется социалистическим реализмом. Я его, откровенно говоря, не переношу. Слава Богу, когда я начал свой литературный путь, о нем ничего не знал, и мне в этом отношении повезло. Но соцреализм, увы, есть... и, как ни грустно, читают и даже смеются... Вот, пьесы Корнейчука, человека и драматурга плохого, обошли весь Советский Союз, и толпы, миллионы хохотали на его „В степях Украины". Я не буду говорить о входящем в русскую литературу Георгии Макеиче Маркове, председателе Союза, который издает пуды своих книг, которые никто не читает. (Читают, очень много читают — Аксенов). Аксенов говорит, что вот и его читают. Владимир Венгеров, кинорежиссер ленинградский, с которым я встретился в последний раз в Ленинграде, мне сказал: „Знаешь, Вика, я сейчас делаю четыре серии Маркова". Я удивился: „Как же ты их будешь делать? Его же надо еще прочесть". „Да что ты, я читать не буду, зачем мне? Мне расскажут его содержание, и я с помощью друзей напишу сценарий". Но он, Марков, тоже входит в советскую, в русскую литературу, что поделаешь. Входит и Кожевников, о котором, вероятно, три четверти здесь присутствующих даже не знают, хотя он и редактор журнала „Знамя". Но он к тому же и автор „Щита и меча". „Щит и меч" — пять пудов, шпионский роман. Вы знаете, это поразительная вещь, на каком-то съезде, то ли коммунистической партии, то ли чего-то другого, забастовали официантки и коридорные гостиницы „Украина". Забастовали в Советском Союзе! — потому что делегатам в книжном киоске можно было купить книгу „Щит и меч", а официанткам и коридорным нельзя. И они выиграли забастовку, им разрешили купить. А в фильме „Щит и меч", пользовавшимся не меньшим успехом, чем книга, снимался прекрасный актер Любшин в главной роли, в свое время прославившийся картиной „Мне 20 лет" („Застава Ильича") Хуциева.

Все это очень грустно. Есть много загадок в социалистическом реализме. Загадка, что существует Айтматов, которому, между прочим, как Васе Аксенову, тоже выпало счастье быть первым во всех списках. Только Вася Аксенов в других списках, а этот должен подписывать письма против Солженицына и Сахарова, и всегда он первый. А писатель он хороший, загадочный. И вот последняя его вещь, я ее, к сожалению, не читал, но не читая, уже рекомендую, называется — „И дольше века длится день", напечатана в одиннадцатом номере „Нового мира". (Плохая книга — Синявский). Плохая, говорите? А вот Семен Глузман, мой большой друг, психиатр, который отсидел семь лет, очень тонкий человек, находящийся сейчас в ссылке, в Сибири, в Нижней Тавде, написал мне в письме (а письма почему-то доходят оттуда): „Я потрясен этой книгой". Синявский не потрясен, а Глузман потрясен и попросил, чтобы я ему три экземпляра „Нового мира" в Тавду послал.

Входит в нашу многострадальную литературу и взят на вооружение социалистическим реализмом и боготворимый мною Василий Шукшин, о котором кисло упоминает Мальцев. Увы, сегодня мы почему-то больше всего говорим о Мальцеве. А кто такой Мальцев, между прочим, я никогда в Советском Союзе о нем не слыхал. Где он и как вылупился, не знаю. Книжку его „Вольная литература" — не знаю, имел ли он право ее писать, а то, что было в 25-м номере „Континента", простите, но это, как серпом по сердцу. Нельзя так говорить ни о Распутине, ни о Шукшине, нельзя придумать позорнее названия, чем „промежуточная литература". Да, я горжусь, что я в той литературе, в которой Шукшин, человек, который писал кровью сердца своего, который и умер от того, что захлебнулся в крови своего сердца. Я горжусь, что я в одной литературе с Распутиным, который сейчас лежит в больнице дважды уже избитый, вы это знаете? Поэтому говорить так о Шукшине, как позволяет себе Юрий Мальцев, и еще поучать его — об этом пиши, а

Carl Proffer, Anatoly Gladilin, Andrei Sinyavsky

об этом помалкивай — просто неприлично. И это о Шукшине, на похоронах которого, стихийно, как у Высоцкого, десятки тысяч людей преградили дорогу движению в Москве. Это что-то да значит. Сейчас Шукшина взяли на вооружение. И пароход есть его имени, и школа, и улица... Мертв, уже не мешает. (Сталина тоже хоронили толпы — из публики). Сталин — это была истерика всенародная, потому что все думали, что после этого кончится жизнь в России. Рыдали, плакали и ломали друг другу ребра. Умер царь, страшный, но царь, что будем делать дальше. И Бог с ним, со Сталиным, Бог с ним. (Черт с ним — из публики). Поправили, черт с ним... А Шукшин останется. Надолго. Навсегда.

САША СОКОЛОВ

Говорить-то можно о многом, но о чем же мне поговорить? Я бы свои пять минут с удовольствием Науму Коржавину уступил. По поводу Мальцева... Я его лично не знаю, и даже не читал той вещи, о которой сейчас Виктор Некрасов говорил. Но, на мой взгляд, неплохой человек, обо мне написал хорошо. Я имею в виду мой второй роман.

Иногда кажется, что это большое несчастье — эмиграция. Утром проснешься, думаешь: „Боже мой, чем я тут занимаюсь? почему я все это пишу?..“ И кажется, что в таком вакууме живешь. Но вспоминаешь: Россия. Есть один американский писатель, написавший пятнадцать сценариев для Голливуда и несколько больших романов. Никто его, кажется, и не читает, так он сам говорит. И вот, когда я ему сказал, что в России имя Набокова знают миллиона два читателей, он просто не хотел верить. Он говорит: как это возможно? ведь человек запрещен, книги запрещены... Я говорю: читают, знают, а кто не читает, все равно слышал. Вот это успокаивает, конечно. Это дает возможность работать еще.

АЛЕКСЕЙ ЦВЕТКОВ

Судьба занесла меня в конец алфавита, и поэтому, наверное, все уже скучают. Я не обижаюсь, потому что так в обоих алфавитах. Вот Войновичу, должно быть, обидно... Я, пожалуй, не буду выражать свое согласие или несогласие с предыдущими выступающими. Я думаю, что сказано достаточно. Но никто не поговорил о терминах, вот только Лимонов немножко начал. Я думаю, что это важно, потому что мы спорим о том, две литературы или одна, и мы упускаем из вида, что есть факт литературы и есть идеал литературы. И мы подменяем эти термины по ходу нашей дискуссии, и получается, что никто вопроса не решает. Я хочу сказать, что многие термины нам просто навязаны средой, в которой мы сейчас живем, и поэтому мне бы хотелось освободиться от их груза. И я вкратце на них наброшусь.

Во-первых, что такое — две литературы или одна? Многие, выезжая из Советского Союза, понимают свободу, как свободу писать теперь не за советскую власть, а против советской власти. И примерно из этой стороны, т.е. из нелитературы, как я думаю, идет постановка таких вопросов. Я думаю, что литература, фактически, не имеет ничего общего с „за" и „против". Я думаю, что литература — это создание эстетических ценностей, что бы ни говорили тут о столбовой дороге и прочих высоких вещах. Поскольку существует проблема, навязанная нам, название конференции правомерно, но по сути проблемы не существует. Писатель пишет, читатель читает.

Кроме того, другой термин, уже звучавший здесь, — „диссидент". Он прочно прилип ко многим из нас, и многие совершенно не просили этого. Термин, я считаю, потерпел полную инфляцию. Неизвестно даже, что он представляет в правозащитном движении сейчас. Скорее всего, он воспринимается, как лоялизм с обратным знаком. Я лично просто писатель, и знакомые мои тоже писатели, а диссидент — это, очевидно, тот, кто борется с режимом.

Я понимаю литературу как создание эстетических ценностей. Я располагаю только пятью минутами, у меня еще один термин. Я думаю, что если, допустим, взять пример польской литературы, то было бы странно слышать, скажем, от эмигранта Милоша нападки на лоялиста Ивашкевича, и с обратной стороны тоже. Потому что оба, очевидно, имеют какое-то уважение к таланту друг друга. В русской литературе, где связь между эмиграцией и метрополией разорвана, такого, к сожалению, нет, и от этого наши проблемы. Что касается термина „третья волна", то я затрудняюсь отнести к какой-либо волне Набокова или Цветаеву. И с этой точки зрения, я думаю, это термин демографии, мало имеющий отношения к литературе. Есть такой поэт, я не знаю, слышал ли о нем кто-нибудь, — Виктор Урин, который блистал на первой полосе „Правды" на протяжении многих лет. Когда он с кем-то поссорился, он выехал сюда. Сейчас он с той же легкостью публикует здесь свои труды, том за томом. Хотел бы я получить ответ, кто такой Виктор Урин, — третья ли он волна, диссидент ли он, и в какой он литературе? Если мне выпал бы выбор между, скажем, Зиновьевым и Катаевым, то я бы выбрал ту литературу, в которой Катаев. Все.

ВЛАДИМИР ВОЙНОВИЧ

С алфавитом мне, в отличие от Аксенова, не повезло. Переехав из одного мира в другой, я переехал и в другой алфавит. В русском алфавите моя фамилия была на третью букву сверху, а теперь на четвертую снизу.

Что касается литературы и ее деления на всякие волны, я не знаю, к какой волне мне причислить себя самого. Все, что я написал до сих пор, написано в Советском Союзе, поэтому мои книги пока еще вообще нельзя назвать эмигрантскими.

До появления в Лос Анжелесе я ездил по Америке, выступал в университетах, ругал советскую литературу. Мой друг Виктор Некрасов ее защищает. Но я думаю, что спор у нас в основном терминологический. Что такое социалистический реализм, на самом деле никто не знает. Все официальные определения этого метода не совпадают с его реальными достижениями. Но есть вполне подходящее к нему неофициальное определение, согласно которому *социалистический реализм есть воспевание вышестоящего начальства в доступной ему форме*. Так вот, в соответствии с этим определением Кожевникова или Маркова можно назвать социалистическими реалистами, а Шукшина или Распутина нельзя. И сам Некрасов не был социалистическим реалистом, и многие из тех, кто раньше считался советским писателем, тоже.

Почему я не верю в советскую литературу? Сравню литературу с другим видом искусства. Представьте себе, что живописцу дают холст определенного размера, дают определенный набор красок и говорят: пиши на этом холсте, что хочешь, лишь бы тональность была светлая. А когда он начинает работать, его еще немножко подталкивают и немножко колют шилом. Может быть, кто-то в таких условиях и ухитрился написать нечто похожее на картину. Но очень крупному художнику этого набора красок обязательно не хватит, и холст определенного размера будет ему или мал, или велик, он или вылезет за рамки, или напишет чепуху.

Кто-то (не помню кто) сказал однажды примерно так. Если взять Чехова или упомянутого здесь Катаева, обоих подвесить вниз головой и заставить написать по рассказу, кто из них напишет лучше? Скорее всего, Катаев.

Говоря о советской литературе, я утверждаю, что внутри ее существуют очень жесткие ограничения, с которыми неплохой писатель может считаться, а очень крупный не может. Все писатели советского периода, чьи имена остались в литературе, — Булгаков, Платонов, Цветаева, Ахматова, Зощенко, Пастернак и так далее, не были социалистическими реалистами, советская литература рано или поздно их отвергала, а потом, после смерти, кое-кого признавала, но частично. Этот процесс продолжается и сейчас.

Яркие имена в советской литературе появляются все реже. За всяким ярким писателем бдительно следят, как бы он не вылез за рамки. Если, не успев вылезти, он умирает, его с удовольствием пышно хоронят, заносят навечно в списки своих, называют его именем пароход, колхоз или библиотеку. Но если он вовремя не умрет и разовьется в очень крупного писателя, тогда его имя будет красоваться не на колхозной вывеске, а в списках запрещенной литературы.

Довлатов тут говорил о литературном процессе. Литературный процесс — это все, что сегодня пишется, хорошее или плохое, а литература — это то, что выходит за рамки этого процесса. Так вот, в пределах советской официальной литературы уже и процесса никакого нет. Но в Советском Союзе вне официальной литературы, и здесь, литературный процесс есть, а раз есть процесс, значит, может быть, из него что-нибудь и родится со временем. Правда, писатели в эмиграции лишены родной почвы, лишены питательной среды. А что делать? У писателя, выросшего в Советском Союзе, есть выбор из трех вариантов. Первый вариант: оставаясь формально в пределах официальной литературы, писать на высшем уровне допустимого и вести себя очень послушно, потому что за непослушание из советской литературы тоже выгоняют. Второй вариант: вести себя по совести, писать, не считаясь с установленными правилами, то есть писать то, что хочешь, подвергаясь при этом таким неприятностям, при которых писать иногда бывает трудно, а то и вовсе невозможно. И третий вариант — уехать. Все варианты, повторяю, плохи. Но первый я ставлю на самое последнее место.

EDWARD ALBEE

Memories flood back, memories of my first visit to the Soviet Union: coming out of an opera house in Odessa, going back to my hotel and learning of the assassination of President Kennedy; meeting in Moscow around the same time a number of very young Soviet writers, including the gentleman to my left [Vasily Aksyonov]; a stormy night in Kiev, meeting a thunderstorm in a hotel, a thunderstorm called Viktor Nekrasov—an evening that he and I must discuss some time soon; a late night drinking evening with a very young Soviet writer in Moscow [Andrei Amalrik] during which he postulated the theory that there was an inevitable collapse, an inevitable semantic collapse, between the Russian intelligentsia and the intelligentsia of the United States, which in the midst of all that vodka, set me to thinking that indeed such a semantic collapse was possible within my own country.

There are indeed two literatures; there are two literatures in the United States. There is, in the United States, the literature that people wish to read, and there is the literature that people should read. This is an important distinction. It is a distinction which is handled in this country in perhaps a more insidious and ultimately more dangerous fashion than in a controlled society such as the Soviet Union. It is one thing for publication, acceptance, livelihood, to be determined by government fiat; it is another thing entirely for publication, acceptance, livelihood, to be determined by public fiat, public indifference. The act of creative writing is an act of aggression; it is an act of aggression against the status quo. It is in the highest and broadest sense a profoundly political act because it is an attempt to change people's perceptions of themselves, to give them greater self-awareness so that they are capable of governing themselves more intelligently. All of the literary giants of the twentieth century have been, to one extent or another, exiles—some political, some merely intellectual exiles. I think of Proust, I think of Joyce, or Gertrude Stein, of Nabokov, of Jorge Luis Borges, and of Samuel Beckett. They are all out of step with the view that people prefer to have about themselves.

In this country there is a great deal of work published and very little of it is literature. Since our literary economy functions by giving people what they think they want, literature which does not put people in greater contact with themselves, which indeed takes them away from contact with themselves, which puts them to sleep intellectually, morally, and emotionally, is infinitely more popular than literature which is an act of aggression against the status quo, much more popular than literature which inflicts the wound of consciousness, the wound of civilization. Indeed we have two literatures in this country as well. There is nothing to be done about this dichotomy. The serious writer destroys himself by desiring to be profoundly popular. And you can judge the health of a society by the number of truths, I think, that it is willing to be told from the unique perceptions of the creative writer who stands both within his society, surrounded by its essences, and outside his society. All creative writers are truly schizophrenic: they are capable of participating in, and at the same time observing themselves participate in the same situation, which gives them the unique opportunity of perception. The writers from the Soviet Union who are here today, and others who are not, have come from a society where there are indeed two literatures. I would like to welcome them to a society which I think they already know also has two literatures. And the threat of public indifference, of sloth, to literature in the United States may indeed be more dangerous and more insidious than any of the problems that they have left at home.

Russian Emigre Literature Past and Present

THE EXILE EXPERIENCE

Edward J. Brown

The Russian emigre poet Vladislav Khodasevich produced a beauti-
fully moving statement of the exile experience in his collection of poems
entitled *European Night (Evropeiskaia noch',* 1927). The exile's bitterness
in those dark lyrics is tempered only by consummate poetic mastery: no
easy effort at adjustment or optimism dilutes his poetic formulation of
anger and loss. But the collection as a whole belies the poet's despairing
statement, reported by Nina Berberova, that "I cannot write there, I cannot
write here." As a matter of fact he could write here; and he wrote about us,
in part.

In that same collection, Khodasevich's long poem "Sorrento Photographs" develops a striking metaphor for the divided and confused
consciousness of the exile, whose mixed images of home and abroad have
the effect of defamiliarizing—of making strange in Shklovsky's sense—
both the experience of exile life and memories of home. Khodasevich
compares the fantastic results of this process to the double exposure of a
film by an absent-minded photographer:

> Sometimes an absent-minded photographer
> will lose count of his shots on a film
> and snap a pair of friends
> on Capri, beside a little white goat—
> and on the spot, not advancing the film,
> he will print over them the bay
> beyond the steamer's stern
> and the sooty stack
> with a shock of smoke on its forehead.
> This winter one of my friends
> did just that. Before him
> water, people, and smoke intermingle
> on the turbid negative.
> His friend half-transparent
> with his airy body
> blocked the contours of rocky giants
> while the little goat, its legs flung skyward,
> butted Vesuvius with its tiny horns . . .

That imprint of two worlds
telescoped appealed to me:
hiding in itself a vision,
that's how my life flows by.

As the poet on a motorcycle travels in and around Sorrento he has two memories of Russia which are superimposed, respectively, on a view of Amalfi and on Vesuvius and the Bay of Naples. The first Russian memory is of a low and miserable house in Moscow from the basement of which the body of a floor-polisher in his coffin is being carried to his grave; the funeral procession seems to move through prickly agaves and the dead man's head "swims in the azure air of Italy." In the second telescoping of memories the angel guardian which crowns the Cathedral of Peter and Paul in St. Petersburg is

reflected in the greenish waves
of the Gulf of Castellamare,
the mighty guardian of Tsarist Russia
toppled headfirst.
Ominous, fiery, brooding,
so the Neva once reflected him
and so he appeared to me—
an error on the hapless film.

And Khodasevich, expectant of the further tricks memory may play, ends his poem with a question concerning its caprices:

Amid what losses and troubles
After how many epitaphs,
Will she surface, airy,
and what will, in its turn, cover without covering
the shadow of Sorrento photographs?

And so in Khodasevich's poems on exile dark images of a European night give way to the bright paradox of Sorrento double exposures, suggesting that something in the exile experience balances loss and disappointment.

No one should understate, however, the magnitude of the exile's loss, especially the exile who has participated in the artistic or literary life of his native metropolis. "No one can prize his health fully until he has lost it; and thus it is with one's native land," says the exiled poet in Mickiewicz's *Pan Tadeusz,* and most exiled poets know exactly what he meant. Pushkin in exile often compares himself to the Roman poet Ovid, who, banished to the culturally barren north coast of the Black Sea and condemned to live among Scythians, as he called the barbarians, for the most part mourned his loss, *toskoval po rodine,* too far from his Italy. And yet with all his bitter complaints as to his lot Ovid was rather productive during his Scythian exile. His "sad elegies" (*Tristia*) complain of everything, but also tell about the Scythian land, its climate, and the barbarous features of its inhabitants. Josef Škvorecký, the exiled Czech novelist, has suggested that Conrad rather than Ovid should be the model for the emigre. Joseph Conrad, though the loss of Poland lay heavily on him, learned to speak and write the Scythian tongue in its English variant, and he loved it. Ian Watt quotes him on the subject: "I was adopted by the genius of the language, which directly I came out of the stammering stage made me its own so completely that its very idioms I truly believe had a direct action on my temperament." But, of course, it was easier for Conrad to learn Scythian, since his native language, Polish, makes no claim to world empire; for Ovid Latin was the only possible vehicle of literary expression, though as a matter of fact he did write one or two poems in Getaen, my erudite sources tell me.

I have tried to imagine on the basis of records, both autobiographical and fictional, the nature of the loss experienced by the exile, especially the exile who is a Russian writer. The disappearance of the Russian language from the area of everyday life—unless one chooses to isolate oneself in a narrow circle of emigres—is quite possibly the most serious deprivation. Nabokov mastered English, but felt the loss of his language as of a vital organ: "I had to abandon my natural idiom, my untrammeled, rich, and infinitely docile Russian tongue for a second-rate brand of English." Consider what loss of the language means to a writer. It means the loss of an environment, the only one, where verbal nuance works. Loss of immersion in the speech community in which the language, for good or ill, is evolving. Loss of the ears that can hear one's own "foregrounding," to use Mukařovský's term, ears that will pick up without explanation the difference between auto-function and sine-function, in Tynyanov's phrasing: in simple words, ears that can catch immediately a verbal invention. A bitter thing also is the acquisition of a new circle of non-native friends who speak Russian, as we tell them, *comme des anges,* or at least "remarkably well," but who also sound to us like the deafmute Pogorevshikh in *Doctor Zhivago,* who could not hear language at all but had carefully learned, by artificial contrivance, to articulate intelligible sentences in Russian—but only when the *lights* were on. Let me draw on Limonov, as I shall from time to time in this talk, for an illustration of the moral devastation this contrived language can wreak in the life of an emigre. I refer to one of the cleaner passages in his novel: the hero is performing a normal act with an American adult of the opposite sex who at the moment of normal heterosexual climax asks him the question *"ty konchíl?,"* putting the accent on the last syllable. The moment was destroyed for him, not by the inept question, but by a misplaced accent.

Received wisdom suggests that separation from the native language is indeed a grievous blow for a writer. As Dostoevsky put it, "I need Russia for my life, for my work" and as Pasternak echoed him, "A departure beyond the borders of my country is for me equivalent to death." But there is evidence that this may not necessarily be so for all writers. The Polish writer Gombrowicz wrote his most innovative work while an exile in Buenos Aires, as Ewa Thompson has pointed out, and Czeslaw Milosz suggests that absence from the native milieu may help a writer to "sense his native tongue in a new manner." In other words there may in many cases be a kind of Sorrento photograph effect in the exile's language experience, one's native tongue may be defamiliarized in the new linguistic environment, and "new aspects and tonalities of the native tongue may be discovered." But if this is to happen there must first be a true double exposure of the film, and the writer must live in two worlds at once.

The second great loss after the language is to be deprived of the intellectual struggle itself and the intense supporting intimacy of the small circles that carried on that struggle at home. Alexander Herzen in *My Past and Thoughts (Byloe i dumy)* reflects many times on his lost comrades of the university and the philosophical free-thinking circles, and as he recalls them many years later he insists that he's found nothing in Europe—except perhaps in Italy, another backward country—to compare with them:

> Where, in what corner of the contemporary West, will you find such a group—hermits of thought and anchorites of learning, fanatics for their convictions, men who, though their hair may be gray, are still eternally youthful in their aspirations? Where? Show me! I boldly throw down the gauntlet, and I will make an exception for now only of Italy . . .

Turgenev too remembered the circles of his youth as a source of support in a sea of pharisaism:

> When you look about you you see that bribery flourishes; serfdom stands as firm as a rock; . . . justice is nowhere to be found. Trips abroad have become impossible; . . . a kind of dark cloud hangs over all scholarly and literary authorities . . . They are all debased with fear. But then you repair to Belinsky's apartment, a second and a third friend arrive, a conversation starts—and you suddenly feel much better.

Isolated in an ignorant, oppressive environment the young Russian intellectuals of the 1830s and 1840s, very much like those of our own time, drew closer to one another, and the "Circle" became a tightly cohesive group within which impassioned discussion of great issues could take place. In *that* kind of society such free inquiry could take place nowhere else. Imagine the dislocation felt by a modern exile who suddenly finds himself in a society where free inquiry and unhampered talk are a matter of course and can take place anywhere; imagine his desolation at finding that the intimate circle of friends devoted to learning and the truth is now beside the point. One of the bitterest complaints of emigres I have known is that they can find nothing here remotely comparable to the intense intellectual life they had shared with intimates at home. Once again I turn to the writings of Limonov for a text. Can we forget his merciless satire of well-heeled American academic intellectuals whose conversation consists of anecdotes, smart small talk, and gossip, which he bitterly contrasts to the endless discussions, always on high and serious matters, he remembered from Moscow? I offer no opinion as to the quality of those midnight debates, and Zinovyev may be right in regarding their participants as only a special variety of Ibanov.

A third great loss, especially for a Russian writer, is the loss of his special position as a writer. Perhaps the behavior of Solzhenitsyn in our midst is merely a symptom of disorientation in an environment where the writer is neither honored as a prophet nor persecuted as an enemy of the state—two things which in the Soviet Union could be the same thing. In his own country this prophet was not without honor. The whole inhuman apparatus of a state that has thousands of nuclear warheads concentrated, as *The Oak and the Calf (Bodalsia telenok s dubom)* tells us, on frustrating the work of one lone writer working in the underground, like a folk hero immersed in deep waters but sure of emerging victorious, engaged all the time in a deadly struggle with the powers of darkness. There is nothing comparable to that experience in the pragmatic pluralistic societies of the West. The reason writers are both honored and persecuted in the Soviet Union is that there they are important, and there they are regarded as dangerous. Even in the underground, even in a camp, a Russian writer may be more alive than in the cultural hinterland of Vermont, among Scythians. What is a calf to do when he has no oak to butt his head against?

What I am suggesting in this talk is that there is much he *can* do if, in the words of Czeslaw Milosz, he is not like those recent immigrants who "stay in their shell and are mistrustful of the West." As the wonderful Czech novelist Josef Škvorecký has said in other words, the wrench and dislocation an exile writer suffers is richly compensated by the double exposure to which chance or fate, or maybe some Old Nobodaddy just as absent-minded as chance or fate, has subjected the film of his memory.

Memory with its tricks of juxtaposition and interference has always opened the possiblity for an exile to see his new land in ways the natives never see it. There are many examples of this phenomenon, but probably the greatest of them is Vladimir Nabokov, whose *Lolita* I would like to use as another of the texts in my argument. That novel produces an estrangement of commonplace American scenes that no native could possibly have contrived, just as Nabokov's richly inventive English style could only have been contrived by a foreigner—and, as I believe—by a Russian. Only a distraught Humbert Humbert, his mind full of memories

57

of the Riviera and Paris and Berlin (as well as of that tasteful mansion on Morskaya Street in St. Petersburg, now Herzen Street) could have revealed to us so utterly the affluent emptiness of an upper-middle bourgeois American suburb. Note that Charlotte Haze, the mother of his great love, lived at 324 Lawn Street, the latter address a perfect symbol of the ample greenswards and neatly tailored hedges that ensconce American *meshchanstvo*. Mrs. Haze is an expectant widow with features of a type that "are to be defined as a weak solution of Marlene Dietrich," and when she shows her prospective lodger and lover the toilet, he can't help noticing a "pinkish cozy, coyly covering the toilet lid." So deeply is the novel *Lolita* involved with America and the American language that Nabokov, with all his ingenuity, was unable to translate that last phrase into Russian, but could offer only: *mokhnato-rozovaia poponka, zhemanno pokryvshaia dosku klozeta."* Clearly a disaster: everything is lost, the intimate cozy, the philistine coyness, the lid itself (*doska klozeta,* indeed! Who has ever seen one?), not to speak of alliteration and rhythm. *Lolita* is an American book, which can fully exist only in English, and could have been written only by a Russian.

Defamiliarized in the context of Flaubert and countless other literary allusions, we get a sharpened view of the American motel civilization, all those Sunset Motels, U-Beam Cottages, Hillcrest Courts, Pine View Courts, Mountain View Courts, Skyline Courts, and many more. And the American landscape looks stranger and stranger to the eye of a Russian who knew it only from picturesque drawings or the painted oil-cloths imported from America to be hung over washstands. And the American road itself "at night, tall trucks studded with colored lights, like dreadful giant Christmas trees." "Distant mountains. Near mountains. More mountains . . . heart and sky-piercing snow-veined gray colossi of stone, relentless peaks appearing from nowhere at a turn of the highway; timbered enormities . . . buttes of black lava . . . hundreds of scenic drives, Soda Springs, Painted Canyons . . ."

The names on a class-list—Lolita's—affect Humbert Humbert like the lines of a poem, and while it's true that for Humbert every name in the list-poem is only a metonymy for Lolita and some are subtle allusions to his own fate, yet the list as a whole is also a microcosmic shot of middle class America, its composition, its hangups, and its fears. We note that while white Anglo-Saxon Protestant names dominate the list, the citadel has been breached by some extremely dubious foreign bodies: Carmen, Rose, for instance, could be some sort of Latina. A Jewish family name may be near the surface in two Cowans, John and Marion, and Flashman, Irving, is clearly Jewish. Fantazia, Stella was not to the manor born. Honeck, Rosaline and Sherva, Oleg betray in this company the upward mobility of the American Slavs. And one of the proper-sounding Anglo-Saxon names no doubt conceals that little black intruder whom Humbert identified in a class picture, that single token negro always seated center front in a group. Given by a narrator whose double and triple exposures include childhood memories of the spacious Rukavishnikov estate not far from St. Petersburg, which he inherited and immediately lost to the people in 1917—as he tells us in *Speak, Memory*—Nabokov's American scenes are easily defamiliarized, because in America even the most ordinary and obvious things are really strange to him. What a priceless gift that is for any writer, and with it life has compensated the exile writer for all of his losses.

Still another case of double exposure is Aksyonov's *Twenty-four Hours a Day Non-Stop (Kruglye sutki non-stop,* 1976), a work of uncertain genre—Bakhtin might have called it Menippean satire—written by an emigre before he became an emigre and actually published in the Soviet Union. Even the published text, which had to go through the Soviet censorship mill, is full of double exposures, but in this case I suspect a deliberate technique at work rather than the photographer's absent-mindedness; in fact we may have the carefully structured double talk known as Aesopian language.

The work is a brilliant example of carnivalization—still another Bakhtinian term—as a structural principle. Los Angeles provided the material necessary to create a carnivalesque atmostphere, but the American scene as a whole seems—to the unpracticed eye of this visitor—to be infected by the freedom of California and to provide an implicit contrast to fond memories of home with its rigors of discipline and frozen streets. "L.A." offers Hare Krishnas, swamis, hippies, radical kids, a Renaissance Fair that upsets all cultural identities, and the complete messing up of established hierarchies in dress: the narrator is impressed by the fact that it really didn't matter whether he wore a tie to dinner or not. Some do; some don't. And the whole crazy carnival is felt as a protest against the American middle-class culture that, from a quite different social viewpoint, repelled the effete aristocrat Humbert Humbert, and in the macaronic mixture of American and Russian speech we sense a muffled protest also at the Soviet *meshchanin.* To an orthodox Soviet editor or reader all those scenes of Women's Liberation demonstrations and the Struggle for Homosexual Rights no doubt seem evidence of capitalist decay in an advanced stage, but superimposed as they are on a photograph of Moscow the picture of L.A. is a kind of creative chaos, a superflux of freedom that makes all things possible and could lead anywhere. God knows where. What can a Russian say to a culture that permits a well-behaved dog to accompany his master to class? As the Professor, Aksyonov, writes: "All through the lecture he lay quietly on the floor at his master's feet, staring up at me and saying nothing, though two or three times he yawned politely."

A stunning example of Khodasevich's double exposure is Limonov's *It's Me, Eddie (Eto ia-Edichka),* a book from which I've already drawn a few texts. That book is a powerful defamiliarization, not only of Russian life both in the homeland and in emigration, but also and especially of American life in an astonishing variety of candid shots. And the narrator's angle of vision is abnormal, askew: he is a Soviet emigre not yet educated in the clichéd pieties of American life. He is estranged as a down-and-outer even among emigres. He hasn't made it in American life. Not only has he not landed a job as a poet-in-residence anywhere; the best job he can get is that of a busboy—though in a high class hotel. He speaks for the down-and-out but speaks with a Russian voice in Russian, and as he does he remembers how it was to be down and out and rejected in Moscow too. You hear in that book the authentic voice, I believe, of those on the bottom who very seriously hate the ones who have made it, whether here, in our own dear land, or at home, in Russia. The mute, inert misery of the skid-row alcoholics, hopeless dropouts and low-grade crooks, the desperate hatred of these exiles for the clean world, Limonov articulates for us. From their point of view "there isn't a hell of a lot of difference between here and there."

Estrangement is a mutual experience of Eddie and the Americans among whom he lives. As he prepares his cabbage soup (*shchi)* on the balcony of his cheap hotel room in midtown Manhattan in full view of hundreds of high office windows, he looks up and reflects on how he hates all those clerks, secretaries and managers—not all of them but many of them, he corrects himself—hates them because they live boring lives, because they all sell themselves in slavery to a job, because they wear vulgar checked trousers, because they make money and never have seen the world. But when he imagines them looking down at himself half naked cooking up *shchi* in a pot on his cheap balcony, he understands perfectly their own disorientation to him: "Of course they don't know what cabbage soup is. All they see is that every other day a man on the balcony fills a huge pot with some barbarous stuff that gives off a lot of smoke." The double-edged defamiliarization in that scene on the balcony in mid-Manhattan, and of many other scenes in the book that could be adduced, is a rare feat of what Bakhtin would no doubt call the "dialogic imagination."

Limonov's range is astonishing, reaching from a filthy playground where he accommodates a black gay in a sandbox to the super-rich elegance of a splendid Connecticut estate, where the millionaire owner has original Salvador Dalis hanging in his john. Limonov's double-exposed film has special piquancy also in that it includes sex-role double images. The narrator represents his desperate sexual pursuit of men and women, boys and girls—let's note in passing that Humbert Humbert too had a severe sexual hangup—as a dedicated search for Love, for "juncture" with some other human being who really cares. His wanderings in search of love lead him full circle from the young and beautiful black thief Johnny in the alleyways of New York to aging penthouse gays with deteriorating but cared-for and highly polished bodies. And what strange goings-on we do see, and of course the whole point of estrangement according to Shklovsky is that we *do see* something. The rich homosexual playboy "Raimon" tries to seduce the narrator but only disgusts him, and that priceless scene is caught in one double-exposed frame: "When he grabbed me we staggered around like two Japanese Sumi wrestlers."

There are many other examples that could be given in recent emigre writing of "Sorrento photographs," the taking and development of which is the principal business of a displaced and disoriented writer. However painful it is, exile is also a source of power. Emigres, exiles, wanderers of various kinds have produced an astonishingly large proportion of the world's great literature, as studies of the subject by Harry Levin and Claudio Guillén have revealed to us. The Norwegian playwright Henrik Ibsen spent twenty years in exile and wrote *A Doll's House,* Harry Levin reminds us, on a terrace overlooking the Mediterranean, and when the self-liberating woman in that play, Nora, dances the tarantella in the stuffy bourgeois establishment of the Helmers in faraway Christiania, we have still another case of a double-exposed film. And of course one of the greatest, James Joyce, wrote *Ulysses* in self-exile, rejected by his bigoted Irish-Catholic countrymen. The central character in that novel is another exile, Leopold Bloom, who receives sideways looks from those same Irishmen, and whose presence in Dublin is an accident of the diaspora. Nor should we forget Dante, languishing in banishment from his native and beloved Florence, who managed to write many things, among them *La Divina commedia.* In other words, the defamiliarized, double-exposed view of the world achieved only with some effort by writers who have had to stay home is and should be the normal state of mind of the exile.

AN OUTSIDER'S PERSPECTIVE ON THE THIRD WAVE

Deming Brown

I hope that the title of this paper will not seem gratuitously apologetic. It seems to me, however, that unless one has sensed at first hand the trauma of repression in one's own native land, and the heartache of subsequent uprootedness, one cannot truly understand the experience. And without this experience one cannot confidently perceive the needs and interests of writers who are attempting to continue their literary activity in a social and cultural environment that is new to them. The best one can do is to speculate on the basis of quite limited knowledge.

I do have some definite notions about Soviet Russian literature of the past twenty-five years—the literature that several of the writers who are present here today helped to create. This quarter-century was a period in which the variety and range of literary topics increased markedly. Russian writers and readers became accustomed to a deeper and more honest examination of social and moral problems than had prevailed in the Stalin period. Lyricism and attention to the writer's "inner world," which had formerly been disparaged and officially discouraged, became quite acceptable. In dealing with private lives, writers penetrated into causes, motivations and implications with greatly increased freedom, often delving into individual behavior without overt concern for its moral implications, and engaging in psychological portraiture for its own intrinsic interest. At the same time, many writers clearly displayed a strengthened devotion to spiritual values and a disdain for previously standardized and orthodox measures of personal conduct and achievement. In the works of most talented writers, the "positive hero" changed almost beyond recognition or disappeared altogether.

Reacting against the banality of the literature of the Stalin period, many writers engaged in a search for originality of style—chiefly in the realm of language by attempting to make it more colorful, concrete and authentic. There was an evident contempt for "Party language" and for official and bureaucratic jargon—all of which became the subject of parody—and a fascination with the richness of slang and contemporary colloquial patterns of speech. The ironical manner of writing, reminiscent of Russian literature of the twenties and similar to that of the contemporary West, became fashionable for a while. Experimentation both in poetry and in the short story, resembling that which had taken place in the twenties, had been resumed. As Geoffrey Hosking has so eloquently shown in his recent book, the former prescriptiveness and programmatic distortion of the truth has been largely supplanted by something "beyond socialist realism."

Yet even in the most "liberal" years—generally speaking, the 1960s—the freedom of writers to speak of the darker sides of Soviet life remained limited. Writers clearly wanted greater opportunities to examine questions of existence, personality, and ideology than they did in fact achieve. They could not be as satirical, or as downright subversive, as they wanted to be. *As published in the Soviet Union,* the novel remained lifeless. Large, systematic, critical examinations of experience remained intolerable to those who control Soviet publishing. The Soviet authorities clearly realized that, in their own interests, a genuinely liberal policy toward literature was impossible, and that any permissiveness must be highly selective.

Furthermore, although there has been a net improvement in the Soviet literary situation over the past quarter century, there has been a serious deterioration in the past decade. Many of the phenomena of Stalinism which were open to literary treatment for a brief period in the 1960s are now taboo. As we know, nearly all of the best ironists and satirists have been forced underground, into the practice of *tamizdat,* or into exile. The same is true of those few courageous writers, such as Aksyonov, Bitov, Iskander, Maximov, Nekrasov, Solzhenitsyn and Voinovich, who produced honest novels of high quality.

There is not necessarily a direct correlation between the worsening of the literary situation in the past decade or so and the greatly increased number of "third wave" writers in the past few years. Had there been the opportunity, a large number of them might have left many years ago. I suspect, however, that the deterioration of the past ten years is largely responsible for the emigration that is represented here today. However that may be, this much is certain: the "third wave" represents, to a great extent, the generation that fought to eradicate the heritage of Stalinism in literature by giving it heart, and depth, and color, and a genuine sense of humor. It is profoundly ironical that the reward for their success in making these literary changes is their present exile.

There is some comfort to be found, I think, in the fact that not *all* good writing has been obliterated from the pages of Soviet books and periodicals. Here I am thinking of the late Vasily Shukshin and Yury Trifonov, and of the living writers Abramov, Astafyev, Belov, Rasputin and a few others. Such writers have been criticized abroad for avoiding telling the *whole* truth about the iniquity of the Soviet system and for maintaining only an *apparent* independence from authority. It is argued that although they are basically decent and honorable individuals, these writers have lent their talents, against their wills, to an official policy of deception. Their accounts of Soviet life are said to be honest but so selective that they merely give the illusion of truth; their portrayals are merely pseudo-realistic.

Although there is some justification for such charges, they strike me as being excessively harsh and somewhat carping in nature. No doubt the works of these writers would be more severely critical of Soviet reality were they free of censorship. But we must remember that Trifonov, for example, was able to write and publish with much greater honesty in the late 1970s than he was in the 1950s and that Rasputin gives practically no evidence of having compromised his art.

I am merely trying to emphasize, from my outsider's point of view, that there is no reason for despair for the future of Soviet Russian literature. The accomplishments of the generation represented by the older members of the "third wave" in setting a new tone, a higher intellectual level, and a new morality in literature may be threatened, but they cannot easily be eradicated. We should also keep in mind the fact that in 1953 the literary situation seemed even bleaker than it does today and that out of that situation, from ostensibly barren soil, there emerged within a decade Solzhenitsyn, Aksyonov, Voinovich, and dozens of other exciting writers and poets. Another cause for hope is the fact that these writers, although now living outside the Soviet Union, are still accessible to Soviet readers, and to their former literary colleagues, to some degree.

I should now like to outline a few questions that have occurred to me about the "third wave," and to speculate briefly on possible answers in the hope that further discussions will help to resolve, or at least clarify them. The first of these questions is: *How close and active a contact will writers of the "third wave" be able to maintain with writers remaining in Russia?* At present there are no distinct lines separating literature published in the Soviet Union from the literature of *samizdat* and *tamizdat,* and from literature published abroad by emigres. They remain parts of the same literature, even though there are some differences in emphasis and tendency, both in content and in form. One hears reports that many Soviet intellectuals read mostly, or even exclusively, *samizdat* and *tamizdat* and are oriented toward the "third wave" in the sense that official Soviet literature is excluded from their field of interest. *Kontinent* and *Vremia i my,* for example, are said to circulate widely in Leningrad and Moscow, and to make their way into the most bizarre places, such as the offices of *Literaturnaia gazeta.* On both sides of the Soviet border the motivation to maintain such contacts is strong. Many "third wave" writers, such as Maximov and Maramzin by their own testimony, think of themselves as only temporary emigres, as Russian literary people who happen not to be residing in Russia, and who very well may return there if circumstances change. We should keep in mind the fact that the present emigration represents a literary *quality* that is very high, rivaled perhaps only by the emigration from Germany in the 1930s. By and large, the members of the "third wave" were leading writers when they were living in Russia, and they have good reason to think of themselves still as part of the main stream of contemporary Russian literature. In this respect I find extremely interesting the remark by Alexei Losev, in an article as yet unpublished, that "it is easier to establish a kinship between writers living in the USSR and their emigre adherents, than between various new emigrant groups and individuals."

A second, and related, question is this: *Will the "third wave" of literature consist mainly of works written or conceived in the Soviet Union, or, on the contrary, can we expect a new literature that is developed abroad?* The editors of *Ekho* announced in 1978 that a main reason for founding their journal was the abundance of manuscripts *from Russia* which they had in hand. Alexei Losev, in the unpublished article I have just mentioned, writes that "the overwhelming majority of published works of 'third wave' literature were written, started or conceived in Russia," and "published in the West because of the obstacles of censorship," and he adds that "the literary-publishing activity of the 'third wave' (at least until 1980) is more suitably viewed not in the context of emigre literature, but in the context of the uncensored culture of *samizdat.*"

It seems to me fairly certain that in order to be published at all, writers such as Iskander and Bitov will have to continue sending manuscripts to the West. On the other hand, we know that there are many talented writers, some of them present today, whose works *originate* in emigration. I should like to ask the editors of "third wave" publications who are assembled here what their present supply of good manuscripts *written in Russia* is, what their prospects are for a continued supply of manuscripts, and how large their inflow is of good manuscripts written in emigration.

My third question is: *What are the major difficulties which writers of the "third wave" must face?* I am sure that many of the answers to this question will emerge in the next two days, but the following occurs to me at the outset: As poets and writers, even as members of a literary underground, they enjoyed great social prestige in the Soviet Union. In the West, except among fellow-emigres, they inevitably have less prestige or recognition. For purely demographic reasons their readership is bound to be more limited and, unless their writing should somehow circulate widely in the Soviet Union (very unlikely), their Russian-language readership will shrink over the years. This circumstance is bound to take a psychological toll.

Then there is the language barrier. For many members of the "third wave," such as Solzhenitsyn, Aksyonov and Voinovich, this is not as serious a problem as it might have been, for the reason that they were already well known in the West, on the basis of translations of their works, before they arrived. Others, such as Joseph Brodsky and now Sergei Dovlatov, have established reputations for works written in Russian since their arrival and then translated. Translation, however, is an unsatisfactory medium at best, and the task of creating in an environmnet where Russian is a minority—a *small* minority—language is bound to be onerous.

There are of course many other difficulties, but the most eloquent statement of the problems of the contemporary Russian emigre writer that I have found is the following, by Vladimir Maximov:

> More burdensome for me is the loss of milieu, that is, of those people whose fates were in one way or another entwined with mine, that linguistic element in which was created my human and literary reputation, that proud consciousness of rightness which makes a person a participant in the common resistance to a dark and unquestionably evil force.

My next question is: *What formal developments can we expect in "third wave" literature?* Politics alone cannot explain the heretical quality of works which cannot be published in the Soviet Union, for Soviet authorities have also discouraged aesthetic experimentation. Russian underground literature has of course been much more experimental and daring in a formal sense than officially published writing. I suspect, for example, that the Belyian, Proustian, Joycean, Nabokovian cast of Bitov's *Pushkin House (Pushkinskii dom)* is the main reason the author has had to resort to foreign publication. Likewise, the aesthetic restlessness of Aksyonov would in itself have been enough to prevent the publication of his recent works in Russia. We can confidently assume that various kinds of formal exploration will be prominent in "third wave" writing. Many writers, I think, will find themselves forced to resort to the grotesque and the fantastic in their attempts, retrospectively, to interpret Soviet life, as did Sinyavsky years ago.

There is a bittersweet quality about another formal development which, I think, will take place. The freedom of "third wave" writers to produce an uncensored literature will increase their candor, but it will also remove from them the necessity of resorting to allegory. Aesopian language is a clever game, demanding great creative ingenuity from both the writer and the reader, and often producing aesthetic pleasure of a fairly high order. Although I rejoice that "third wave" writers are now freer to tell the truth directly, I suspect that something has been taken from them in the process of their liberation.

I have also been struck by another development in "third wave" writing which, I hope, will stop or at least assume more modest dimensions. What I am referring to is the excessive usage of scatological detail. I am personally very fond of bawdy humor, particularly when it is put to splendid use as in Voinovich and Aleshkovsky. And as an outsider I am willing to accept the possibility that there is some legitimate pent-up primal need for "third wave" writers to be sexually explicit *in print* after living under the prudish Soviet literary regime. But at times I can see in certain writers an alarming overindulgence in physical detail that seems simply and gratuitously abusive. Someone should explain to them that there is really no mandate to overtake and surpass the West in this respect.

My final question is this: *What will be the enduring topics of "third wave" literature?* We can be fairly sure, first of all, that members of the "third wave" will be writing about their own psyches and their personal problems of conduct and belief. Now that they have the opportunity to publish thoroughly and candidly their own thoughts and convictions and to report on their own private experience, we can confidently expect a prominent strain of subjective writing among many emigres. As we have seen in the case of Limonov, however, the preoccupation of a lyrical hero with narcissism, envy and self-pity can cause the reader to doubt the validity of such writing as a generalized interpretation of the emigre situation.

Emigration and immigration itself will of course be a prominent topic—including the psychological, social, economic and cultural problems of adjusting to life in new countries, and, perhaps more than occasionally, the feelings of alienation of the Russian individual in a new foreign milieu. A concern with linguistic adjustments, and the way in which the Russian language is changing in emigration, should be prominent, as will the fascinating and complex relationship between adult emigres and their children as the latter swiftly adapt to their new homeland. One of the strongest potentials of "third wave" literature will be its ability, by portraying the emigre experience, to show the West something new about *itself,* from a fresh perspective.

Finally, before the Soviet experience and atmosphere inevitably become dimmer in emigre memories, we have the right to hope for an absolutely thorough and honest depiction of life as it was, and still is, in the USSR. We already have enormous amounts of information about the objective conditions of Soviet life, and the world could easily become bored with further horror stories and exposés. We need, however, many more treatments of the Soviet experience on a grand scale, such as the novels of Solzhenitsyn and the memoirs of Nadezhda Mandelstam. I am persuaded that the impression we outsiders have of existence in the Soviet Union resembles a caricature more than it does the real thing. Only by means of high literary art, in numerous novels of generous dimensions, written with full social, psychological and moral profundity and in concrete detail, can we gain a truly authentic sense of what it was like.

"RUSSIANNESS" AND TWENTIETH-CENTURY EMIGRES

George Gibian

Exile is not an exclusively modern experience. We know what it felt like in the past from that best of all sources of acquaintance with modes of others' emotions—poetry. Ovid conveyed his sense of loss in living far from Rome, on the Black Sea; Dante, of bitter existence away from Florence; and many Chinese poets wrote of enforced seclusion in remote parts of their country.

Moving closer to our own time, the poignancy of emigration, voluntary or ordered, has increased because of the richer meanings supplied to national awareness by the cultural heritage which most people acquire from childhood on—the growth of more complex and intense feelings of patriotism and the new sense of national identity. Nationalism has grown from Herder and Hegel, folk tales and songs, stories of national martyrs, the French Revolution, and other origins, into a tremendously powerful set of concepts and feelings. Many people in the middle of this century mistakenly thought nationalism had played itself out, supposedly replaceable by the Wild Flag of a one-world federation. But, as the then General Charles de Gaulle insisted, nationalism has remained very much alive and, as we all have been witnessing, has spread to new continents and formerly colonial lands, and continues to be one of the trinity of the most powerful social forces at large in the human race at the present time, along with religion and aspiration towards social justice.

Emigrating—leaving one's homeland, taking up indefinite residence in another country—brings the poignancies of these national feelings to a head, since it supplies the most friction and conflict, and the clearest self-illumination—through finding oneself transported, with inner images and feelings shaped in one national environment, over to another. The jarring, struggling, the shocks and the soothings make all nerves vibrate, producing the inarticulate pain of the majority and the eloquent poetry of Mickiewicz and Brodsky. The emotional pressures of the refusal to emigrate, by the same token, give birth to the antiphonal words of Anna Akhmatova:

> No, neither under alien horizons
> Nor under the shelter of alien wings—
> I was then with my people
> Where my people unfortunately was.

Нет, и не под чуждым небосводом,
И не под защитой чуждых крыл,
Я была тогда с моим народом,
Там, где мой народ, к несчастью, был.

One of André Malraux's characters, in his novel *La Condition humaine,* remarks that the national of any country differs from others even in the way in which he ceases to be what he was, in his particular way of becoming an expatriate. Speaking of the international population of Shanghai, he claimed that the specific way of giving up being Swiss and adopting another country as one's own, for instance, would in itself be done in a peculiarly Swiss manner, and that a Frenchman, Englishman, Russian, and so forth, would cease being what they were and become something else, ironically, in a characteristically national manner of their own—affirming, in the process of giving it up, the strength of the all-pervasive power of adherence to his original nationality.

In the nineteenth century Russian writers could move to Western Europe, write there, and still return to Russia; they were not forced to become emigres. Dostoevsky worked on his novels in Dresden, Florence, and elsewhere in Europe; Gogol wrote *Dead Souls* in Rome; Turgenev spent many years in Europe. It is only since Russia became the Soviet Union and Russian literature became politicized that sojourn outside of Russia has almost inevitably become emigration, and the emigration of a writer raised new questions about his Russianness.

In what specifically Russian ways have the third-wave writers emigrated? Can one generalize and assert that the meanings which Russianness has for them, in this painful, complex process of uprooting and transplanting themselves, is something that can be described, perhaps defined, and distinguished from the analogous processes of Polish, Hungarian, Czech writers and even perhaps from the Russians of the first and second emigrations?

There is no unity, no oneness, to the conceptions of what Russianness means to the new emigre writers, only a tremendous variety of attitudes. Recall the feelings and emphases about Russianness of an Amalrik, a Yanov, a Solzhenitsyn, an Alexander Ginzburg. Pages of emigre journals and newspapers are full of arguments and disagreements about Russia, varying hopes for its future, interpretations of its characteristics, political programs. These are usually stated in the writer's own person, advanced in his own name. They are important and we pay attention to them. However, for our purposes here, I suggest thinking about images of Russia indirectly and sometimes implicitly created and presented through fictional prisms. Through *belles-lettres* we come in touch with the sensuous nuances of particular feelings about Russia and Russians—and therefore all the more real in the sense in which art is more vivid, more meaningful than social-political statements and abstract generalizations.

But perhaps one can conclude something from the very existence of a variety of views. Is there something noteworthy in the very fact that there are so many differences in Russian attitudes? Furthermore, are there any features common to the Russian emigres' sense of Russianness which lay behind their differences?

I believe that both questions have an affirmative answer. Other nations' emigres do not display such a tremendous variety of attitudes towards their former homelands. Czech emigres, for example, while not monolithic either, do not have nearly so many and so complex attitudes. The Czech attitudes could probably be grouped under two models—in contrast to the profusion of the Russian images (as very Western, but outstanding in its John Hus—Comenius—Masaryk traditions of devotion to truth, hard work, and education; or as very Western, but vitiated by being excessively prudent, cautious, resignationist, petty, "small").

Moreover, many, if not all, Russian emigres hold a common sense of vast differences between their own Russian nation and the West. This again sets them apart from most Central European emigres, certainly from Poles, Czechs, Hungarians, Austrians, Germans.

For a non-Russian to write of Russian emigres' images of Russia is a matter of some delicacy, which is increased by speaking, of all subjects, of Russianness. In the reactions of Russians to non-Russians' comments, one feature is evident which Russian culture passes down to Russians: the tendency to speak of the insider view and the outsider view. There is one way to argue this point to which one cannot object, exemplified by Boris Shragin's review, in a new magazine, *Russia,* of an American book on Soviet Russia since Stalin. Perfectly legitimately, Shragin argues that most of the authors in the book wrote as outsiders, that their views were flawed, perhaps invalidated. He means that they regarded things from the point of view of Soviet officials. He quotes Karl Marx to the effect that "the bureaucrat regards the world as the object of his activities," and the Marquis de Custine as saying that the Russia of Nicholas I reminds one of a theater where everyone looks at the stage, knowing nevertheless that the principal action is taking place backstage. Western writers on the Soviet Union, Shragin charges, pay attention to the stage and study what they see there from the vantage point of the bureaucrats—politics studied in a vacuum—without collating it with the reality of Soviet life, about which they know very little.

The criticism that Westerners comment on Russia as outsiders, if undertaken in Shragin's precisely defined terms, is of course very important, and its criteria are convincing. (Whether they apply in specific cases is another question.) Shragin's use of "outsider" is valid; I am referring to something quite different.

71

What I have in mind can be illustrated from a session at the Venice Biennale Conference on dissidents a few years ago. Several non-Russian speakers had spoken of unofficial, underground Russian authors and published Russian writers in one breath. This provoked rebuttals from several emigre Russian speakers, who objected vehemently to any inclusion of writers who had been printed in the USSR. Any appearance in Soviet print was to them tantamount to corruption; any degree of compromise with the regime excluded one from the right to be discussed along with dissonant writers. Some of the speakers held this position although they had themselves previously been published in the USSR.

The second striking characteristic was the vehemence with which these Russian emigre speakers closed ranks against the Westerners who had spoken—not because they did not know enough about Soviet social realities (Shragin's point), but merely because they were not Russian. The Russians who spoke thus belonged in other respects to many different schools of thought and artistic styles, but on this point they were united, as if only Russians could have anything significant to say about Russia.

We must reply that outsiders are denied some rich insights; but "being inside" can be as blinding as it is illuminating. Moreover, the outsiders are trying to do a different thing. Hedrick Smith's *Russians* could not have been written by a *kolkhoznik*. This does not mean it is empty of truths.[1]

What this has to do with conceptions of Russianness is that an element passed on by Russian culture to its members seems to be still in existence: the old feeling that Russia is very different from the West and lies beyond Western understanding, that only Russians can comment on it meaningfully, and also that it is pardonable, or even laudable, for Russians to go to extremes and make sweeping, maximalist statements, particularly when the subject is Russia herself. We recognize here some vestiges of Slavophile ideas—even among otherwise quite un-Slavophile emigres.

The existence in Russia of something special, related to the closing of ranks of which I have been speaking, is sensed by many Westerners who have been in Russia for half a year or longer—journalists or exchange students and scholars. They often find that they experience something there, associating with Russians, which they had not known before or since. It is particularly the most Western Westerners whom I have heard speak of this—Danes, Frenchmen, Swiss, and American visitors who lived with and among Russians in Russia. They speak of having discovered in Russia a sense of human warmth, of closeness, of emotional openness and intensity. These same Westerners will accompany their conclusions, which they usually confess grudgingly, with all sorts of strong criticisms of the system and of other aspects of the Russian national character. They do not turn into complete Russophiles; they are not moved to rush to the nearest OVIR office and volunteer to defect and stay in Mother Russia forever, translating or broadcasting for Radio Moscow. But despite all the harsh and even callous treatment by Russians on other occasions, they do sense, and feel drawn by, the close associations merging people into groups and dissolving individual personal barriers, by the possibility of wallowing in a happy, or sorrowful, but in any event intense intimacy—a communality of human relations. I have heard proper, sober, self-possessed Swiss and French exchange students say they had never known anything like it at home before or since their stay in Russia.

In some other countries, partial counterparts of this exist. In Japan, I am told by Western Japanologists, they encounter an unusual sense of solidarity and closeness among the Japanese—not the intimate, emotional, all absorbing warmth of Russians, but a cultural uniformity, a sense of belonging to one closely knit national unit. However, in Japan there is no sense of the possibility of one's joining this community, of being admitted to it. By virtue of not being born Japanese, one is forever excluded. In Russia, the sense of possibly joining in exists, and in fact, temporarily at least, for the duration, one is very readily and fully accepted.

The reverse of this is the absence in Europe and the United States of a correspondingly closely knit social intimacy or community. This lacuna is deplored under various names by many Russians who have moved to the West: they say they are lonely; they find people cold, not sufficiently "human."

In the fictional creation of an emigre who carries an image of Russia around with him in New York, Limonov's *Edichka*,[2] we find that the contrast of Western (especially New York) versus Russian mankind is the key polarity. The protagonist thinks of himself from the outset as a Russian in the alien environment of New York, and the series of contrasts, as he presents them, form the structural axis of the novel. The characteristics of being Russian come out in Edichka's lacerations in his encounters with Americans. The special qualities of the latter, as Edichka views them, are the arch-Slavophile notions of the Westerners: they are calculating, greedy, selfish. The Russians, on the other hand, in Edichka's opinion, are generous, hospitable, unrestrained; they go to extremes. The New York girl with whom the hero takes up in order to learn about America offers him frankfurters (*sosiski*) and says, "How many do you want—two or three?" "Two or three," Edichka thinks with contempt. "In Russia I would have asked—four or five?" The girl serves him—her lover—the cheapest jug wine, although she has several bottles of good, expensive wine her guests have brought her. In Russia when he gave a party, no matter how poor he was at the time, he would allow one bottle of vodka for each boy, one bottle of wine for each girl.

In Russia people appreciate a poet and value him highly—and Edichka was a poet. In Kharkov he could have had any of a number of girls. In New York nobody cares if he is a poet or not, and the girls are not all at his disposal. (Although he does not seem to have a particular difficulty getting a considerable number of them in New York—men too—once he goes that route.) In Russia vodka made you feel you were flying, high, free, happy, vital. In America alcohol only makes you more depressed. American women are cold, metallic, petty. They ask their guests and even lovers to carry paper bags of trash for them into the hall and throw them down the chute. Edichka's litany of old stereotypes is only rarely interrupted by some original and surprising idea: Edichka feels that in America people think they work—but they don't, really. (They write their Ph.D. dissertations very slowly, he observes.) In Russia, again, people think they don't work—but in reality, they do work hard, according to Edichka's recollection of Russia.

Edichka's simple polarity Russia-America becomes a little more complicated through the interpenetration of a second one: the establishment versus the outsider, or the powers-that-be versus the *otshchepenets* (his term: loner, drop-out). Edichka is very much a rejector of the power structure, and in that role, his relationships to Russia and the United States are similar. The KGB and the CIA are the same to him; he will not work for either. In both countries he demands money (and fails to receive enough). The book gradually changes from a Russia vs. United States dichotomy into an infantile Otshchepenets Liberation Front manifesto. *Gde moi den'gi?* (Where's my money?), he demands.

A further slight complication in this very simplified structure is the Jew-Russian distinction which Edichka introduces. Some Russian Jews, however, he says, are more Russian than the Russians, and thus he absorbs them into his category of the Russians.

Limonov's *otshchepenets* concludes with a challenge to all of "you"— the bourgeoisie of the United States and the whole world—in a common obscenity which he throws down to them. He may in the future "expropriate" banks, hijack planes, join the Palestinians, or Qaddafi of Libya, he concludes, in a sharp escalation of the anti-establishment scope of his activities. He opts for a bravado of worldwide *otshchepenets* rebellion—going far beyond Balzac's Rastignac, who in the end of *Le Père Goriot* merely hopes to conquer Paris, competing within the system of the powers that be:

> He looked at Paris, winding around the two banks of the Seine .... He gazed at the humming beehive as if already drawing a foretaste of its honey, and said these grandiose words: "Now the two of us will fight it out!" (*A nous deux maintenant!*) And as his first act of defiance of society, he went to dine with Madame de Nucingen.

As for Russia, towards the end, Edichka determines to forget her:

> Вечное давал крепкое слово не вспоминать эту Россию-Украину, прошлое отбросить, как хвост отбрасывает ящерица... ради спасения жизни оставить

хвост. Он отброшен, и я здесь на Парк авеню, фланер, вышедший погулять по
солнышку, паразит американского общества.

He gave his firm and final word that he would not remember this Russia, this Ukraine,
that he would cast off the past the way a lizard casts off its tail . . . for the sake of saving
his life, he would leave behind his tail. The tail has been cast off, and I'm here on Park
Avenue, goofing off, taking a walk in the sun, a parasite on American society.

Limonov presents Edichka as someone who throws off all limits. He
despises moderation and will go to any length. This is the very extreme of
the Russian ideal of unrestrainedness and maximalism—the yearning to
reject limits imposed by society—the lure of letting oneself go.

What of the other Russian ideal—of closeness, warmth—of the
comforts of herdishness (which is how one might translate Pasternak's
word in *Doctor Zhivago, stadnost',* though it might also be translated as
gregariousness)? In his memoirs of Lev Tolstoy, Gorky complained that
Tolstoy had made himself, out of religion, "a warm coat against the fear of
death." Literary images of what Russianness means often contain this
search for a warm coat of some kind—in intimacy, security, protection.
They may consist of any number of sheltering fabrics, against all sorts of
varied cold winds and fears—not only a warm coat against the fear of
death, sought in religion, but woven and tailored out of many other
materials, in many other areas of life.

Edichka found some of it in memories of his drop-out, criminal
underworld of Kharkov and Moscow, no matter how much he rails against
remembering Russia; in his admiration for his exceptionality as a poet; in
all the girls he was able to have over there in Kharkov and Moscow; and in
New York, in various sexual encounters. We see both poles in him: a
reaching out to an utterly untrammeled letting go; and—in the bemoaning
of the lack of warm shelter—a warm coat. *Gde moi den'gi?* he calls out, like
an infant, demanding, self-centered, almost solipsistic—as Limonov has
created him for us.

In remembering or not remembering Russia, we can find a stark
contrast to Limonov in that first wave master, Remizov. In the following
passage from *With Trimmed Eyes (Podstrizhennymi glazami),*[3] the
intonations, rhythms, diction, rhetoric are very evocative and different
from Edichka's:

Разве могу забыть я воскресный монастырский колокол густой...

Родился я в сердце Москвы, в Замоскворечье у Каменного „Каинова"
моста, и первое, что я увидел, лунные кремлевские башни, а красный звон
Ивановской колокольни—первый оклик, на который я встрепенулся. Но моя
память начинается позже, когда с матерью мы переехали на Яузу, и там прошло
мое детство по близости от самого древнего московского монастыря —

75

Андрониева. Летним блистающим утром в воскресенье, когда Москва загорается золотом куполов и гудит колоколами к поздней обедне, из всех звонов звон этого колокола, настигая меня в комнате или на Яузе на тех окатистых дорожках где ходить не велено и где спят или бродят одни „коты" с Хитровки, возбуждал во мне какое-то мучительное воспоминание.

...И теперь, когда в Андрониеве монастыре расчищают Рублевскую стенопись, для меня многое стало ясным. И еще раньше — я понял, когда читал житие протопопа Аввакума: в Андрониеве монастыре сидел он на цепи...,,никто ко мне не приходил, токмо мыши и тараканы, и сверчки кричат и блох довольно". И тот же самый колокол — ,,густой тяжелый колокольный звон" вызвал в памяти Достоевского по жгучести самый пламенный образ в мировой литературе: мать, просящая у сына прощенье. Я хочу сказать — я чувствую непрерывность жизни духа и проницаемость в глубь жизни; искусство Андрея Рублева, страда и слово Аввакума и эта жгучая память Достоевского — этот вихрь боли — все это прошло на путях моего духа и закрутилось в воскресном колокольном звоне древнего московского монастыря. И я знаю, этот звон — с него начинается моя странная странническая жизнь — я унесу с собой.

Весенний зеленый вечер, у соседей зацвела черемуха и эти белые цветы для меня, как в Париже весною каштан.

How could I forget the rich Sunday monastery bell....

I was born in the heart of Moscow, in Zamoskvorechie, at the Stone Cain Bridge, and the first thing I saw was the moonlit Kremlin towers, and the beautiful ringing from the Ivanov belltower was the first call to which I began to throb. But my memory begins later, when my mother and I moved together to the Yauza—and it was there that I spent my childhood, near the oldest Moscow monastery, Androniev's. On a brilliant summer Sunday morning, when Moscow burns with the gold of her domes and resounds with bells ringing for the late mass, of all the sounds, the sound of that bell, when it reached me in my room on the Yauza, on those rolling little lanes, where one was not allowed to walk, and where only the Khitrovka pimps sleep or prowl, aroused in me a kind of sorrowful memory.

...And now, when the Rublyov murals are being cleaned in the Androniev Monastery, much has become clear to me. And still earlier, I came to understand, when I read the Life of Avvakum, that it was in the Androniev Monastery that he [Avvakum] sat in chains.... "Nobody came to see me except mice and cockroaches. Crickets chirped, plenty of fleas." And the same bell, with its "... rich, heavy sound of the bell ringing," evoked in Dostoevsky's memory the most burning image in world literature: the mother begging forgiveness of her son. I want to say this: I feel the unbroken continuity of the life of the spirit and the pellucidity and depth of life: the art of Andrei Rublyov, the suffering and the message of Avvakum, and that burning memory of Dostoevsky—this whirlwind of pain—all that passed down the avenues of my soul and twisted itself into the Sunday bell's sound of the ancient Moscow monastery. And I know that I shall carry with me that sound. It was with it that my strange pilgrim's life began.

On green spring evenings, the wild cherry bloomed at the neighbors' and its white blossoms were for me what chestnut trees are for me in Paris in the springtime.

Russia here is the town, the monastery, the past, the religious and literary figures from Russian traditions: Rublyov, Avvakum, Dostoevsky. The sensuous objects include those of the world of art: various traditional, cultural genres like painting, song, church bells. Remizov evokes childhood in direct, unabashed confrontation. In contrast to Edichka's rebellion, Remizov yields. He gives himself up to childhood reflections and the traditions behind them. There is submission on his part and continuity, both within Russia and her past and his own sensations as a child. A direct line of coherence links the accepting and the continuing, between the child and the adult writer, between life earlier in Russia and in Paris later. Instead of a Paris-Moscow antithesis or conflict there is a juxtaposition of similar feelings: the rich, mellow moods associated with ancestors, Moscow, Russia, childhood, his mother; through his memories they all link with the present. Chestnut blossoms replace and connect with the wild cherry blossoms; they do not jar with and usurp their place. Nature (seasons: the spring) and religion connect. There is of course a feeling of melancholy and loss, but the recollections persist. Both joy and nostalgia are present.

Limonov has antithesis, destruction, violent rebelliousness: elimination, supplanting, rejecting. The old is expelled, the new judged and condemned. This at least is Edichka's own view of things. A reader's opinion might be that the old has been retained, the new not even tried. Edichka, as Limonov presents him, has not given up anything: he was a drop-out and petty crook in Kharkov, and he is one in New York. Perhaps we have given too much space to Limonov's confessions of a selfish parasite. Just as Dobrolyubov regretted Oblomovism, so we might be sorry to see so many real-life Edichkas now receive a literary model. However, Limonov has put together a "good read," albeit far below the literary qualities of an Orwell or Genet, and the fraudulent rebellion contrasts very neatly, for the purposes of this essay, with Remizov's study in spiritual growth and memory.[4]

In Edichka there are utterly simple, crass realities—no nuances, no subtleties. There is shrieking, demanding, and complaining—no gradations.

Let me underscore, to prevent misunderstanding, that I am comparing artistic works, not two living people: Edichka is not Mr. Limonov. I am also not saying that the third wave is represented by Edichka and the first by Remizov. Theirs are two very different, single artistic works; I put them before us for that purpose. Unlike his Edichka, Limonov in his poems stresses remembering Russia, not forgetting her.[5] In them, he is not simple, but complex; he uses soft colors and achieves gentleness and melancholy:

Отвечает родная земля
— Ты назад забери свое „бля”

Только ты мне и нужен один
Ты специально для этих равнин

Ты и сделан для этой беды
для моей для травы-лебеды
И для шепота ржавых ножей
Я ищу бедной груди твоей

Но за службу такую плачу
Твое имя свиваю в свечу
и горит же она все горит
тебя всякий из русских простит

И поймет все поймет
шапку снимет и слезы прольет

                    ***

Я не забыл своих юности дней
Маленьких дев и усталых коней
О Украина! О поле!

Я не забыл своих юности дней
Харьковски-скроенных старых полей

My native land answers:
Take back your "fuck"
I need only you
Especially for these plains

You were made for these troubles
For my grass-swan
For the whispering of rusty knives
I am seeking your poor breast

But I weep for such service
I roll up your name into a candle
and it burns, it burns on and on
Every Russian will forgive you

And he will understand, he will understand everything,
He will take off his hat and cry

I have not forgotten the days of my youth
Little girls, tired horses
Oh Ukraine! Oh fields!

I have not forgotten the days of my youth
The old hidden Kharkov fields

It is the genre and structure of individual works which has been dominant and made a difference. When we compare Edichka and these lines of poetry, might we not think they were written by two different authors? Or do emigration and the passage of years explain the distance between Edichka's attitudes towards Russia and the poems?

What relationship exists between the two very pronounced characteristics of what "being Russian" carries with it in the Russian cultural national tradition? The tendency towards letting go, surrendering control, going to extremes (as distinguished from calculation, moderation, caution) and the seeking and creating of shelter, warmth, a "warm coat" against all sorts of fears?

One idea is centrifugal; the other, centripetal. One urges one to flee, to fly; the other, to submit, yield, merge, be absorbed. The connection between the two may well be this: the recklessness, even foolhardiness of the former may make the latter necessary as something to cling to. If one prides oneself on throwing off all limits and stepping beyond prudence, it may be comforting to have the safety net of a psychological place where one belongs: home, a closely knit group, the security of a *kruzhok*—a national "herd" to which one belongs, where one also lets oneself go in emotinal intensity, but within which one is not left alone to one's own resources. (The great Russian fear of being alone may be the motivation behind the Russian cultivation of the feelings of gregariousness.) The boldness of the Russian "letting go" tendency may rest upon the assurance of having a "warm coat" of the group, the community, always waiting to wrap oneself up in. One needs *stadnost'* because one is constantly driven to flail out.

Our two examples, Remizov and Limonov, contain other contrasts relevant to thoughts about Russian conceptions of themselves. Limonov's hero is presented in sharp crisp colors, in staccato rhythms, harshly, baldly, as extremely self-indulgent, soft on himself. He demands a great deal from others, complains without inhibition, moans, criticizes, boasts. He has drawn his models of the simplistic contrasts between Americans and Russians in a way which makes things extremely easy on himself.

Remizov's autobiographical creation is another story. His subtle continuities are gentle, accepting, and emotionally complex. In his poetic prose we see that other Russian national ideal self-definition—the opposite from Edichka's unself disciplined, amusingly infantile one—an ideal similar to the one proclaimed by Dostoevsky in his speech on Pushkin's Russianness. It is the Russian dream of being able to empathize and sympathize with foreign cultures, make them one's own, absorb and transmute them, and create out of them and out of oneself a new supranational culture. Dostoevsky's hope (formulated by others before him and since him) was not a chimera. A few individuals have achieved it— very Russian, yet universal. Herzen was a man of broad sympathies and subtle understanding, interested in establishing connections between other cultures and his own rather than separating abruptly.

There have been and may again be those who, still fully Russian and sensitive to the pull to let oneself go, as well as to the ideal of dedicating oneself to a cause and going to the limit, will nevertheless resist simply adopting one or the other and instead of sprawling self-indulgently will transform them both. Then, with tension, yet under control, they may become Russians who are also universal human beings. To return to André Malraux's remarks on how each nationality becomes expatriated in its own national fashion—this human ideal, of a Herzen or of a Pasternak, may be the distinctively Russian way of transcending Russianness.

Notes

1. Based on unpublished comments by Caryl Emerson.
2. Eduard Limonov, *Eto ia—Edichka* (New York, 1979).
3. Aleksei Remizov, *Podstrizhennymi glazami: Kniga uzlov i zakrut pamiati* (Paris, 1951), pp. 6-7.
4. Based on unpublished comments by Caryl Emerson.
5. Eduard Limonov, *Russkoe* (Ann Arbor, 1979).

THE REMARKABLE DECADE THAT DESTROYED RUSSIAN EMIGRE LITERATURE

Carl R. Proffer

Although it shows the timidity and ignorance of thirty-odd American publishers, it is of no real importance for the history of American literature that *Lolita* was first published in Paris. Victor Hugo spent twenty years in exile on the islands of Jersey and Guernsey; he wrote and published *Les Misérables* then, but no one calls it emigre literature. In 1855 a Russian exile wrote from England:

> A year ago I published part of my memoirs in Russian in London ... I did not reckon upon readers nor upon any attention outside Russia. The success of the book exceeded all expectations ... Let the secret and open police, who have been so well protected from publicity by the censorship and paternal punishments, know that sooner or later their deeds will come into the light of day.

I doubt that it would occur to anyone to exclude Herzen's *My Past and Thoughts (Byloe i dumy)* from a history of Russian letters, or to isolate it by terming it "emigre writing."

Indeed, the very term "emigre literature" is demeaning. It smacks of the ghetto. It suggests something limited, narrow, parochial, perhaps of interest for a time, but with no hope of entering the permanent culture of a language. If writers are *only* "emigre writers," they will probably be forgotten. "Emigre" literature is by definition a minority literature, a literature of special pleading, and like other defensive, minority types of literature—women's literature, gay literature, the literature of Michigan's Northern Peninsula—the attributive adjective itself determines its final fate—the compost heap of culture. Emigre literature is detritus. Emigre poetry is Yury Mandelstam, not Osip Mandelstam. Emigre literature is *yat'* and *tverdyi znak*. Emigre literature is critical rejection of Nabokov's novels. Emigre literature is graphomaniacs like Merezhkovsky and Gippius shining Mussolini's boots. Emigre literature is *Novoe russkoe slovo* refusing to print a mild excerpt from Aksyonov's *The Burn (Ozhog)* because of its language.

The Burn, however, is not emigre literature, in spite of the place of publication or the location of the author's body at the instant of publication. Aksyonov is one of the many important writers who have done the service of destroying what was left of emigre literature and beginning a unique new era in Russian literature. They have created not emigre literature, and not Soviet literature, but simply Russian literature. In this sense, though we need not be slaves to round numbers, the decade of the seventies was a remarkable one, with such landmarks as Nadezhda Mandelstam's memoirs and *Metropol* standing at either end.

In the sixties emigre literature was approaching senility. The prolific old Chekhov Publishing House had long since been closed. Biology took its toll on the first generation, and the second wave had no writers of international stature. The Iron Curtain was still the Iron Curtain. True, there were some intimations of transition: the minor sensations of Tarsis and Kuznetsov, the appearance of an ambiguous fellow named Abram Tertz, and the first book by Joseph Brodsky. But even in May 1972 when Brodsky sat with his friends from Ann Arbor on a remote section of the roof of the Peter-Paul Fortress, and was assured that he could become poet-in-residence at the University of Michigan, no one could have predicted what would happen in the remainder of the decade.

A vast new flow of people and books began. Writers sent manuscripts abroad for publication; some lied about it—and got away with it. Others didn't bother to lie, and even they got away with it; they published abroad not only once, but repeatedly, and still held onto their Moscow a-partments—if not always their telephones. Drawers and archives emptied out, their contents were printed and shipped right back to the Soviet Union. A large part, in many ways the best part, of Soviet Russian literature simply moved abroad for one stage of its existence—the printing stage. What one had as a result of this was not emigre literature, but a book distribution problem, a marketing dilemma. Writers born in the USSR, speaking Soviet Russian, writing primarily of Soviet life, and writing for the audience which shared that life, now dominate Russian literature. Their achievements are the ones which will remain in their culture.

The remarkable decade of the 1970s brought us the best Russian writing in almost fifty years. The litany of titles is a long one—in poetry, fiction, and historical writing. Exile literature tends to be a characteristic of underdeveloped nations, third-world countries. They know more about it in Asia, Africa, and South America than we do. Nevertheless, Russians find themselves, like all these other numerous emigres, specializing in the two most popular and common modes of writing in exile: simple testimony and violent denunciation. Thus we have a vast new literature of memoirs and documents: *Arkhipelag Gulag,* Nadezhda Mandelstam, Evgenia Ginzburg, Kopelev, Amalrik, Litvinov, Chalidze, Bukovsky, the mar-velous periodicals *Memory (Pamiat')* and *Searchings (Poiski),* some of whose editors are still in the USSR.

Individual achievements in poetry and prose fiction are also impressive. There are old names and new names, traditional styles and experimental works, Socialist Realism straight up and Socialist Realism inside out. Some of the authors live abroad, some do not. Some publish partly abroad, some only abroad. They represent different generations. I cannot imagine writing a history of Russian literature in the seventies and not including such writers such as Aksyonov, Bitov, Brodsky, Iskander, Sinyavsky, Sokolov, Solzhenitsyn, Vladimov, or Voinovich. Then again, I cannot imagine writing a history of twentieth-century Russian literature and not devoting generous space to Bunin, Tsvetaeva, Khodasevich, and Nabokov. *But the fact is that not a single standard history of twentieth-century Russian literature does this.*

The last two generations of histories of literature have regularly excluded writers who lived or published abroad for long periods, and this is a mistake I hope will not be made in the next histories. Remember that twenty years ago what was called emigre literature was scarcely studied at all. In the 1960s at the University of Michigan, my teachers did not mention the existence of any emigre writers. Gradually I got the vaguest notions of Russian writers abroad—Pninian visions of sad incompetents watching their clothes go round in the dryer. The odd issue of *Novyi zhurnal* or the Russian newspapers, getting more boring and repetitive all the time, with funeral announcements boxing out the living world, did not enliven these impressions. Nor did AATSEEL ghetto sessions.

This is not just a thing of the past. In the supposedly authoritative *Introduction to Russian Language and Literature* published by the Cambridge University Press in 1977, there is no substantive treatment of Tsvetaeva, Nabokov, or Khodasevich—although Kazin and Gerasimov, along with dozens of other drudges, are noted, just because of the location of their publishing houses and their having belonged to a group. In this area Western scholars blindly followed Soviet official practice.

I believe that the would-be historian of Russian letters should understand that if one uses anything but language as a criterion for whom to include, the contradictions become hopelessly irreconcilable.

If you would call Aksyonov an emigre writer, how would you decide which of his works are emigre ones? He was born a Soviet citizen of good Soviet parents. He was nurtured on good Soviet life—from Magadan to the Palace of Congresses—nay, even *beyond* the Palace of Congresses—the Ts.D. L. (Central House of Literators). He not only spoke their language, he *revealed* it to his generation. So was he an emigre when he wrote "The Steel Bird" (*Stal'naia ptitsa*), when it came out in *Glagol* in 1977, or was it when *The Burn* was written, or when he played the role of glue in the group effort which led to the first edition of *Metropole?* Or when that same anthology was photographically reprinted (does photography change the essence of literature)? Or when it was newly typeset perhaps? Maybe when Aksyonov's citizenship was revoked? No, to use a Soviet sequence of tenses—he was a Soviet Russian writer, he is a Soviet Russian writer, and he always will be a Soviet Russian writer.

One can ask the same questions of virtually all of the writers present. Was Sasha Sokolov an emigre when he sat on the banks of the Volga in the mid-1970s, writing *A School for Fools (Shkola dlia durakov)* with no hope of ever publishing such a dreamy book? What could be less emigre than his hymn to the Russian language *Between Dog and Wolf (Mezhdu sobakoi i volkom)?*

Is Voinovich an emigre Russian writer? When did he become one, if so? Perhaps years ago in Poland when he saw the real-life drunken Chonkin being dragged along under a cart? Or when he got off the plane in Munich? Such questions make the term "emigre" writer, as it is normally used, seem meaningless. Did Pasternak become an emigre when *Doctor Zhivago* was published abroad? Is Vladimov more or less an emigre writer than Zinoviev, Erofeev, or Aleshkovsky? Whom does Aksyonov have more in common with—Bitov and Iskander, or Muravin and Dubrovin? And even Solzhenitsyn has much more in common with Sholokhov than with Leonid Rzhevsky.

No, there is only one Russian literature that matters—and this is it, folks. It's all around the hemisphere, without any borders outside of grammar. In spite of the forests felled to keep the Markovs and Bondarevs going, they'll be lucky to get asterisks in the history of Russian literature. But the genuine writers—wherever their weary bones and brains are located at the moment they conceive, or write, or photocopy, or publish their works—will survive, and the best of these will even flourish.

Some writers are worried about their seemingly diminished audience. Some may even have to publish themselves. Well, publishing oneself is not all a bad tradition. Dostoevsky published himself; so did Walt Whitman, Proust, and Virginia Woolf. And in the end it doesn't matter at all; the world still reads *The Devils, Leaves of Grass,* and *Remembrance of Things Past.*

The size of the edition doesn't matter much either. Many writers feel they are writing in a vacuum if only 1000 or 5000 copies of a book are printed. They are simply spoiled by Soviet *tirazhi.* There is very little correlation between numbers of books printed and a book's longevity or influence. Hundreds of books are printed in editions of 100,000 in this country every year, and they are forgotten by the end of the year.

On the other hand only 1200 copies of Delvig's *Northern Flowers (Severnye tsvety)* were printed, and it has not been forgotten. The first edition of *Dead Souls* in 1842 was only 2400 copies, *The Devils* only 3400. The first edition of *Ulysses* was a mere 1000. *Moby Dick*'s first edition sold a quick 2000 copies, but it was generally misunderstood and disliked, and sales fell so rapidly that when a fire destroyed the stock two years later Harper's refused to reprint it.

Print-runs are of tertiary importance. Good writing is a powerful dye; once it gets into the solution, it penetrates everything—and it's hard to expunge. To use an economic metaphor, good books drive out bad.

Moreover, Russian books published outside the USSR are far from meaningless even quantitatively. I estimate that at least 200 books and journals are produced annually. Assuming print-runs of from 1000 to 5000 and, say, an average of 2000 copies, that is over 200,000 books every year. An educated guess is that between 20 and 30 percent of these books ultimately go into the Soviet Union. Thus roughly 50,000 copies cross the border yearly. Assume that each is read by ten people—and some by as many as a hundred people—and you see the potential readership is substantial.

If one is determined to influence literary conventions, it is even more important to know who these readers are. The factory worker in Vladivostok is obviously less likely to read *Kontinent* than is a member of the Union of Writers in Moscow. It is clear that the literary world that read Solzhenitsyn and Nekrasov in the past will continue to read them in the future. Books published abroad have a strong influence on good writers still living in the Soviet Union. For example, I cannot imagine Bitov's *Pushkin House (Pushkinskii dom)* without Nabokov's *The Gift (Dar)*. And every young poet in Leningrad has Brodsky staring him in the face.

Tamizdat influences Gosizdat in other ways, too. The widespread printing and translation of works by now safely dead classics such as Akhmatova, Mandelstam, Bulgakov, Pasternak, and Tsvetaeva no doubt prompted earlier and more extensive publication of the same authors in the Soviet Union. Once the Possev edition of *The Master and Margarita* was being smuggled in and was well known, nothing serious stood in the way of a full edition at home. Better to give a sanitized version of *A Poem without a Hero (Poema bez geroia)* than allow the real one to stand alone.

Convergence in the literary sphere is already a very strong phenomenon, but when my posited unified history of Russian letters will finally be written I cannot say. Perhaps in twenty, or fifty, or a hundred years—but it will happen, because the Soviet system will change. All things do, and it certainly will, because it is inherently mendacious, mediocre, and weak.

Seeing Soviet Marxism as an almost cosmic incarnation of evil merely contributes to its continuing power. A less apocalyptic view is that the USSR is just the world's biggest banana republic. The way nations get free of dictators who award themselves literary prizes (among others) is well known. Neo-Dostoevskian mumbo-jumbo about the forces of darkness and the dangers of too much freedom for individuals, and so on is self-defeating.

When Russians, like the Poles, fully realize this, the new revolution can occur almost overnight. And then the literary rubbish will be swept away rapidly. The culture now being created outside the control of a Party oligarchy will assume its natural place. The literature that is left will have only one basic adjective to describe it: Russian.

The Solzhenitsyn Case

SOLZHENITSYN IN EXILE: A DIMINUTION OF TALENT?

John B. Dunlop

This brief paper has three partially overlapping aims: (1) to examine Solzhenitsyn's views concerning the third wave, and especially its cultural representatives; (2) to give some sense of the third wave's feelings about Solzhenitsyn; (3) to attempt an evaluation of Solzhenitsyn's literary production in the period following his forced expulsion from the USSR in February 1974—has there been, as some in the West maintain, a diminution of talent since the Nobel prizewinner arrived here in our midst?

"I am not an emigre," Solzhenitsyn told BBC correspondent Janis Sapiets in February 1979. "I took no such spiritual decision to leave my homeland and start a new life somewhere else . . . ."[1] Solzhenitsyn did not want to emigrate and therefore feels little sense of solidarity with cultural representatives of the third emigration for whom leaving the Soviet Union was a conscious decision. His writings, moreover, are addressed neither to this entity nor to the West at large: "My main readership, is, of course, my own country, and it is for them that I am writing."[2]

In Solzhenitsyn's opinion the third wave lacks any significant historical mission. It is merely "the tail end, the splinter, of the emigration to Israel."[3] Solzhenitsyn has repeatedly underlined his admiration for Soviet Jews who emigrate to Israel for national and religious reasons, taking upon themselves the burden of settling in an embattled country beset with many difficulties. But those emigres who choose to take up residence in Western Europe or North America he treats with a reservation bordering upon scorn. Such persons should, Solzhenitsyn asserts, have stayed home and worked there for the betterment of the country. "They left at the very time when opportunities for action emerged in our country and when forces were needed there."[4] Even worse, in his opinion, is the fact that some segments of the third emigration have actively sought to denigrate what Solzhenitsyn has called the "national and religious renaissance" in Russia, in some cases having recourse to what he terms the "Persian trick," in which "the horrors of Moslem fanaticism in Iran are somehow connected with the revival of Orthodox religion in Russia . . . ."[5] By inciting the West against potentially positive forces in Russia, such individuals only add to the difficulties of those seeking true reform in the homeland.

As for the cultural wing of the third emigration, Solzhenitsyn is far from enthusiastic. "It is characteristic of those writers who leave the Soviet Union," he told Hilton Kramer of *The New York Times*, "that they are less closely connected with the language and experience of the people. They tend to have a more international approach in their work."[6] In general, the writers of the third emigration, for all their "abundance of self-expression," seem to have relatively little to offer.[7] (Solzhenitsyn makes an exception for Vladimir Maximov, whose writings exhibit a number of thematic similarities to his own.[8]) The authentically important Russian literature is being produced not in the emigration but at home, in Russia, especially among the so-called "ruralist" (*derevenshchik*) school. They, he believes, represent the heart and the "core" of contemporary Russian literature.[9]

To sum up, Solzhenitsyn's view of the third wave combines an ethical maximalism (there should *be* no third emigration, except for persons who become Israeli citizens, learn Hebrew, and attach themselves to Jewish culture) with a deep skepticism concerning the viability and worth of its literature. Writing for themselves or for a Western audience, literary practitioners of the "third wave" must inevitably lose their living connection with Russia, become, as it were, suspended in air. Younger writers in the emigration may be forced to emulate Nabokov and begin writing in a foreign language, thereby being lost altogether to Russian literature.

The third wave is not monolithic, and Solzhenitsyn consequently has his supporters in its ranks. But it would, I suspect, be a safe generalization to claim that the majority of its articulate representatives are in disagreement with the novelist's views. It is now almost a commonplace to say that since the late 1960s something akin to the nineteenth-century Slavophile-Westernizer controversy has been taking place in Russia, especially in dissident circles. Most intellectuals of the third emigration are Westernizers or quasi-Westernizers, something which offers them an inherent advantage when interpreting Solzhenitsyn's ideas to the West.

Among Westernizers in the emigration, some choose to keep silent concerning Solzhenitsyn's perceived foibles, from a conviction that to attack him might help the regime and also sully the reputation of *The Gulag Archipelago (Arkhipelag Gulag),* a work held in respect, if not veneration, by many. Others, however, feel that such an approach is akin to idolatry and that Solzhenitsyn must be taken to task for his false or misleading views. Thus in 1976 alone, Boris Shragin, Pavel Litvinov, and Mikhail Meerson-Aksyonov issued a compendium entitled *Self-Consciousness (Samosoznanie),*[10] largely directed against Solzhenitsyn and the other contributors to the collection *From under the Rubble (Iz-pod glyb),* while Vadim Belotserkovsky edited a volume of essays of similar intent called *Democratic Alternatives (Demokraticheskie al'ternativy).*[11] Andrei Sinyavsky and his wife, Maria Rozanova, have made a critical discussion of Solzhenitsyn and his ideas one of the explicit aims of their journal *Sintaksis.* As Sinyavsky recently put it in an interview with Olga Carlisle:

"Any kind of critical appraisal of Solzhenitsyn is [considered] taboo. We are against any form of censorship . . . ."[12] And indeed *Sintaksis* has not been sparing of the Nobel laureate, the most vitriolic attack to date probably being Aleksandr Yanov's "The Devil Changes Appearance," in the sixth issue (1980) of the journal.[13]

In addition to the polemical attacks of Sinyavsky and Yanov, one might single out statements by Efim Etkind and Valery Chalidze as particularly characteristic of the climate of discourse. These writers vehemently disagree with Solzhenitsyn's views on the West, on Russian history, on religion, and on the desired path of Russia's future development. Solzhenitsyn, they warn, is not only deluded but potentially dangerous. "For sixty years," Chalidze concludes his capacious anti-Solzhenitsyn polemic, "it has been claimed that Bolshevism will not be for long, that it will not sink roots. Now we are told to be consoled: Nazism will also not be for long."[14] Etkind expresses it this way: "Voltaire had one idea: to replace the cardinal with a philospher. But Solzhenitsyn does not want a philosopher. And does not want a cardinal. He wants an Ayatollah."[15] Yanov puts it more bluntly: " . . . he [Solzhenitsyn] is the Ayatollah of Russia."[16] Nazism, Shiite Islam gone berserk, the prerevolutionary "Black Hundreds"—these are the specters which anti-Solzhenitsyn publicists of the third emigration have raised to frighten their fellow emigres and to alarm public opinion in the West. It must be said that they have been fairly successful in their task, though one unintended side effect of their efforts has been to cast doubt in the West on the value of *The Gulag Archipelago*. (One Westernizer, Pomerants, who is still in the Soviet Union, has stated that the *Gulag Archipelago* outweighs twenty *From under the Rubble*[17].)

Let us now move to a discussion of Solzhenitsyn's literary productivity of the post-expulsion period. Four months after being cast out of the USSR, Solzhenitsyn was able to tell CBS-TV anchorman Walter Cronkite, "I am working completely normally."[18] At fifty-five years of age, Solzhenitsyn had good reason not to worry that his writing would be impaired by exile, especially since, as he tells us in *The Oak and the Calf (Bodalsia telenok s dubom)*, he had trained himself in the camps to create under any conditions. And indeed his works have poured out in the seven years following his exile: Volumes Two and Three of *The Gulag Archipelago, Letter to the Soviet Leaders (Pis'mo vozhdiam Sovetskogo Soiuza)*, the collection *From under the Rubble, The Oak and the Calf, Prussian Nights (Prusskie nochi), Lenin in Zurich (Lenin v Tsiurikhe)*, the 96-chapter version of *The First Circle (V kruge pervom)*, and individual chapters from the vast historical cycle upon which he is presently working, entitled "The Red Wheel" ("Krasnoe koleso"). Much of this work, to be sure, was completed before his expulsion from the Soviet Union, but Solzhenitsyn always revises his materials, sometimes substantially, before publication. In 1983, he resumed publication of the various "knots" of the

"Red Wheel" cycle.

Obviously Solzhenitsyn's *energies* have not flagged noticeably in the post-1974 period. But has there been a diminution of talent? Sinyavsky, for one, argues that there has, that after *Gulag* Solzhenitsyn has grown weaker as an artist, in *Lenin in Zurich,* for example, or in *The Oak and the Calf.* And like Efim Etkind he has a low opinion of Solzhenitsyn the publicist, believing that the writer is essentially unable to break out of the limitations imposed by his Soviet Marxist intellectual formation. Is there any truth to such claims? Yes—and no.

Referring to his publicistic statements, Solzhenitsyn told Janis Sapiets: "I have traveled widely and given speeches, but only because I've given in to temptation. I can't look on calmly as they surrender the whole world . . . ."[19] Solzhenitsyn has repeatedly emphasized that he does not regard his publicistic utterances to be of particular importance and has invited those interested in his thought to read his belles-lettres. This is excellent advice. Like the Dostoevsky of *Diary of a Writer,* Solzhenitsyn has a tendency to simplify and reduce his thought in his publicistic writings and public addresses, whereas in his belles-lettres the full scope of his subtle intellect is able to manifest itself. Hence those who criticize his publicistic writings have, I suspect, some justice on their side, though in his more reflective essays, such as "The Nobel Lecture on Literature" or "Repentance and Self-Limitation in the Life of Nations," Solzhenitsyn has extraordinarily interesting and thought-provoking things to say.

Those, such as Sinyavsky, who criticize Solzhenitsyn's recent belles-lettres are on much shakier ground. To be sure, it could be argued that the 96-chapter variant of *The First Circle,* as published in 1978, is inferior to the 87-chapter variant, published in 1969. But this means very little, since the 1978 variant is essentially an *older* edition of the novel. *Circle*-96 aside, Solzhenitsyn has published some very powerful works of art while in emigration. This has been recognized by a number of major literary critics. Mikhail Heller has termed *Lenin in Zurich* "the work of a master craftsman whose literary talent has reached its acme . . . ,"[20] while Michael Scammell has praised it as an "outstanding work."[21] John Bayley has written of "the spellbinding narrative power"[22] of *The Oak and the Calf,* while Edward J. Brown has stated that the book "provides total aesthetic satisfaction."[23] I would suggest that these critics have reached their favorable conclusions because they have been able to approach the works in question dispassionately, as art; because they have been able to apply, dispassionately, the tools of literary criticism. As examples of recent high artistic achievement by Solzhenitsyn one could also cite the superb chapters devoted to Emperor Nicholas II from the "Red Wheel" cycle.[24]

One other relevant consideration. Georges Nivat has perceptively noted that in the "Red Wheel" cycle Solzhenitsyn often hesitates to pass judgment on what he is describing.[25] Frequently peremptory in his publicistic writings and statements, Solzhenitsyn tends to be cautious and charitable in what he has called his "main work," and this is something which does not seem to have been noticed by his critics. In a recent article on the Solzhenitsyn canon, Michael Nicholson has argued cogently that there is no "trend" in the author's works from a subtle, tolerant Solzhenitsyn to a harsh and primitive one.[26] If anything, there has been an evolution in the other direction. How many of those who accuse Solzhenitsyn of an Ayatollah complex or of tilting toward the Black Hundreds have read, one wonders, the chapter devoted to Duma activist Alexander Guchkov?[27] In this purely historical chapter, where Solzhenitsyn speaks without the mask of a narrator, he allies himself, seemingly without qualification, with the feat (*podvig*) of the "centrist" Guchkov, who stood up to Duma extremists of the left and right. The politics of the center, Solzhenitsyn asserts here, are always the wisest and always the most realistic. Where, one asks oneself, is the "Black Hundred" author the third wave is wont to serve up to its Western audience? Surely what Solzhenitsyn says in this chapter is of more significance to the future of Russia than is his criticism of the West in the Harvard Address. In a fine essay on *August 1914 (Avgust chetyrnadtsatogo),* Fr. Alexander Schmemann has demonstrated the subtlety and relentless honesty of Solzhenitsyn's "lucid love" (*zriachaia liubov').*[28] Let us therefore keep a sense of proportion and pay somewhat more attention to Solzhenitsyn the artist and perhaps a bit less attention to Solzhenitsyn the publicist. Or, to put it another way, let us examine each publicistic statement in the light of the totality of his work.

Some closing observations. The rift between Solzhenitsyn and much of the third wave strikes me as unfortunate. Solzhenitsyn could, unquestionably, show more charity toward his fellow exiles and not resort to the questionable argument that he—as well as, say Bukovsky and Ginzburg—were physically ejected from the country, whereas others left of their own volition. To what degree can one call the departures of, say, Voinovich, Maximov, or the late Amalrik "voluntary"? And in fact Solzhenitsyn himself admits in *The Oak and the Calf* that he was at one point sorely tempted to emigrate but was dissuaded by the arguments of his second wife. One wishes also for greater understanding of the genuine concern, if not love, for Russia of many cultural representatives of the third emigration.

And let his accusers in the third wave also show more charity and more objectivity in commenting on Solzhenitsyn and his writings. Can they deny his extraordinary service to Russian literature in the face of obstacles which would have broken most men? Are they able to deny the honesty and titanic artistic ambition underpinning the "Red Wheel" cycle upon which Solzhenitsyn plans to be working for the rest of his life? Perhaps Solzhenitsyn has a "difficult" personality, but so too, one recalls, did Dostoevsky, Tolstoy, and even Pushkin. But who today would regard this of paramount significance? Solzhenitsyn is a great Russian writer whose talent, though he is now over sixty years of age, appears still, in certain respects, to be maturing. He should be the boast rather than the bane of Russians who value literature, emigre or not. Beyond politics there is art. The author of *The Brothers Karamazov* was a Slavophile; the author of *Fathers and Sons* was a Westernizer. But is that distinction, in the final analysis, so important? Art transcends politics. Solzhenitsyn belongs to Russia, as he belongs to those in the third emigration who esteem literature.

Notes

1. Alexander I. Solzhenitsyn, *East and West* (New York, 1980), p. 165.
2. Ibid., p. 154.
3. Ibid., pp. 165-66.
4. Ibid., p. 166.
5. *Encounter*, February, 1980, p. 35.
6. Hilton Kramer, "A Talk with Solzhenitsyn," *The New York Times Book Review*, 11 May 1980, p. 30.
7. Ibid.
8. Ibid.
9. Ibid., and *East and West*, p. 157.
10. Pavel Litvinov, Mikhail Meerson-Aksyonov, and Boris Shragin (compilers), *Samosoznanie: Sbornik statei* (New York, 1976).
11. Vadim Belotserkovsky (compiler), *Demokraticheskie al'ternativy* (Achberg, 1976).
12. "Solzhenitsyn and Russian Nationalism: An Interview with Andrei Sinyavksy," *The New York Review of Books*, 22 November 1979, p. 5.
13. Aleksandr Yanov, "D'iavol meniaet oblik," *Sintaksis*, 6, 1980, pp. 88-110.
14. *Novoe russkoe slovo*, 13 December 1979, p.3.
15. *Russkaia mysl'*, 20 December 1979, pp. 6-7.
16. Yanov, "D'iavol . . . ," p. 109.
17. Grigory Pomerants, "Son o spravedlivom vozmezdii," *Sintaksis*, 6, 1980, p. 27. For a good bibliographical survey, see "The Debate over Solzhenitsyn's 'Nationalism,'" *Solzhenitsyn Studies*, I, No. 1, 1980, pp. 10-18, and I, No. 2, 1980, pp. 59-61.
18. A. Solzhenitsyn, *Mir i nasilie* (Frankfurt/Main, 1974), p. 50.
19. Solzhenitsyn, *East and West*, p. 147.
20. Mikhail Heller, "Lenin, Parvus and Solzhenitsyn," *Survey*, 21, No. 4, 1975, p. 188.
21. Michael Scammell, "A Single-minded Man," *The Times Literary Supplement*, 23 April 1976, p. 489.
22. John Bayley, "The Two Solzhenitsyns," *The New York Review of Books*, 26 June 1980, p. 3.
23. Edward J. Brown, "*The Calf and the Oak: Dichtung* and *Wahrheit*," in the forthcoming collection *Solzhenitsyn in Exile: Critical Essays and Documentary Materials*, edited by John B. Dunlop, Richard Haugh, and Michael Nicholson.
24. *Vestnik russkogo khristianskogo dvizheniia*, 124, 1978; 132, 1980.
25. Georges Nivat, *Soljénitsyne* (Paris, 1980), p. 159.
26. Michael Nicholson, "Changes in the Solzhenitsyn Canon," unpublished article, dated April 1981.
27. *Vestnik*, 130, 1979.

28. Alexander Schmemann, "A Lucid Love" in John B. Dunlop, Richard Haugh, and Alexis Klimoff (eds.), *Aleksandr Solzhenitsyn: Critical Essays and Documentary Materials,* 2nd ed. (New York, 1975), pp. 382-92.

Alexander Yanov's paper "The Wizard of Oz: In Defense of Solzhenitsyn" has been withdrawn from the volume at the request of the author.

DAY TWO:
POLITICS AND LITERATURE

LITERATURE AND POLITICS IN THE THIRD EMIGRATION

Olga Matich

Since literary politics were decisive in the emigration of many recent Russian writers, it stands to reason that literature and politics continue to intersect in emigre circumstances. Throughout modern Russian history, political groupings have been associated with the major literary journals, both at home and abroad. Russian emigre journals starting with Alexander Herzen's *Kolokol* (The Bell) were in opposition to the official establishment at home and had the function of telling the political truth and writing about subjects taboo in Russia. Third-wave political life revolves around its journals, which are in bitter conflict with Soviet politics and practice. Solzhenitsyn's Russian Orthodox political messianism finds expression in *Vestnik russkogo khristianskogo dvizheniia* (The Messenger of the Russian Christian Movement), a first emigration periodical. Maximov's democratic anti-communism has its voice in *Kontinent* (Continent), the best established and most influential third wave literary and socio-political jounral in the tradition of the nineteenth-century *tolstyi zhurnal*. *Kontinent* is said to enjoy by far the largest circulation of any emigre periodical publication among readers both in and outside Russia. Selections from *Kontinent* have also appeared in German, French, English and, most recently, Italian. Solzhenitsyn's and Maksimov's views are countered by Sinyavsky's *Sintaksis* (Syntax), which maintains a liberal Westernizing position. A similar political position is reflected in *Dvadtsat' dva* (Twenty-two), whose ideological identity is associated with the Russian-speaking Jewish intelligentsia. The eclectic *Vremia i my* (Time and We), probably the most popular journal in emigration, also aspires to Western pluralism, but is primarily concerned with printing timely and interesting reading material, focusing both on testimonial and critical essays. The minority Marxist point of view, unacceptable to the majority of emigres, was represented in Zhores and Roy Medvedevs' *Dvadtsatyi vek* (Twentieth Century), no longer in existence. More apolitical are Maramzin's *Ekho* (Echo) and Bokov's *Kovcheg* (Arc), both of which publish aesthetically controversial and experimental contemporary authors. It is curious, however, that *Ekho* and *Kovcheg* also reflect the basic third-wave political bifurcation, even if only through their editors' personal politics. Thus Maramzin is clearly tied to the Maximov camp, while Bokov, for a time, belonged to the Sinyavsky circle.[1]

99

Of course, ideological differentiation and the refinement of various groups' political positions developed gradually. In the beginning, human and financial resources were particularly limited and the belief in a common cause brought many points of view together. It was in this atmosphere of cooperation that *Kontinent* was established in 1974, to serve the interests and needs of the third emigration's intelligentsia, which includes the writers' community. The journal was also directed at Russian readers at home, who are as important to the emigre publicist as those abroad, and has always published as many *samizdat* and Soviet writers as emigres. *Vremia i my,* until recently the only third-wave monthly, was started in 1975, at a time when conflict was beginning to emerge within the third emigration. By 1978 its creative and intellectual forces had become more specialized and focused. The desire for more specialized periodical publications as well as the striking intensification of political differences resulted in the creation of several new journals. In the manner of a chain reaction, *Sintaksis, Dvadtsat'dva, Ekho, Kovcheg* and *Gnozis* (Gnosis) all appeared on the scene during 1978, that most productive year for new publicist undertakings. The Sinyavskys wanted and needed their own journal, and talk of their plans must have encouraged others. Maramzin's decision to start an avant-garde literary journal inspired Bokov, who disagreed with Maramzin's aesthetic position, to do the same. And so on and so forth.

The most bitter and heated political controversies take place in Paris, which has been the center of emigre cultural life since before the Revolution. *Russkaia mysl'* (Russian Thought), a weekly newspaper, and *Vestnik,* both old emigre publications, *Kontinent* and *Sintaksis, Ekho* and *Kovcheg,* as well as *Tret'ia volna* (Third Wave), dedicated in part to the visual arts, are based in Paris. YMCA Press, a leading *tamizdat* and emigre publisher, is also in the French capital, and, of course, Maximov, Sinyavsky and many other contemporary Russian writers live there.

Although Paris is and has been the undisputed hub of emigre cultural life, the third wave has for the most part settled in Israel and the United States. In the course of the past decade, Tel Aviv, Jerusalem, New York, and Los Angeles have emerged as major emigre centers. The main source of ideological conflict in the new Russian Jewish community in Israel is its national and cultural identity. Ethnically most of the third wave is Jewish, but culturally it tends to be Russian. This creates problems, especially with regard to these emigres' national identity in Israel. Rafail Nudelman's *Dvadtsat'dva,* which broke off from *Sion* (Zion) in 1978 and is published in Israel, deals with many of these issues. The scholarly and apolitical *Slavica Hierosolymitana,* whose orientation is structuralist, does not.

New York emigre life is lively and dynamic, but it is significantly less politicized and ideologically determined than its counterparts in Paris and Israel. Perhaps this is the result of the calming or neutralizing American influence as far as ideologies are concerned. Staffed by an ever-increasing number of third wave immigrants, *Novoe russkoe slovo* (New Russian Word), the oldest and largest old emigre daily, comes out in New York. Sergei Dovlatov's recently established weekly *Novyi amerikanets* (New American) (1980), also New York based, is exclusively third wave in its orientation, but lacks a definable ideological position other than a desire for lively and honest journalism.[2] *Vremia i my* has recently moved from Tel Aviv to New York, which was also home base for Arkady Rovner's now defunct *Gnozis,* a philosophical and literary journal with a distinct mystical bent. Edited by Grigory Poliak and named after a Brodsky book of poetry, *Chast' rechi* (Part of Speech) is an apolitical New York publication which seems to focus on the Leningrad group of writers.

The grand man of emigre politics is, of course, Solzhenitsyn, who is becoming increasingly isolated both in an intellectual and physical sense. Since his controversial Harvard speech (1978), in which he prophesied calamity for the Western world unless it mends its ways, Solzhenitsyn has retreated into his Vermont compound and not made any public appearances. His feeling that he is misunderstood and beleaguered in both the communist East and the liberal West has been on the increase and was most recently expressed in his *Foreign Affairs* article, entitled "Misconceptions About Russia Are a Threat to America" (1980). Yet he continues to exert a significant influence on the emigre community and on Russians at home. Solzhenitsyn has been labeled a modern day Slavophile whose preoccupations are ethical and religious. He is also a patriarchal traditionalist concerned with the fate of his own Russian people rather than human rights in general. His focus seems at times old-fashioned and narrow, which in no way diminishes his pivotal role in modern Russian literature. But it is because of this focus that the West tends to view him as a nineteenth-century Russian moralist rather than an analytic thinker. To many in the West he is a prophet who should not venture to proclaim judgment on Western issues that he may understand only peripherally. Solzhenitsyn's posture is conservative but eccentric; he does indeed dwell on the mountain top, leaving others to manage day-to-day literary politics.

Even though Solzhenitsyn and Maximov represent different points of view, in the final analysis they can and actually do work together. Maximov's politics are neither nationalist nor Russian Orthodox and lack obvious roots in the nineteenth-century intellectual tradition, but like Solzhenitsyn, he is an uncompromising anti-communist. Though Orthodoxy is not a part of his politics, religion does play an important role in Maximov's writing and personal philosophy. Both Solzhenitsyn and Maximov are intolerant of ideological differences and suspicious, even hostile, toward the Western liberal establishment. Their main opponent in the emigre community is Sinyavsky, who was a member of *Kontinent's* editorial board in the beginning. Since his departure from Maximov's journal, which is explained differently by the opposing factions, Sinyavsky's name does not appear in *Kontinent* for all intents and purposes, and that in spite of his obvious prominence on the Russian literary and political scene. Maximov has been rather successful in his effort to mold emigre public opinion and control the emigre press. It would not be farfetched to claim that the two most influential old emigre newspapers, *Novoe russkoe slovo* and *Russkaia mysl'*, are closely tied to the Maximov camp.

Kontinent's aesthetics are prescriptive and programmatic. It imposes restrictions on what is permissible in print and gives unspoken direction to what is desirable, often excluding art-for-art's-sake or noncivic literature. Brodsky is an obvious exception, but then he is much too prominent to be overlooked, and his personal biography in the Soviet Union may be read according to the dissident model. Regardless of occasional indications to the contrary, there is no doubt that Maximov's editorial policies and his personal politics are conservative and ideologically monolithic. That his political commitment knows no bounds is most clearly reflected in "Saga o nosorogakh" (The Rhinoceros Saga), a personal attack on those he perceives as his enemies, in the East and West, among Russians and non-Russians.

In opposition to Solzhenitsyn and Maximov stands the more aesthetically refined and academic Sinyavksy camp, whose pluralism and analytical and skeptical approach to issues are much more acceptable to the Western intelligentsia. Even Sinyavsky's dissidence was from the beginning multifaceted: he was a cultural iconoclast and a political dissident, both of which remain a part of his literary and intellectual persona in emigration. His *Strolling with Pushkin* (*Progulki s Pushkinym*) and *In Gogol's Shadow* (*V teni Gogolia)*, which offer a new anti-reverential and anti-traditional interpretation of the two literary giants, have evoked much heated controversy in emigre circles. Sinyavsky's adversaries have confused his innovative approach with an attack on the Russian literary canon. His versatility, reflected also in the Tertz-Sinyavsky bifurcation, into imaginative and critical writing, may be disturbing to many who for the most part have chosen a singular purpose and position. Thus, Solzhenitsyn and Maximov value primarily the civic and testimonial functions of literature, while Limonov and Bokov, let's say, want to be viewed as literary nonconformists. This is a reflection of what appears to be an urgent need to establish a hierarchy between life and art, social consciousness and individualism.

In the grand emigre scheme of things, Sinyavsky heads the anti-Solzhenitsyn Westernizing faction as well as the anti-Maximov pluralists. His role as leader of the opposition and anti-establishment cultural politics adds yet another dimension to the complex Sinyavsky personality. That it has become virtually impossible to frequent both camps, publish in both *Kontinent* and *Sintaksis,* and bring together Solzhenitsyn, Sinyavsky and

Maksimov in public or private dialogue is everyone's loss. At the same time, we need to remember that this kind of conflict and animosity is characteristic of all ideologically motivated emigrations and seems to be an unavoidable ingredient of emigre politics.

Notes

1. Although officially they have not closed down, *Ekho* and *Kovcheg* have not appeared in the last year or two.

2. Since I wrote this survey of third-wave publications, *Novy amerikanets* has changed hands. No longer edited by Dovlatov, it has altered its focus to basic news and entertainment.

Internal and External Emigration

Andrei Sinyavsky

СИНЯВСКИЙ О СЕБЕ

Хорошо, что дают очень мало времени, чтобы рассказать о себе — десять минут. Хорошо, потому что писатель склонен бесконечно рассказывать о себе, и в частности, я. Все, что я пишу, я главным образом о себе рассказываю, а не о какой-то там объективной действительности. И я, признаться, слегка озадачен, когда, вдруг такая вот возможность, прямо вот так выйти и что-то такое сказать, ну что ли самое главное. Я, конечно, не собираюсь себя сравнивать с Пастернаком, но мне вспоминается один удивительный рассказ Пастернака, записанный за ним. Он рассказывал, что где-то примерно в начале 20-х годов Лев Давыдович Троцкий решил написать книгу „Революция и литература" и вообще о литературе. Троцкий был человеком интеллигентным, читал современных себе авторов, и вот пригласил к себе Пастернака, а перед этим — Пастернак очень живо рассказывает — они кого-то провожали, поэтому гуляли всю ночь, и утром болела голова. Наконец, на каком-то мотоцикле его доставили к Льву Давыдычу, он опоздал на полчаса, и тогда Троцкий сказал: „Слушайте, у меня есть десять минут, дальше у меня заседание какой-то военной коллегии, слушайте, объясните мне за десять минут, о чем вы пишете, и что вы вообще хотели бы сказать своим творчеством?"

Ну, что бы такое рассказать? Я просто возьму такой кусочек... Понимаете, у каждого писателя, как Блок еще говорил, есть какая-то внутренняя идея пути. Притом, это происходит не от того, что писатель ставит какие-то задачи, куда-то идет, к какой-то цели, а это дается, по-видимому, органично. Ну, в общем, писатель куда-то идет, двигается, что-то с ним происходит. Происходят страшные иногда вещи, или странные вещи. Он как-то меняется. У меня, если очень схематично объяснять свою жизнь, было три писательских периода: первый, примерно, с 55-го по 65-ый, то есть до ареста — Абрам Терц, „Фантастические повести"; и второй период, когда меня посадили, стал я тогда в лагере писать о Пушкине, о Гоголе, и потом продолжал. Сейчас третий этап — эмиграция.

Я хотел бы немного объяснить вот этот второй период, когда меня взяли, почему я вдруг там, сидя на тюремной койке, стал писать о литературе, искусстве, о Пушкине, о Гоголе. Казалось бы, нелепость. Почему бы не отобразить какую-то лагерную действительность? Но для меня эти книги и есть лагерные вещи. Ведь, когда сажают, писатель подводит последние итоги своей жизни, он должен самому себе как бы сказать какое-то последнее слово. А поскольку у меня получилось так, что посадили за литературу, я все время и думал на тему литературы, на тему, что такое искусство. И для меня мои довольно скандальные в русской прессе ,,Прогулки с Пушкиным" — это какого-то рода исповедь. С помощью Пушкина я хотел перед концом объяснить вообще, зачем живет писатель, что такое искусство. Но нелепо было бы, сидя в тюрьме, писать какую-то научную работу, академическую, о Пушкине, о Гоголе или о ком угодно. Дается очень мало времени на эти последние размышления.

В результате же так получилось, это выяснилось уже, когда я попал в эмиграцию, что эти вещи для здешнего русского читателя оказались очень странными, нелепыми, дикими, даже вредными. Это воспринималось как какое-то кощунство над Пушкиным и даже над Гоголем. Мне это было непонятно. Я пытался объясниться в любви к Пушкину, в любви к искусству. В здешнем восприятии я ненавистник Пушкина, второй Дантес, который второй раз убил Пушкина. Сомневались, сидел ли я вообще в лагере. Потому что, вот, о Пушкине писал, может быть, мне КГБ специально предоставило какую-то библиотеку. Это печатно высказывалось в ,,Новом журнале" Романом Гулем. Высказывалось, что, наверно, предоставили библиотеку специально, чтобы я сочинил такой пасквиль, а затем поехал бы с этим пасквилем на Запад, разлагать здешнюю русскую эмиграцию... Куда ее дальше разлагать — я не представляю. Она, на мой взгляд, уже абсолютно разложена.

Поэтому, третий мой этап — довольно трудный. Я как бы попал в ситуацию второго суда над Абрамом Терцем, и психологически даже в более трудную ситуацию, чем суд в России. Там понятно, там чекисты, советская власть, писал что-то там такое, кого-то критиковал, высмеивал — понятно, что они тебя схватили, говорят, что ты подонок, что ты ненавистник русской культуры... Но когда после всего этого вдруг все повторяется, как дурной сон, все второй раз прокручивается, причем людьми хорошими, милыми людьми, не какими-то там чекистами, то начинаешь задумываться: может, и правда ты какой-то урод? Может быть, и правильно говорят, что ты ненавидишь человечество, ненавидишь культуру? Последний этап моей жизни во многом связан с этими размышлениями, с попытками опять-таки осмыслить самого себя. Обо всем этом я написал маленькую повесть ,,Крошка Цорес".

Другая сторона здешней жизни, прекрасная сторона — это возможность видеть мир, это удовлетворение той, какой-то очень давней ностальгии по Европе, по миру вообще. Причем, когда на старости лет попадаешь в страны, в ситуации, о которых читал в романах, видел в музеях, все эти улицы, ландшафты — это производит ошеломляющее впечатление, заставляет как-то по-новому себя осмыслять в этих новых координатах. Не в том смысле, что попал во Францию — значит, теперь надо описывать французскую жизнь, нет. Какую французскую жизнь? Наверно, если придется, может быть, и французскую или там итальянскую, но описываешь все равно собственную жизнь, хоть и на фоне других ландшафтов. И это очень меняет, прежде всего, стиль, а для меня стиль — это главное. Возникают задачи, даже не задачи, собственно, это изнутри ведь идет: как писать, в какой форме. Меня, в частности, особенно занимает проблема прозы, прозы как пространства. В Европе после России попадаешь в новые пространственные измерения, и это как-то соответствует твоим внутренним задачам в построении фразы, построении абзаца, периода, страницы. Вот собственно, две проблемы моей жизни в последнее время.

SERENITY: A NOTE ON SINYAVSKY'S STYLE

Vera S. Dunham

> *Poesis doctrinae tamquam somnium.*
> Francis Bacon

I wish to dedicate this effort to the memory of Max Hayward
from whom I heard about Abram Tertz for the first time and
with whom I learned to revere him.

1. *The Word Serenity*

This communication is in English because I do not know what *serenity* is in Russian. *Iasnost',* that's clarity. *Bezmiatezhnost'* is a re-active state, resultative, waiting for troubles to blow over. *Smirennost',* on the contrary, is a condition of being squooshed. Humble pie. *Blagolepie* is splendor, *blagochestie*—piety. Following Hayward's tip, however, one comes close to it when Tertz quotes Pushkin's review, written in 1836, of Silvio Pellico's *I doveri degli uomini* of 1834.[1] Hayward suggests that Pushkin's emphasis on Pellico's serene stoicism in extreme adversity would apply to the spirit of that remarkable chronicle just as well, to the most poignant of all contemporary prisonscapes, *A Voice from the Chorus (Golos iz khora).* Here is Pushkin's characterization of Pellico's fortitude as quoted by Tertz, in Hayward's translation:

> Silvio Pellico spent ten years in various dungeons and, when he was released, he published his notes. There was general astonishment. People were expecting bitter complaints, but instead, they read touching reflections full of serenity, love and benevolence.[2]

Hayward translated *iasnoe spokoistvie* as serenity. But I am not sure that it is altogether applicable to Sinyavsky's style. There is much darkness in his art. Nor is his serenity tranquil, becalmed. Rather, it is the expressive narrative velocity, resembling the swift surrealism in the technicolor of a Hieronymus Bosch, the shifting multitude and magnitude of his fragmented themes that resound in a polyphony unmistakably his. Light, if not bright, it always brings catharsis, somewhat eerily.

Sinyavsky is a mysterious writer.[3] His generous pronouncements on his own art are mysterious. They are clear and mysterious at the same time.

They resist questions because they seem exhaustive. This is just as well. Let him hide the source of tension between cruelty and tenderness. Dealing, therefore, only with the surface, I wish to focus on Abram Tertz's recent tale *Kroshka Tsores,*[4] tight, tricky, almost impenetrable.

2. *Artist as Medium*

Sinyavsky's oeuvre is centripetal, cohesive, tightly interwoven. To break it up into periods, even into before and after the exile seems wrong. Its cohesiveness obtains, perhaps, from that very security, elusive and paradoxical. The latter seems so well supported by his own eloquent assertion of the *anonymity* of art—an exhilirating and at the same time perilous idea:

> An author, as I perceive his role and purpose, is not a creator or craftsman who produces something of value. Instead, he is an agent for conducting and conveying art from one place to another. What I mean is, it is not we who possess art; rather, it is art, as a reality diffused ubiquitously and dissolved in the air, that sometimes takes possession of people and in part manifests itself through them.[5]

The artist is seen as a medium, an old idea, renewed with fervor. Freedom, winged and breezy, issues from it as well as liberation, which, being different from freedom, implies peril. As to serenity therein, the echo of Pushkin's poetry about poetry can clearly be heard as the self-absolution from the squeezing out of ponderous meanings—*bol'she nichego/ne vyzhmesh' iz rasskaza moego* (you can't squeeze anything more out of my tale). This also stands for the fortunate perception that the vigilant and arrogant responsibilities which *homo sapiens* piles on his own back can at times be courageously ditched in favor of the more modest, relaxed—if cryptic—posture of *homo ludens.*

3. *Homo Ludens*

This paper is an old-fashioned quilt rather than a Cape Canaveral developmental happening. Since I am not pressing for any conclusions, I might just as well go on with the presentation of various patches of fabric. Ever since "Pkhentz," I have kept returning through all these years to Johan Huizinga's *Homo Ludens* of 1938, a year of apocalyptic apprehension not only in the Netherlands. This rich and wise study links culture with play. In honoring Sinyavsky and the fleeting shadow of Silvio Pellico, I would like to point out that Huizinga was arrested by the Nazis in Leiden in 1942 and sent to a concentration camp at the age of seventy.

The translation of the final version from Dutch to English was checked by Huizinga himself. Therein this passage:

> Poesis, in fact, is a play-function. It proceeds within the playground of the mind, in a world of its own which the mind creates for it. There things have a very different physiognomy from the one they wear in "ordinary life" and are bound by ties other than those of logic and causality. If a serious statement be defined as one that may be made in terms of waking life, poetry will never rise to the level of seriousness on that more primitive and original level where the child, the animal, the savage, and the seer belong, in the region of dream, enchantment, ecstasy, laughter.[7]

Play and thereby art is not so much irrational as it is other than logical. That is all that Huizinga says. But it is a lot. The Romantics knew all this from Hoffmann to Gerard de Nerval. Poetry while thinking about itself moves from age to age.

4. *The Influence*

And it is a child and clairvoyant of another age who has entrusted his uncanny dwarf Zaches to Abram Tertz so that he transmit him, intact and remodeled both, to an alien place, the playground of Soviet philistinism.

It was in 1818 that the diminutive, self-conscious Kappellmeister of Bamberg—later to become, of all things, a judge in Berlin—created his Klein Zaches. He was very ill and feverish. Caught at the time in the horrors of Napoleonic wars and personal despair, he drew an anxious self-portrait in the character of a nasty dwarf. Yet, play most of it was. The very concept of transfer, transmission, influence, and source amused Hoffmann greatly as he wrote one year after the tale was published:

> The fairytale little Zaches . . . contains nothing more than the easy and free expression of a jocular idea. Its author was no end astonished when he now stumbled over a review in which his joke, casually tossed out with the sole purpose of fleeting amusement and without further pretensions, was treated as follows. The story was first dismembered and then each source was carefully examined which the author had allegedly used. The latter process pleased the author in so far as it offered him the opportunity to find these sources himself and thereby enrich his own knowledge.[8]

As one of the ponderous prospectors of literary sources mocked by Hoffmann, I set out at once to reread his dark and weird tales. The intensity of kinship between the two works and the two freaks is perplexing. One becomes the mirror image of the other. Clairvoyant poets of which Huizinga spoke, Hoffmann and Tertz, transmit each in his own taboo-lifting way, the agony, the myth, and the reward of alienation. That is their common main theme: internal emigration in perpetuity.

Relinquishing for a moment control and possession of Hoffmann to the Germans, one should remember that the native German reader had

112

rediscovered Hoffmann's dark, complex, bizarre tales in the anxious twenties of the Weimar Republic. And that's when his native Koenigsberg wanted him back.

> Painfully divided between the day and the dream, Hoffmann is the poetic expression of his East-Prussian native land. This dualism also determines the inner structure of his landsmann Kant. It tears Hoffmann's world asunder. The antimony between pure and practical reason turns in Hoffmann's world into the antinomy between the fairytale and reality. It stays there without any "as if" to close the gap. It stays there to bring pain through its nonsense. The winged nostalgia for fulfillment, for the unfathomable, for love and eternity contrasts with the creature's scream of pain over the inevitable wheels of the mechanical apparatus, over the existential machine which senselessly crushes bodies and hopes. And it clatters on and on. This dichotomy between the dream and the machine is internalized very deeply by Hoffmann. It tears through his life and his work and destroys his body prematurely, the feeble vehicle of immeasurable nostalgia.[9]

The emphasis on East Prussia seems amusingly parochial. The rift between "day and dream" a century and a half later, and then some, is just as horrendous in the space between Moscow and Petushki.

5. *The Impotence of Hoffmann's Dwarf*

Hoffmann's ornate tale relates the ascent to power of the eerie dwarf Zaches till he becomes minister Zinnober, His Excellency, and is knighted. Such good fortune is administered to him with maniacal generosity by the exremely lady-like fairy Ms. Rosabelverde who has arranged matters in such a propitious fashion that he is given credit for, in fact, praised and rewarded for the good deeds of others he had nothing whatsoever to do with such as the writing, for instance, of exquisite poetry. It all works out for him. As we shall see, nothing will work for his Soviet kin. But retribution comes to Zaches in due time. When his peasant mother betrays his humble origins, the seething plebs of Napoleonic recension savagely attack his palace. Running for his mini-life, he falls into a silver vessel, a sort of ornate spittoon, and drowns in it. The good fairy's lament over the tiny dead body holds Hoffmann's innermost fervent grief over earth-bound evil emptiness.

> I thought that the radiation from the external beautiful gift you had received . . . would penetrate your inner self and awaken a voice in you . . . . But no internal voice was aroused. Your sluggish dead spirit did not possess the faculty to stand up. You hung on to your stupidity, coarseness, unruliness.[10]

This dwarf destroys only himself and the fairy's hopes for him.

6. *The Power of Sinyavsky's Dwarf*

In comparing the two freaks, we find the following contrast: good deeds are attributed to Zaches that he did not even dream committing, while poor Tsores brings destruction and grief, though just as unwittingly.

Unlike the hero of Tertz's "Pkhentz," the stoic cactaceous loner from elsewhere, Tzores is from *here*. There is nothing astral about him. He is a domesticated, homey and homely Angel of Death. The game of death, played casually, holds the tale. A family's very nexus turns on itself and is destroyed through the weird agency of estrangement, uprootedness, freakishness in its lethal junior. Tsores, the junior, tries hard to be loved and to be good, to hang on to his mother, to his dog. But nothing works for him. He even fails to find out who his father was. Unacceptable to his peers, he endures frustration, culminating in the fierce and frenzied manner his mother casts him out. For good reason. Tsores does his five brothers in, one by one, by remote accident, yet methodically. The five fraternal victims who perish *ad seriatim* are all successful professionals, all five plugged de rigueur into the robust Soviet *meshchanstvo*. And it isn't that Tsores in any way is a dissident. His fratricidal accomplishments are void of meaning. They are flat, weird anecdotes about how senselessly a sea captain, an agronomist, a frontier guards officer, a renowned surgeon, and a big, very big official perish in their prime. The sea captain bashes his head in on an anchor when he dives to save Tsores, his ominous kid brother, from the waves. The agronomist vanishes in Stalinist Siberia when denounced for a mildly untoward conversation with Tsores. The nicest of them, the frontier guards officer, is killed at the front because Tsores is instrumental in transmitting to him a false telegram which interrupts his furlough. The surgeon dies of a heart attack from strain and apprehension after having performed an operation on Tsores. The last one, the bureaucratic potentate, is run over by a car as he dashes after Tsores to amend in some way their mother's final rejection of the innocent murderer.

Although a fairy called Dora Alexandrovna, in the guise of a friendly and seductive lady pediatrician, emigrates from Hoffmann's tale to Sinyavsky's requiem, she is not about to lament over Tsores. He does all the lamenting himself.

7. *Language, Lament, and Consolation*

By the time Napoleon and Hoffmann had come along, doubts in Reason and much pain began to obscure the French clarities of Enlightenment. Even Goethe was no longer sure. Order and Purpose had turned dark. Poets of early Romanticism, with Reason in disrepair, commenced now to use language differently than Diderot had done and for different purposes. The poet, no longer a brilliant teacher, relapsed to conjuration, exorcism, exhortation. Intuition became a high value and the only way to understand what was going on. And play. As always. It is here, perhaps, in the romantic function of language—its irony, incantation, revelation—that Hoffmann and Tertz come closest together, the world remaining so stubbornly out of joint and the need so great not to abandon culture, no matter how maimed and penumbral. The idiomatic abrupt point to things, the swift shifting of focus, the relish of the paradox make up Sinyavsky's style, dark and harsh and tender. At times, indeed, it is as unreasonable as that of Hoffmann.

Sinyavsky is tough. He is cruel. He is shocking. One passage, for instance, in an essay on anecdotes is unbearable because it makes you vomit. Literally.[11]

Sinyavsky touches horror frequently and makes the trivial both monstrous and revelatory, enacting thereby his loyalty to Romanticism. Here is an anecdote, a doublet to be precise, told by Tsores in a manner perfected by Tertz, one that might be designated as eidetic staccato muttering:

> And now I shall make public two facts which have no direct bearing on me. The first episode is rural. A child of about five, of whom there are many, had conked a rooster on the head with a small stone. The rooster had wandered into the vegetable garden from the neighbor's lot. He hit the rooster on the very top of the head. Right on. The rooster is deader than dead. The old woman, the owner of the rooster, thinking to intimidate the little scoundrel, no more no less, shoved him into the pigsty with her sow. The boy's father comes home. The old woman reports to him what had happened. Together they unlock the pigsty in order to punish the kid. But piggy is just about finished eating him up. The father takes off, unearths an axe, and hacks the old woman down.

This vignette is inserted just like that. For edification and for play. For nastiness and for insight. The second is no less sordid, no less to Ivan Karamazov's liking, no less trivial and destructive of the revered family nexus.

> Another little boy was sent by his mother to the store in town with a tenspot. The family was poor and ten rubles was a lot of money. He returns with nothing. He had lost the money. The mother was ironing. Enraged and without looking she flings a broom at him. He starts whining, blabbering. And he hides behind the door of the sideroom. The father comes home. Where is Vovka? Damn that kid. They look. Vovka is dead. She got him in the temple. The father says, "I am off to the police. One's got to write a report." He comes back with the police. She is hanging.[12]

Despite his assurance to the contrary, these "facts" have a bearing on the vulnerable loneliness of the freak. As to the reader, he must accept the tales of cruelty because no matter what the agony, the narrative brings catharsis. Sometimes. Also:

> To understand poetry we must be capable of donning the child's soul like a magic cloak and of forsaking man's wisdom for the child's.[13]

Not able to help anyone, Tsores dreams of helping an animal, of assisting a dog with the birth of its puppies. It is, alas for Tsores, only a dream. For even the dog he is lucky to befriend in his sad reality manages to run away from him in the end. But Tertz endows dreams with extraordinary power. What follows in the text is one of those passages in Sinyavsky's poetry[14] that bring peace, no, *are* peace. Dealing with kenosis in a strange way, the passage is circular—and, needless to say, not well suited for translation—interlocking birth and death. The bitch in labor is terrified. The animal trembles, presses hard against the protector, who mutters soothingly, evoking thereby an eidetic epiphany in which beast and man are saved.

> "Don't be scared! Go ahead, go ahead, work! I am with you." And the puppies fall out and fall out like out of a sack, tied with some sort of string, all wet, naked. With difficulty I remember: "umbilical cord," "scissors." I poke and probe and I begin to cut while she helps with her teeth. She howls and empties herself of the fifth or sixth final bundle. And I think, taking the puppies from my dog: you will see, we will die exactly like this, throw ourselves out of ourselves, trembling and frozen in terror. And the Lord Himself in that moment when we will start scrambling and struggling will give us shelter on the bed saying, "Go ahead, go ahead! Don't be scared! Don't be scared of anything!" And He will pat us on the head . . . on that bed . . .[15]

Notes

1. Silvio Pellico, a playwright and Republican, associated with the Carbonari, was arrested in 1820 and sentenced to death. The death sentence was commuted to ten years of incarceration. Upon return, he wrote a famous book, *Le mie prigioni*, 1832, in which it was clear that he had experienced a religious conversion.

2. In Abram Tertz's *Progulki s Pushkinym* (Paris, 1975), p. 55, as pointed out by Max Hayward in his introduction to the English translation of *Voice from the Chorus* (New York, 1976), p. xxiii.

3. A statement of approach and thereby self-criticism might fit best in the beginning. I do not here separate Sinyavsky from Tertz for two reasons. Sinyavsky and Tertz are one. Nor do I strain for the sake of scholarly objectivity to step sufficiently far away from either one to make the distinction.

4. *Kroshka Tsores*, 1980, is dedicated to the memory of E. T. A. Hoffmann. It echoes the tale *Klein Zaches, genannt Zinnober*. Tertz's Russian-Jewish title spells trouble for a translator, as noun-names when imbued with paradoxality resist transfer. Dwarf Trouble? Tiny Disaster? Little Tsores?

5. Barry Rubin's translation, *The New York Times*, 18 November 1978.

6. The predicament of today's homo sapiens has been sorrowfully and brilliantly explored by Barrington Moore, Jr. in *Reflections on the Causes of Human Misery* (chap. 4, "On Heresy, Intellectual Freedom and Scholarship") (Boston, 1973), pp. 78-104.

7. Johan Huizinga, *Homo Ludens: A Study of the Play-Element in Culture* (Boston, 1955), p. 186.

8. Introduction to *Princess Brambilla,* 1820, E. T. A. Hoffmann, works in 15 volumes (Weimar, 1923), vol. 3, p. 263. (Translations of the German texts are mine.)

9. Walther Haricht, Nachwort, ibid., p. 1.

10. *Klein Zaches, genannt Zinnober,* ibid., p. 248.

11. "Anekdot v anekdote," *Syntaksis,* 1, 1978, p. 79.

12. Abram Tertz, *Kroshka Tsores* (Paris, 1980), pp. 54-55.

13. Huizinga, p. 186.

14. This passage is reminiscent of the one in which Sinyavsky while serving his sentence remembers Rembrandt's prodigal son. In interpreting the painting, he finds profound, luminous, permanent words for it. *Golos iz khora* (London, 1973), pp. 102-3.

15. *Kroshka Tsores,* pp. 59-60.

GALICH IN EMIGRATION

Gerald Stanton Smith

I am sure that everyone at this conference who knew Sasha Galich feels his absence very keenly, and before saying anything else I would like to take this opportunity of saluting his memory and saying how much he is missed. If only he had been spared the idiotic and tragic death that came to him in December 1977.

In order to provide a case study of how specific and complex are the issues we have been discussing, I am going to give a brief review of Galich's career as a writer before looking in particular at the emigre phase of it. The "emigre Galich" is actually the fourth stage in a creative career that has no precise equivalents among modern Russian writers, especially among poets. Galich made his debut as a poet in 1935 on the pages of *Komsomol'skaia pravda,* when he was still in his mid-teens. Soon after, however, he stopped writing poetry for a period of time, and trained as an actor, being one of Stanislavsky's last pupils. Galich spent the war as an actor and entertainer for the troops. The first phase of his life was thus spent as a performer rather than as a writer.

The second phase began at the end of the war and lasted for about twenty years. During this time, Galich was a Soviet playwright and film scriptwriter, and a very successful one indeed. It is this that helps to make him a unique figure. During his career as an orthodox Soviet writer he was exactly that, and he wrote nothing of any lasting artistic value. His work consists of about a dozen plays (some of them co-authored) and about the same number of film scripts. We know several examples of Soviet authors in good standing who became dissidents and eventually emigres: Maximov, apart from present company; but I think I am right in saying that their orthodox work is not as completely worthless as Galich's. Just try reading *Taimyr Calling (Vas vyzyvaet Taimyr),* the vaudeville that made his name in 1948; or, if that seems to you a witty and polished piece of work compared with the average run of Soviet plays of 1948 (has anyone ever seen any others?), try the last play of Galich's to be staged in the USSR, a drama in verse called *The Ship is Called Eaglet (Parokhod zovut "Orlenok"),* which Galich cooked up for the fortieth anniversary of the Komsomol in 1958.

Works like these earned Galich a considerable amount of money, a comfortable home, and reassuring prospects for the future, and "transportable" status: he visited capitalist countries several times on official business. Even the play that led to Galich's clash with the literary authorities, *Matrosskaia tishina* (the title is the name of a Moscow street) is artistically worthless; it was begun in 1946, shelved, finished in about 1956, accepted by the Sovremennik Theater for their opening season in 1957, and then banned after being allowed to go right up to the dress rehearsal. It was after the disaster of *Matrosskaia tishina* that Galich, in his own words, began to look for some other way of "burning the hearts" of his countrymen; and as we all know, he found it (and himself) in the song.

Song writing constitutes the third phase of Galich's creative life. It began in 1962 with *Lenochka*, the first in a series of songs that in the course of a decade made Galich lose everything he had accumulated as a Soviet writer, and made him immortal as a Russian satirist. He chose the song as his medium partly because he knew that through the tape recorder he could bypass all the mechanisms of censorship; and he knew that song has, in Russia as everywhere else, a much wider audience than poetry. Of the three great poets to use *magnitizdat* (tape recorder publishing), Galich is the only one whose work has remained completely underground; Okudzhava has survived in Russia, Vysotsky's work occupies a peculiar semi-official and semi-underground position. The greatest tribute to the power of Galich's songs was that they made him into a total pariah. Absolutely none of Galich's satirical songs has ever been or ever will be published in Soviet Russia. Galich, therefore, changed from privileged official writer into persecuted underground one.

There is no doubt that Galich deliberately and consciously followed this path. It was inevitable from 1969 on that he would be cast out. In that year he appeared at the "Festival of Bards" in Akademgorodok and received his greatest public accolade; he also refused to condemn and disown the publication of a book of his songs by Posev.

The 1969 collection, simply called *Songs (Pesni)*, contains only just over forty pieces, but they are enough to put Galich among the greatest Russian satirists: they include *Clouds (Oblaka)*, *The Mistake (Oshibka)*, *The Ballad of Surplus Value (Ballada o pribavochnoi stoimosti)*, *The Red Triangle (Krasnyi treugol'nik)*, *The Hospital Gypsy Song (Bol'nichnaia tsyganochka)*; the book opens with *The Goldminers' Waltz (Staratel'skii val'sok)* and closes with *We're No Worse than Horace (My ne khuzhe Goratsiia)*; no more need be said. But this book, and the bigger collection that followed it from Posev in 1972, *Generation of the Accursed (Pokolenie obrechennykh)*, are in a real sense only documentation; Galich's songs exist not as words on pages published in Germany, but as words sung by the author and recorded on thousands of reels of tape that are handed from hand to hand in Russia. Nobody will ever know the numbers of *magnitizdat* tapes that have circulated in Russia, but they probably outnumber the samizdat written documents by many times. I think everyone would agree with Andrei Sinyavsky's well-known statement in 1974 that the most vital form of Russian literature is the anecdote; the song runs a close second, its popularity reflecting the fact that it is an oral medium and not a written one.

Galich was expelled from the Union of Writers, the Union of Cinematographers, and the Litfond in December 1971. From then until his emigration in June 1974 there was an addendum to the third phase of his career: during this time he was a more active force in literary circles than ever before, but as an internal emigre. He continued to live in central Moscow, and he continued to write. What he wrote at the time occupies a peculiar status somewhere between internal dissident literature and emigre literature: it was conceived in the knowledge that his time in Russia was strictly limited. He wrote the autobiographical prose work *The Dress Rehearsal (General'naia repetitsiia),* which disclosed everything he was prepared to admit publicly about his career as a Soviet writer, and focused on the banning of his play *Matrosskaia tishina.* But he also wrote some poetry, and part of this poetry is (I think) unique in Russian literature. I mean the cycle *An Attempt at Nostalgia,* in which Galich tried to come to terms with and exorcise the emotional trauma of leaving his country before he actually left it. (Do these poems belong to emigre Russian literature?) *An Attempt at Nostalgia (Opyt nostal'gii)* includes a few poems that match in satirical force the best songs of the 1960s; for example, they include one of Galich's masterpieces, *The Shitometer (Govnomer),* his unforgettable metaphor expressing the function of the Russian writer as the instrument that measures how deep the level of the shit is. But this poem, alas, is not typical of Galich's work after 1972; more characteristic are the poems that reflect a change of mind and heart on the part of the author, the spiritual peace he had attained as a result of becoming an honest dissident.

The fourth phase, the actual emigre phase when Galich was physically outside Russia, began in the summer of 1974 and was cut short by his premature death in December 1977. When Galich was first in the West, he spoke with great confidence about his creative plans. He said that for a writer as old as he was (he was 55 when he left) there was no threat to his grasp of the language and that he had "amassed and worked on so much over the years, that I hope God gives me strength to finish writing everything I began writing or intended to write in the Soviet Union." This was no exaggeration. I think it is true to say that Galich had been a professional Soviet writer longer than any other emigre. He freely used Gippius's phrase about being "sent forth, not sent away" and spoke of himself as an emigre Russian writer in the following terms:

We come here not as emigres, not as exiles, but as plenipotentiary representatives or envoys of Russian culture.

As an emigre, Galich was mainly absorbed by his job at Radio Liberty, which took a good deal of time and energy away from his own creative work. But we should remember that as a broadcaster from Western Europe he regularly reached a much bigger audience in Russia than he ever had while he was there. And he did find time as well for a strenuous international program of concert tours. His audiences consisted almost entirely of his fellow emigres. One of the ambitions he spoke about most often was his dream of reaching beyond this audience into the non-Russian speaking population. He was convinced that he could do this; he used the common technique of having a translator read the text before he sang it. I saw this procedure several times, and I am sure that most non-Russians would agree with me that it did not work; it destroyed the spontaneity of Galich's performance, the direct interplay between singer and audience, that was one of the most remarkable things about his concerts given to Russian audiences. The technique can work with spoken poetry, but with song there is too much of a contrast between the spoken translation and the original song with its melody in the author's performance. Whether given time Galich would have been able to overcome this barrier is something we will never know for certain, but it seems to me that it would have been unlikely.

In emigration Galich also wrote his first substantial piece of prose fiction, a comic story about Odessa underworld life called *The Flea Market (Bloshinnyi rynok);* it was published posthumously in *Vremia i my,* and apparently never finished. He also recorded an album of songs in Norway; it is the only studio recording he ever made, and its high technical quality only emphasizes the drop in artistic quality compared with the rough-and-ready clandestine *magnitizdat* recordings made in Moscow. It includes vulgarities like sound effects, and the addition of extra musicians and arrangements only points up how effective and efficient the solo guitar is in Galich's own hands.

Galich collected his poetry and songs since 1972 into a book called *When I Return (Kogda ia vernus'),* whose title is made even more ironic by the fact that the book appeared posthumously. It contains about forty poems, divided into five cycles. Most of them were written before he left Russia, and only one cycle is actually about Galich's experience as an emigre; it is called *The Wild West,* and is the only attempt Galich made to use the non-Soviet world as a subject for his artistic work. I think it not very impressive. The reason for its relative weakness is not difficult to define.

Galich was indisputably great as the author of satirical songs about the Soviet reality he saw around him and of which he had been a part for many, many years. He succeeded, perhaps better than any other Russian poet, in using the language of the street for high artistic purposes. And he created an unsurpassably broad and rich gallery of characters whose verisimilitude and typicality make nonsense of Soviet Socialist Realism. But what gave

121

his vision its power was the individual psyche of the author; strictly speaking, it was his conscience. This was the guilty conscience, allied with a powerful dose of self-contempt, of a man who for years had served the system as a Soviet writer; his satirical songs of the 1960s were essentially an expiation of this guilt. Galich sang about those who had suffered from the moral position of one who had not. This position caused him real anguish.

Galich's anguish is, I think, a phenomenon without parallel among dissident Russian writers. It lies at the opposite extreme of the spectrum from the cynicism of Shostakovich, which we learned about from his memoirs. Galich was not a believer in "inner freedom" ("secret freedom") and he was not a dissembler. His character was perhaps essentially that of an actor, but he suffered when he was playing more than one role at the same time. In the 1960s, up to the time he was outlawed, he was living a double life, and his awareness of this sharpened his satire. After he was outlawed, he was no longer living a double life, but was at last numbered among those who had truly suffered. At about the same time, in 1972, he was accepted into the Orthodox Church, and this move too strengthened his spiritual peace. But the move away from a double life, on the one hand writing and performing underground songs, and on the other continuing to be a member of the Union of Writers and the Litfond, seems to have cost Galich's creative talent dear. For it has to be admitted that when Galich abandoned satire (in *When I Return*), or tried to turn satire against something other than the Soviet Union (in *The Wild West* [*Dikii zapad*]), he lost his vital spark. Where the songs of the 1960s are particular, concrete, full of maximally condensed images that together evoke an entire society, the non-satirical work is flaccid, vague, and even sentimental. It is significant that the only concrete image in the nine poems that make up *The Wild West* concerns a figure of Soviet origin: a Crimean Tartar strolling down the rue Rivoli reading *Izvestiia*.

Carl Proffer recently wrote and spoke of a progression in the careers of talented Soviet writers from orthodoxy to dissidence, passing several stages on the way. In the case of Galich, there is no real progression; he switched fairly abruptly into dissidence and in doing so switched genres, from serious plays to satirical songs. When he became an emigre, first internal and then external, he wrote fewer and fewer songs, more and more spoken poems, and then prose and memoirs. One paradoxical thing about Galich's creative life is that as an emigre he was able to make a more widespread and intense impact on his native audience than he could while he was still in Russia. His songs were broadcast in his own performance and under his supervision, and they reached their audience in their authentic guise: as spoken words in the air rather than words read from a page intended to be read silently by an individual reader. But his work in the song belonged to the past; and when he left Russia, becoming a writer whose outcast position was consistent with his dissident attitudes, the consequent spiritual peace and clear conscience seem to have had a blighting effect on his creative personality.

In the case of Galich, then, I think we must say that not emigration abroad, not internal emigration, but the strictly speaking dishonest position of the dissembler inside the system, was what produced his most lasting work. His wrestling with his conscience bore creative fruit, but when the conscience was at peace, the fruit dried up.

Vasily Aksyonov

АКСЕНОВ О СЕБЕ

Шесть лет назад мы с мамой (мы были тогда в поездке по Франции, это был ее первый и единственный выезд за границу), посетили одного великого художника, давно покинувшего родину, Россию. Ему сейчас около ста лет, так я предполагаю. А тогда был значит моложе на шесть лет, т.е. примерно 90. И вот он нам рассказал забавнейшую историю. Он говорит: ,,Когда я был несколько лет назад в Москве, она меня спросила: ,Почему Вы покинули свою родину?' Я ей ответил..." ,,Простите, кто это она? — спросил я художника. — Уж не Степанида ли Власьевна?" Оказалось, что Фурцева, министр культуры. ,,Я ей тогда сказал, — продолжал он. — Я покинул родину, потому что искал краску. Мне нужна была краска, которую я не мог найти на своей родине". Потом он как-то наклонился к нам и шепотом, хотя, вроде, опасаться нечего было, это было в Провансе, в его доме, пробормотал: ,,Но я ей не сказал, что краска — это свобода". Сначала я хотел уточнить, что он имеет в виду под этим, но потом решил, что, может быть, даже лучше, если метафора останется нерасшифрованной. То ли найденная за границей краска дала художнику нужную для его живописи свободу, то ли свобода в метафорическом смысле дала художнику необходимые ему краски. И тот, и другой варинт в равной степени фантастичны. Двустороннее движение между духом и материей. Сейчас каждый из нас в эмиграции задает себе вопрос: где мои краски сейчас и где моя свобода, что потерял и что нашел, если вообще что-нибудь потерял и что-нибудь нашел, оказавшись за пределами родины с очень маленькими шансами на возвращение.

Мы появились на свет Божий, во всяком случае, писатели моего поколения, те, кто принадлежал к так называемым "new voices of Russia" в 30-е годы, золотые 30-е годы, заря фашизма. Мы появились в 30-е годы, в разгаре мировой и российской несвободы. Мы должны были стать образцовыми рабами, но результат оказался противоположным, и мы вошли в литературу в начале 60-х годов или в конце 50-х годов уже с каким-то смутным ощущением, смутной жаждой свободы. В конце концов, именно сама по себе тотальная несвобода виновата в том, что мы пришли к ее полному отрицанию. Может быть, мы очень долгое время шли на компромисс и достигали какого-то компромисса. В конце концов, развитие шло так, что мы натренировали свою руку и сделали ее оружием литературной, и не только литературной борьбы. Борьба шла с самого начала, в принципе. И мы все время себя ощущали какими-то борцами, понимаете ли. Я помню, как писал, глядя на венецианского льва с его книгой и обращаясь к читателю: ,,Он к чтению вас (т.е. он, этот лев), мой друг, расположит лицом. К писанию меня расположит когтями".

Однако является ли сейчас, я задаю себе вопрос, да и раньше, по сути дела, я задавал себе этот вопрос, является ли полное отрицание несвободы... полной свободой, — не уподобимся ли мы в своей постоянной и утомительной борьбе бедняге Маяковскому, одураченному интеллектуалами-коммунистами 20-х годов. Помните, он писал: ,,Теперь для меня неважная честь, что чудные рифмы рожу я... (как-то там). Мне важно сейчас побольнее уесть, уесть покрупнее буржуя". Такие были стихи. Поистине, жалкая судьба у этого гениального поэта. Даже в этом четверостишии он родил эту чудную рифму, потому что ,,рожу я — буржуя" — это очень замечательно, по-моему, звучит. Но тем не менее, он тут же подставил свою шею под это антибуржуазное ярмо, так же, впрочем, как и многие поэты и гениальные деятели русского авангарда пришли в 17-м году и заявили, что готовы служить. Произошло трагическое недоразумение, хронологическое совпадение революции в искусстве и в обществе.

Когда я писал ,,Ожог", я часто разговаривал со своей рукой, наподобие старика из романа Хемингуэя ,,Старик и море". Я говорил все время своей руке: ,,Ты, рука, принадлежишь свободному человеку. Ты, рука, не должна останавливаться там, где тебе приказывают остановиться советские табу. Ты, рука, должна доказать им..." И вот тут я сам себя хватал за руку. ,,Остановись, — говорил я себе, — ты ничего не должен доказывать этой швали". Противоборствуя в условиях тоталитарной несвободы, писатель часто развивается в романтического такого борца. Он постоянно старается что-то доказать и не только своему читателю, он старается доказать что-то ,,им". В конце концов, он бросает ,,им" вызов. Однако, превращаясь в романтического борца, он рискует стать занудой, он рискует потерять свою партитуру и свой квадрат для импровизации. Дерзко работая посреди всеобщего свинства наглядно-массовой агитации, он рискует потерять своего благородного читателя и вместо этого адресовать свою прозу (как мы всегда смеялись, ,,прозу гнева и печали", хорошо еще, что хватало юмора) всяким альбертам беляевым — феликсам кузнецовым. И он может потерять свою чудную рифму и магию прозы и задвинуться на желании ,,уесть", вместо ,,буржуя" какого-нибудь партхолуя.

Говоря это, я никого не отговариваю от борьбы. Напротив, уверен в ее неизбежности и даже необходимости. Подчеркиваю лишь только опасности, подстерегающие писателя. Одна из этих опасностей сродни звуковому барьеру при реактивном полете. Оглушительная тишина, возникающая после эмиграции. Сциллы и харибды остались за кормой, борьба как бы окончена. Вы вдруг ощущаете нечто вроде своей неполной нужности или полной ненужности. Вполне можно растеряться, перо может затупиться мгновенно, вы можете его бросить. Из затравленного медведя вы превращаетесь в резидента штата Калифорния или республики Франция. Но можно однако, немножко напрягшись, осознать, что вот эта неполная нужность — это нечто новое, новое западное состояние. Западное состояние литератора, западное состояние писателя. И можно представить себе, что это новое отношение к литературе, может, является именно другой свободой, не той полной свободой, которую мы в конце концов выработали у себя на родине, но другой, ненасильственной свободой. Она, эта свобода, является совсем другой, чем ваша дерзкая и задавленная, но сопротивляющаяся, вот именно как медведь, свобода. Так или иначе, перед вами появляется соблазн того, чего всегда не хватало русской литературе, отсутствие чего делало ее часто каким-то натужным и не всегда вполне здоровым делом, снабжало ее тем, что мы называем „звериной серьезностью". И перед вами появляется соблазн и мираж неангажированности впервые в вашей жизни. Может быть, попробуем эту новую краску, если, конечно, еще осталось немного холста.

Теперь коснемся вопроса о наших старых красках, которыми мы уже привыкли малевать пару десятилетий. Неужели мы такой болван, что растеряли все накопленное за столь долгий срок при элементарном для каждого несоветского человека переезде из одной страны в другую? Неужели таможенники в Шереметьево все растаскали, неужели нам, такому хитрецу, не хватит ума все накопленные краски как-то протащить под кожей? Чтобы растерять писательский багаж, надо быть не писателем, а деревенской бабой.

Конечно, что-то вывалится по дороге, что-то вы потеряете, но перед вами открывается новая жизнь, новая страна, и каждый день эта новая жизнь и новая страна дают вам новые краски, дают новые возможности. Какие-то уже появляются некоторые даже фокусы и с языком в чужой среде. Вот, например, вас спрашивают, как у вас английский... Вчера меня спросили. Я говорю: „Через пень-колоду", а мне говорят: "Cherries and pina colada, not bad." Конечно, мне не хватает моих родных советских бичей, которым я столь обязан в своих языковых шалостях. Но я выхожу на Санта Моника beach и вижу американских бичей, довольно красивых тоже. Один спит, вернее, лежит не песке, и над ним парит его собственность, ярчайший воздушный змей. Открывает глаза и говорит: "Buddy, can you spare some change for a cup of coffee?" И я тогда ... улетаю в свою юность, в Ленинград..., когда я в первый раз услышал песню "Buddy,

Can You Spare a Dime" — это классика такая джазовая, и можно подумать хотя бы об уровне инфляции в этой стране. Предположим, вы погружаетесь по уши в „оушен" и предаетесь воспоминаниям, и если у вас вертится в памяти слово „большевик", то вы можете отпарировать словом "bullshitvik."

Будет у вас успех в этой стране или не будет, это неважно. Во всяком случае, никто вам не помешает, вспомнив тоже одну из классик, песенку "Be young at heart", ее немножко переделать и сказать самому себе: "Be 'стар' at heart", т.е. возникают некоторые странные новые возможности, но самое главное это то, что осталось за спиной. Юрий Трифонов сказал однажды... Я не знаю, напечатал он это или нет, в письме ко мне он однажды написал: „Старые раны — вот наши тайные драгоценности". Этот клад нельзя отобрать у писателя, даже если его забросить на луну. Писатель, конечно, занимается странным делом, я совершенно согласен с Эдвардом Олби. Помню, Георгий Владимов тоже как-то говорил, что нет более странного, немного даже с приветом, дела: человек садится перед пустым листом бумаги и начинает покрывать его знаками...

Что с нами происходит здесь? Свобода для нас не новость, мы добились ее уже и на родине. Она была нашим достоянием и нашим, в общем-то, оружием. Мы не были рабами и на родине. Теперь мы встретились с новой свободой. Естественно, и в палитре нашей произошли некоторые изменения. Выбирать нам не приходится, у нас такая судьба. Вообще, судьба современной русской литературы совершила абсолютно непредвиденный поворот. Кто бы мог вот предсказать нынешнюю конференцию в 1962 году на пленуме по молодой литературе в Союзе писателей, в московском отделении? Здесь есть, кстати, участники, вот и Володя Войнович, Толя Гладилин, кто-то, может быть, и еще. Мы помним, как тогда нам пели „осанну" и как кричали, что мы будущее этой страны. И все-таки, несмотря на учиненное над нами насилие и на горечь изгнания, я благодарен судьбе за этот поворот. И не только потому, что он помог русской литературе лучше осознать себя, но и потому, что он осветил оставшуюся часть горизонта каким-то новым светом.

Смешно притворяться снова молодым, я не хочу новой литературной жизни, но я надеюсь, что моя старая литературная жизнь, оставаясь по-прежнему в библиотеке России, вольется и в культуру этой новой, все еще щедрой и гостеприимной страны. В принципе, современная русская культурная эмиграция может дать совершенно неожиданный эффект, разрушить изоляцию русской культуры, которую насаждают марксистские дьячки в Советском Союзе. Будем ли мы поняты Западом? Вопрос в достаточной мере риторический, как мне кажется. Я думаю, что мы уже поняты Западом, т.е. теми людьми на Западе, которые хотят понять нас, о других людях разговор другой.

Вот я вспомнил сейчас, и на этом закончу, один эпизод в 1977 году, т.е. три там с чем-то года назад... я участвовал, будучи еще советским писателем, в дискуссии в Евангелической академии в Западном Берлине. Там был круглый стол, вокруг сидели писатели, в основном, молодые писатели, ну так лет 30-35, писатели западноберлинские, и я был единственный советский и чувствовал себя не очень-то хорошо во враждебном марксистском окружении. Один писатель западноберлинский, такой молодой с горящими глазами, стал говорить о том, как должен себя вести писатель в капиталистическом обществе и в социалистическом обществе. Он сказал, в капиталистическом обществе писатель должен критиковать свое правительство, в социалистическом обществе писатель не имеет права критиковать свое правительство, потому что это общество самое передовое, и он может нанести ущерб этому передовому обществу. Сказав это, он посмотрел на меня, как на единственного товарища из Советского Союза, дескать, как в песне поется: ,,Давай, геноссе!" Я ему сказал тогда, помню, что-то в таком духе, что отношения с правительством — далеко не самое важное для писателя, и вызвал этим какое-то странное удивление вообще всех присутствующих, а он был даже возмущен, этот парень.

Надо сказать, что в этой Евангелической академии слово Бог было произнесено один только раз и то мною, ,,геноссе из СССР". А они в основном говорили об ,,измах", и я замечал, что они увядают, когда начинаешь говорить, предположим, о женщинах — им не интересно. Когда говоришь ,,троцкизм", у них сразу ушки на макушке — им это интересно, любой ,,изм" уже сразу О.К.! Я сказал, что писатель в течение своей жизни должен выяснить, вернее, попытаться выяснить, очень много разных соотношений, сделать очень много разных попыток в этом направлении. Каких соотношений, каких попыток? Соотношений, ну, скажем, с деревьями, предположим, с животными, с ландшафтом, свое расположение в человеческой среде, в толпе и в одиночестве, там... соотношение с женщинами, с друзьями, с Богом... и при этом слове мой собеседник передернулся. Различные философские, эстетические, религиозные системы, техника, спорт, автомобили, т.е. масса всего, и в этом только числе, в ряду других, соотношение с правительством. В том смысле, что — Господи, есть еще и правительство!..

Он мне тогда закричал, этот парень : ,,Я вижу, вы потенциальный диссидент!" И прямо палец так направил. Я сказал: ,,Надеюсь. Надеюсь, что я потенциальный диссидент". Он говорит: ,,Вы ничего не понимаете в пролетарском искусстве, в борьбе, отстали от всего нового". И ушел, так разозлился, что ушел, хлопнул дверью и вышел... я видел, там это все близко очень... он сел за руль шикарного

„Феррари" и уехал. Потом мне сказали, что это дико богатый человек, из какой-то очень богатой семьи. Я вслед ему сказал, этому богатому дураку, какую-то экспрессию на языке пролетарской диктатуры, но он не понял, и я очень жалел, что он не понял, но сейчас не жалею, потому что Запад приучил меня к толерантности. Спасибо.

ВОПРОСЫ К ВЫСТУПЛЕНИЮ АКСЕНОВА

Из публики: В вашем творчестве было по крайней мере одно изменение. От ваших хрустально-чистых рассказов вначале, вы, как мне кажется, хотя я не специалист, перешли к чему-то близкому к символизму. Чем вы объясняете это? Тем ли, что большой мир изменился вокруг вас, или, может быть, маленький мир вас окружающий изменился, или что-то внутри вас произошло, что привело к этому изменению?

Аксенов: Не очень понимаю, что вы имеете в виду, говоря о хрустально-чистых рассказах. По-моему, нет такого греха за мной, никогда такого не писал. Но этот момент, перелом, действительно был. Я бы сказал, что в общем-то повлияла развивающаяся действительность вокруг, конечно, и когда я пришел к сатире, то я подумал, что лучший способ как-то сатирически отражать действительность. Я начал писать так спонтанно, потом уже сам себе пытался объяснить, но я никогда не грешил символизмом, как мне кажется. Я всегда стараюсь танцевать от печки, от реальности, это для меня очень важно — реальность. Только потом я ищу какой-то способ подняться над реальностью, т.е. совершить некую спираль,.. спирально подняться над реальностью... Для меня абсурд — это не попытка абсурдировать действительность, а наоборот, попытка с помощью абсурда гармонизировать действительность, которую я описываю.

THE PRAGUE WINTER: TWO NOVELS BY AKSYONOV

Ellendea Proffer

I have called this paper "The Prague Winter": I might just as easily have titled it "The Years Between the Tanks." Aksyonov has always attracted attention for his colloquial style, his sure touch with the lyric and the personal, but in his last two novels a political event lies at the heart of the narrative, serving as both catalyst and subject.

From the start of his career Aksyonov has consciously identified himself with his generation. The Khrushchev era, the time between Hungary and the invasion of Czechoslovakia, provided this generation with a breathing period, which they took to be a permanent state of affairs. They had hopes and illusions, ones of great force and charm: the truth could be told; a new Russia was rising from the ashes of the Stalinist past; the new generation, unlike the old, would never allow a return to the horrors of the past. Despite a number of unpleasant warning signs—trials, Khrushchev's fall—this generation of the intelligentsia was completely unprepared for the invasion of Czechoslovakia in 1968. After the Prague summer came the Prague winter, the time of reevaluation of beliefs, the time of disillusionment and despair. This is the gestation period of *The Burn (Ozhog),* which is dated "late sixties early seventies"; this is the period which colors the fantastical *Crimea Island (Ostrov Krym).*

Certain eras seem to specialize in corrosive irony, a stylistic equivalent to disenchantment, moral dryness and skepticism. Such was the literature of Restoration England, of France and Germany in the 1930s—and, most apposite here, that of America of the late 1960s and early 1970s, the literature colored by the Vietnam war. The American writer who has the most in common with the Aksyonov of these novels is Thomas Pynchon, a writer completely unknown to the Soviet public, because of the sexual and political content of his work. Like Aksyonov, he is a favorite of the young and the technologically initiated. Pynchon's is the literature of disintegration and paranoia, characterized by brilliant verbal parody, musical composition and grief at the loss of innocence and destruction of hope to be found in the modern world. Just as Aksyonov has always been fascinated by man's peculiar relations to his machinery, Pynchon is obsessed with the role of technology and the tragedy which ensues when it is applied without a spiritual component. In *The Burn,* as in Pynchon's main novel, *Gravity's Rainbow,* we find encyclopedic fictions, filled with lists, hard facts about a

131

given society, parodies of songs and a range of characters from the leaders of a country down to street cleaners. In both novels, the authors are motivated by anger at a political event, the Vietnam war for Pynchon, the invasion of Czechoslovakia for Aksyonov. And both have produced epic works. (As the critics Genis and Vail have written, *The Burn* deserves to be called the first epic of the Soviet period, since the other candidates, such as *Quiet Flows the Don* [*Tikhii Don*] are firmly rooted in the traditions of the nineteenth century.) Of course, there are many ways in which Aksyonov and Pynchon differ, since they are both original within their own literary contexts, but it is interesting to observe a similar development in the literatures of such different cultures. Similar political disillusionment, it seems to me, has produced a similar genre.

Most of Russian literature since the Thaw has been what critics tend to label "realistic." While there was much experimentation in *samizdat* and *tamizdat* during the earlier period, it was just that: experimentation, not something organic. Since the late sixties, however, content has caught up with style: fantasy, surrealism, ambiguity are no longer superimposed on a narrative, they *are* the narrative. Current genres fit the current moods.

In the early sixties, writers were inspired by the masters of the twenties—Zamyatin, Olesha, Bulgakov, Platonov—without making the devices their own. But now, with such authors as Zinoviev, Erofeev, Mamleev, Kormer, Maramzin, Sokolov, and Gladilin, one can see that it is no longer a question of isolated examples, such as Sinyavsky's *The Trial Begins* or Daniel's stories. The main literature very likely will continue to be realistic in style, but the existence of this other trend, whether located in the West, like the writers mentioned above, or in Russia, as Andrei Bitov is, is cause for gladness. One of the features of a healthy literature is diversity, and against all odds, Russian literature has managed to develop this essential variety. The writers of the sixties, brought up on a restrictive diet of gray literature, learned to think for themselves during the brief Thaw, and no one can reverse that process now. Russia is more a part of the world now, not less, and no matter what dire predictions new invasions prompt, there will be new and interesting writers in the future.

Aksyonov's career is exemplary, but the side of his talent which tended to the fantastic, although it was there from the beginning, was not always obvious to the public. In 1965 he wrote the remarkable tale "The Steel Bird" (*Stal'naia ptitsa*), but was unable to get it published in the Soviet Union. This story, written before Czechoslovakia, but after the fall of Khrushchev, has foreshadowings of *The Burn*. A man who is not really a man but a steel bird, gradually intimidates the inhabitants of a Moscow apartment house, becomes a tyrant, but is finally driven out. Significantly, the steel bird does not die, but simply flies away, perhaps one day to return. Instrumental in getting rid of this evil Stalinist henchman type are the four Samopalov brothers, who have the same interests as the heroes of *The*

Burn: one is a writer, one an artist, one a motorcyclist, one a musician.

This is a warning story: Stalin may have died, but there are other men of steel ready to take his place if an ignorant, fearful populace permits it. The steel bird himself is clear in his intentions, often expressed through jazz: "There will be no past," he sings, "there will be no future, and I have already devoured the present."

The path from the hopeful fantasy of "The Steel Bird" to the self-destructive irony of *The Burn* may be traced from "The Shopworn Tare of Barrels" (*Zatovarennaia bochkotara),* to "In Search of a Genre" (*Poiski zhanra)* to "Rendezvous" (*Randevu),* and the coloration darkens gradually from one work to the next. In the earlier works the irony is light-hearted; the distance between author and characters does not diminish the love of the creator for his creations. In "The Shopworn Tare of Barrels" the characters may have to continue their quest for the "good man," but at least they are able to believe in such a person. The characters of *The Burn* and *Crimea Island* can only laugh at such an idea. We find the closest connection to *The Burn* in "Rendezvous." In this story, written in 1969, the superman hero gets to meet his muse, and is damaged by her power. The force of creativity is, in fact, "the burn" of the title, the moment when the creator—artist, scientist, musician or writer—is united with something higher than himself.

The novel *The Burn* is a difficult work combining elements of film, music, and experimental prose. It has an atmosphere of carnival and decay, recalling Fellini's *La Dolce Vita,* including the girl-muse, always just out of reach. Aksyonov employs every device, explores every possibility of his style in this work, ranging from the jazz variations on a single theme, a Robbe-Grillet style retelling of essentially the same material, to very funny evocations of the debased language of official Russia, and the earthy curses of the common people who inhabit the novel's beer joint. This is conditional fiction: events may or may not have happened, the five heroes may be one or may be separate. The feverish climate of the novel, as well as certain technical features, bring to mind a classic often unread in Soviet Russia, Bely's *Petersburg,* another novel about the aftermath. The year 1905, and its abortive revolution, have a great deal to do with these novels. Aksyonov wrote a book about Leonid Krasin, *Love of Electricity (Liubov' k elektrichestvu),* set during the 1905 revolution, and explained his reasons for choosing this period in an official interview which he gave before he left Russia: "I was interested in the 1905 revoution," he said, "and in the fate of the intelligentsia which provoked it, conducted it, and itself suffered from it more than anyone else." As these two novels make clear, his meaning was not that which Soviet censorship read into these remarks. *The Burn* and *Crimea Island* are, in a sense, a two-part argument on the subject of the sins and expiations of the Russian intelligentsia, the intelligentsia which created the monster and was then devoured by it.

In *The Burn* the five heroes who share the same patronymic (Apollonarievich; compare Bely's Apollon Apollonovich) seem to wake up one day and find that the sixties have gone, and there is, as one of them notices, "a frightening newness to life," new people where old acquaintances should be, new ideas and moods in the air of intellectual Moscow. These creative Apollonarieviches are now almost laughable from the viewpoint of their peers; they are still chattering the same things that they did earlier in the sixties, at a time when everyone else has stopped. These heroes are not always admirable; they are somewhat coopted by the system, attracted by the glamor of power, spoiled by their fame—Aksyonov seems to be satirizing the image of the young prose writer V. Aksyonov as well as all of his friends. Nevertheless, they are genuine artists for whom the "burn" of creativity is the supreme good; no matter how they try to escape into their work, they are alienated enough from their society that they see clearly. The ideals of their youth have been betrayed for a new car, some caviar, some Johnny Walker Black.

But the heroes are still hopeful: they search for salvation among the people, only to find cruel ironies everywhere. In the section called the "Men's Club" (a beer joint) we are shown the real people, who demonstrate horrifying simplicity and crudity in their attitudes. In the countryside one hero thinks he has found the answer in an old hermit-prophet who turns out to be a mad former GPU tyrant. The Steel Bird as a metaphor is transformed in this novel into a sculpture of the dinosaur done by one of the heroes. The sculpture's title is "Submissiveness" (*Smirenie),* and the dinosaur has the face of a Ryazan peasant. This dinosaur seems submissive and good-hearted, but it will destroy everything in its path nonetheless. The dinosaur is the ultimate destination of all art and science, no matter how humanistic its creators.

This change in the central metaphor reflects the change in the author's attitude: in "The Steel Bird" ordinary people are not really implicated in the doings of the tyrant; they are merely victims whose only crime is consenting to do nothing. In *The Burn* the dinosaur *is* the people, at least as they exist now, and its acts are the embodiment of the will of the people.

In his five heroes Aksyonov is underlining the fact that these are the creators of a specific generation, similar in their essential beliefs. While it is true than an experimental section near the start of the novel may make one think they are all one person, there are ample clues in the text that they are not. Nevertheless, they share one emblematic childhood, the childhood of an artist, an outsider at an early age. Tolya von Steinbock, the would-be model Soviet Stalinist teenager, has his world inverted when he is sent to stay with his mother in Magadan, where she has recently been released from a camp. Interspersed with the lives of the adult artists are scenes from this harrowing coming-of-age, as the boy Tolya begins to understand what Magadan is. There are haunting descriptions of the surreal life of

Magadan, the cruelty the boy witnesses, the harsh lessons he learns. Unlike the adult sections, these have no fantasy, perhaps because reality itself was so fantastic. Tolya von Steinbock's past and present are so different that one can hardly imagine how he adapted. The grown-up Tolya is a famous artist-scientist-musician-writer: he has everything he needs with the exception of the guarantee that what happened to his parents will never happen again.

How can the heroes both love and despise their country? How can they continue as a part of something they wish to have no part of? They are outside their society only to the degree that any artist is, and simultaneously they long to be part of the flock, part of the collective soul of their country. As Nadezhda Mandelstam remembered the thirties, her contemporaries were unable to overcome their desire to be with the majority, right or wrong. But the heroes of *The Burn* are unable to emigrate, unable to suspend their critical reasoning, unable to love what they hate: they are caught in the trap of history. Once they had assumed the problem was Stalin; now they see, as the book says, "the heart of Russia beats under the armor of the tank," and that even without its head, the dinosaur will still function at least until it ends in inexplicable extinction.

The characters are ready to suffer with the people, expiate the sins of the intelligentsia—but the people rejects their help. One hero is driven to ask, "Am I worthy of my motherland? But is my motherland worthy of me?" Finally these unwillingly superfluous men melt away, defeated in their quest. When the hero finally gets his chance to see the sadist from Magadan die, he cannot do it; but neither can he forgive him as a Christian should; his anger is too great. Perhaps there are some crimes which should not be forgiven.

The Burn is a farewell to many things, to the sixties, to fond hopes and illusions, and to the idea that the alternate culture of Russia can affect the movements of the dinosaur. Aksyonov does not see the answer in the West; in his eyes the West is in danger itself from the weight of its own illusions and defects.

In *Crimea Island* the alternate culture of *The Burn* becomes an entire country, the mythical but very vividly described Crimea Island, as if the Crimea were no longer a peninsula, no longer Soviet, but rather a stronghold of the descendants of Wrangel's army, which held the Crimea against the Bolsheviks. This is a daring and original concept, one which provides Aksyonov with a true test of his imagination. A free trade center like Hong Kong or Taiwan, Crimea Island is everything mainland Russia is not: free, teeming with variety, hundreds of political groups, and material prosperity. But as in East and West Germany, on Crimea Island there is a faction desiring unification which the hero, or rather anti-hero, of the novel heads. In the charming description of this non-existent culture Aksyonov is describing something close to Utopia, a Utopia which is then destroyed by the hero and his friends, thrown away—into the jaws of the dinosaur.

A man of one idea, a man who sacrifices almost everyone he loves, the hero finally gets his wish, at great cost to his country. His reasoning is a tortured variation on what is found in *The Burn:* the Russian intelligentsia let the genie out of the bottle, caused the Revolution, then let its people suffer. It is the duty of the intelligentsia, particularly the free intelligentsia, to accept responsibility for this, rejoin the main culture, and soften as much as possible the existing regime. This suicidal plan ends with the Crimea Island voluntarily offering to join the Soviet Union. But the dinosaur, unable to deal with self-sacrifice, sends an invasion force anyway.

The form of this novel is utterly different from that of *The Burn.* A blend of James Bond and Adam Smith, the narrative has the drive of a thriller and the fascination of a fairy tale. There is sex, violence, much satire, especially on Russians, both abroad and at home. Estrangement is always a feature of Aksyonov's work, but here he has a hero who is literally a stranger to Russia, although he speaks the language. Luchnikov's visit to Moscow, and the catalogue of Western things he must bring with him for his Russian friends and himself, is both funny and sad. This list, like the references to foreign things which are scattered throughout both these novels, has a significance which may not at first be apparent. Objects always have other dimensions; they are our attitudes, our histories, our hopes for what a thing can provide. In the Soviet world of these novels, foreign things are not merely the badges of the elite; they are loaded with symbolic significance. Beyond the wall, the curtain, the borders, there *is* another world. Cinzano and Black and White are not necessarily superior to vodka, but they do prove the existence of another world. A society tends to value what it lacks, and since Soviet Russia lacks freedom of choice and freedom of consumption, these objects satisfy a well-attested need of the human being for toys, for the inessential—and for hope that things are not the same everywhere.

There is a more important intimation, however. The incessant intrusion of foreign concepts and objects also tends to show that Russia, despite everything, still belongs to the modern world; she hears the songs, reads the books, drinks the drinks that people in Europe do, and in effect is not truly cut off from the daily culture of her continent. *Crimea Island* is the sharpest statement of Aksyonov's Westernizing tendency. He creates the Russia that might have been, that could be—and then destroys it. At the end of the novel the only hope is in the young, who are sailing for Turkey and are spared by the Soviet gunners, who take pity on them. This last is significant, as is the fact that one of the most interesting and sympathetic characters in the novel is a KGB man, Kuzenkov, a high-ranking, more believable Evgraf Zhivago. Like the wonderful scenes of the high party officials in the sauna, Aksyonov's descriptions of Kuzenkov are utterly convincing and never schematic.

These two novels were written in the context of a society which cannot allow the expression of normal anger, and that anger is everywhere in these works, in the language, in the edge to the satire. It is healthy, needed anger, of the sort that is healing in the end. In this, as in his surrealism which is committed to freedom, Aksyonov is essential to the very country which seeks to silence him. As Marcuse once wrote, "Soviet esthetics insists on art while outlawing the transcendence of art. It wants art that is not art and it gets what it asks for."

Aksyonov's art may not be what the Union of Writers wants, but it is what the Union of Russian Readers needs.

Vladimir Voinovich

ВОЙНОВИЧ О СЕБЕ

Я не очень представлял себе, что нужно говорить. Я приготовился рассказать вам свою биографию, когда родился, где учился, чему научился и чему недоучился. К сожалению, на выступление Синявского я опоздал, о чем он говорил, не знаю, а Аксенов сбил меня с толку, ничего не сказав о том, где он родился и где учился. Но я все-таки решил держаться прежнего плана и расскажу вам свою биографию, но не пугайтесь — не всю, а только ту ее часть, которая непосредственно связана с некоторыми событиями в нашей стране, в нашей литературе.

Начну не с очень отдаленного времени, а именно с 1965 года. Я был более или менее благополучным (совсем благополучным я не был никогда) советским писателем, входил в так называемую „обойму", то есть в список писателей, имена которых непременно упоминались чуть ли не всеми критиками, которые писали о достижениях современной литературы.

К тому времени у меня была одна книжка, несколько рассказов напечатанных в журнале „Новый мир" и переведенных на разные языки. Во многих театрах страны с успехом шла одна моя пьеса, готовилась к постановке другая, две главные киностудии Советского Союза собирались ставить фильмы по моим сценариям, песни на мои слова исполнялись по радио, на эстрадных площадках, в ресторанах, в космосе, а однажды даже с трибуны Мавзолея, причем исполнителем был сам Хрущев.

В газетах меня хвалили, ругали (иногда даже очень сильно), но в общем все шло своим чередом, когда разнесся слух об аресте двух писателей.

Один из этих писаталей сидит сейчас здесь, это Синявский, другой — Даниэль — живет в Москве.

Про арестованных говорили разное. Говорили, что они печатали за границей что-то антисоветское, что занимались контрабандой, что кто-то из них антисемит, а кто-то, наоборот, сионист, их, кажется, даже путали: Синявский, русский, был сионистом, а Даниэль, еврей, антисемитом.

Что было на самом деле, никто толком не знал.

О самих арестованных мне известно было немного. Синявского я никогда не видел, но читал одну его статью в „Новом мире", с Даниэлем был мельком знаком, но запомнил не его, а его собаку, она была очень красивая.

Тем не менее, мне, так же, как и многим другим, было совершенно ясно, что это не просто арест двух людей, которые в чем-то действительно провинились, это знак того, что теперь советские правители решили изменить политический, по крайней мере, внутриполитический курс от хрущевского либерализма к сталинскому завинчиванию гаек.

Меня недавно во время лекции, когда я говорил о либеральных временах в Советском Союзе, кто-то довольно агрессивно спросил, а когда это в Советском Союзе были либеральные времена, и что это значит. Я ответил, что было время, когда советские руководители, партийные идеологи и даже сам Хрущев говорили (правда, не очень твердо), что литература и искусство — очень тонкая сфера человеческой деятельности, в которую нельзя вмешиваться грубо, нельзя администрировать, к талантам надо относиться бережно. Конечно, либерализм этот был весьма ограниченным и робким, но все-таки дышать стало немного легче. И литература заметно ожила, в ней появились новые имена: Аксенов, Балтер, Битов, Владимов, Гладилин, Максимов и многие другие, этот либерализм в литературе закончился появлением в ней Солженицына.

Арестом Синявского и Даниэля советские правители хотели не столько наказать этих двух писателей, сколько показать всем остальным, что эпоха гнилого либерализма кончилась, литература дело не такое уж тонкое, мы руководим промышленностью, сельским хозяйством, мы руководим всем, будем руководить и литературой. А кому это не нравится, тех ждет судьба Синявского и Даниэля.

Меня это событие взволновало. До этого я писал о советской жизни довольно критически, но был при этом вполне лояльным и аполитичным. Я старался писать по совести, но не вникал в то, что прямо не входило в круг моих интересов. Я настолько не интересовался политикой, что даже венгерские события (теперь мне это стыдно сказать) прошли мимо меня, я не проявил к ним ни малейшего интереса.

Теперь я понял, что происходят события, которые касаются и меня лично. Сегодня судят Синявского и Даниэля, а завтра будут судить за что-нибудь или совсем ни за что и меня. Поскольку многие писатели были обеспокоены состоявшимся процессом, власти решили устроить встречу с судьей Смирновым.

Выступая перед писателями, Смирнов старался выглядеть большим интеллигентом, пересыпал свою речь английскими фразами, объяснял, что Синявского и Даниэля судили, вроде бы, не за литературу, но в его объяснениях концы с концами не сходились и получалось, что все-таки за литературу.

Я сидел в одном из задних рядов и думал, что власти совершили большую ошибку и, видимо, сами это сознают. Скандал получился огромный и в стране, и за границей. Может быть, они и хотели бы как-то этот скандал погасить, но не могут придумать ничего подходящего. А я, как мне показалось, придумал очень хитрый ход, при котором они могли бы отступить, не теряя лица. Я послал в президиум собрания записку с вопросом, не может ли писательская общественность взять осужденных на поруки. Тогда существовала практика воспитания не совсем закоренелых преступников: их приговаривали к заключению, а потом так называемый трудовой коллектив брал их на поруки. Относительно Синявского и Даниэля власти имели реальную возможность выпутаться, сказав: „Да, мы считаем их преступниками, но раз писатели берут их на поруки, пусть воспитывают, чтобы они больше нехороших книжек за рубежом не печатали!" Власти на эту удочку не клюнули и, по-моему, поступили в общем-то глупо.

Записка попала к председательствовавшему на собрании Михалкову. Он прочел ее и воздел руки к потолку: „Какие поруки! Какая общественность! Слава богу, что у нас есть КГБ, который охраняет нас от таких Синявских и Даниэлей!" (Синявскому должно быть сейчас лестно, что Михалков его так боялся).

Несколько дней спустя появилось письмо, к сочинению которого я никакого отношения не имел. Но в нем была использована идея, выраженная в моей записке: писатели предлагали правителям взять Синявского и Даниэля на поруки. Конечно, некоторые критики этого письма были правы, утверждая, что таким образом составители письма признают осужденных преступниками, но я все-таки думаю, что Синявскому и Даниэлю было бы лучше, если бы их признали преступниками и освободили, чем, как это и случилось на самом деле, признали преступниками и посадили.

Это письмо, как известно, подписали 62 человека, и я был одним из них. Письмо на решение тех, кому было адресовано, никак не повлияло, но и для подписавших вначале не имело никаких последствий. И для меня тоже. Я напечатал новую повесть и по ней же сделал пьесу, которая вскоре, как и первая, была поставлена многими театрами, кинорежиссеры работали над моими сценариями.

Письмо писателей в защиту Синявского и Даниэля, фигурально выражаясь, было тем самым камнем, после которого посыпалась лавина открытых писем.

Это была очень странная и, я думаю даже, уникальная в истории нашей страны ситуация. Советские правители вопреки собственным доктринам, пытались повернуть колесо истории вспять (они всегда утверждают, что это невозможно). Партийные пропагандисты стали утверждать, что Сталин был не таким уж и злодеем, более того, он был выдающимся революционером, выдающимся марксистом-ленинцем, мудрым руководителем государства, гениальным полководцем, его преступления опять стали подаваться как необходимые издержки в суровой борьбе за светлое будущее. Рябое лицо вождя и учителя, как и в добрые старые времена, стало появляться на экранах московских кинотеатров. Свергнувшим Хрущева советским вождям, конечно, был дорог не Сталин сам по себе, а сталинский порядок, основанный на страхе одних, фанатизме других, на симбиозе страха и фанатизма третьих.

Но, как говорил Хрущев, черного кобеля не отмоешь добела. Очнувшееся от летаргии общество не хотело ни Сталина, ни сталинизма. Правительство требовало одного, общество хотело другого, получалась полная несуразица. С одной стороны, официальная пропаганда говорит, что Сталин был мудрый вождь, с другой стороны, появляются открытые письма, в одном из которых говорится, что Сталина посмертно надо исключить из партии, а в другом, что его надо судить (к сожалению, тоже посмертно), как уголовного преступника. С одной стороны, утверждается, что партия под руководством товарища Сталина провела индустриализацию, коллективизацию, уничтожила оппозицию, с другой стороны, предлагается установить на Красной площади памятник жертвам культа личности, то есть именно жертвам индустриализации, коллективизации и всего остального. С одной стороны, появляются фильмы о славных чекистах, с другой стороны, сочиняется письмо о предании славных чекистов суду.

Письма эти, внешне лояльные, адресовались правительству, попадали иностранным корреспондентам и затем передавались радиостанциями на Советский Союз.

Я в сочинении этих писем участия не принимал, но, когда мне их приносили, подписывал. Иногда даже и в тех случаях, когда не был полностью согласен с их содержанием. Но потом мне надоело подписывать письма, потому что власти на них не отвечали никак. Поэтому, когда мне принесли письмо в защиту Гинзбурга и Галанскова, я сказал, что все это чепуха и бессмыслица, поскольку власти на эти письма не реагируют и реагировать не собираются. Но все-таки я это письмо подписал. И тут разразился первый гром. Правители, наконец, взбеленились, было издано специальное постановление ЦК КПСС, от всех, подписавших письмо, требовали покаяния, всех нераскаявшихся карали. Попало и мне. Союз писателей объявил мне строгий выговор. В издательстве у меня должна была выйти книга — не вышла. Пьесы, с успехом шедшие в пятидесяти театрах страны, сценарии, по которым должны были начаться съемки, были запрещены. Даже моя песня, ставшая чуть ли не официальным гимном космонавтов, которую трудно было вычеркнуть из советского репертуара, или не исполнялась, или исполнялась без указания имени автора. Партийные пропагандисты распространяли про меня всякую клевету вплоть до того, что я связался с иностранными разведками и занимаюсь контрабандой.

Особенно злобствовала одна партийная дама — Шапошникова. Она обещала уморить меня голодом, лично следила, чтобы мне нигде не давали никакой работы, она говорила: ,,Мы знаем, что он пишет под чужими фамилиями, но мы и до этого доберемся".

Теперь это малообразованное существо занимает пост заместителя министра высшего образования СССР.

Меня травили, лишали куска хлеба и предлагали легкий, с их точки зрения, выход из положения. Мне говорили: ,,Снимите свою подпись под письмом в защиту Гинзбурга и Галанскова, и все у вас будет прекрасно. Книги напечатаем, фильмы поставим, пьесы пойдут".

Тогда у меня возникла идея некоторого усовершенствования эпистолярного жанра. Я написал письмо в секретариат Союза писателей примерно такого содержания: ,,Я, имярек, вместе с другими писателями подписал письмо в защиту Гинзбурга и Галанскова, считая, что они осуждены неправильно. Различные официальные лица и организации, требуя, чтобы я снял свою подпись под этим письмом, запретили мои книги, пьесы, киносценарии, песни, разлучили меня с читателем, а меня, мою семью, моих детей морят голодом. Ну что же, этот довод кажется мне убедительным, и поэтому я снимаю свою подпись под письмом в защиту Гинзбурга и Галанскова. Но поскольку я не уверен,что это мое письмо не вызовет новых репрессий, я снимаю подпись свою и под ним." Я поставил подпись и тут же ее перечеркнул.

Должен признаться, что я это письмо не отправил, удовлетворился тем, что прочитал его близким друзьям. Говорят, ,,вологодский конвой шуток не понимает". Секретариат Союза писателей СССР в понимании шуток вологодскому конвою не уступает.

Потом в литературной жизни были приливы и отливы. Некоторым писателям власти позволили опять появиться на поверхности. В том числе и мне.

Вдруг после года полного застоя что-то зашевелилось. В некоторых театрах опять пошли спектакли по моим пьесам. В одном из издательств опять стали готовить к печати мою книгу. В одном не очень заметном журнале я издал повесть. Мне стали иногда позванивать с киностудий, интересоваться моими сценариями. Но все это кончилось довольно быстро.

На мой спектакль в театре Советской Армии явились два члена политбюро: то ли Подгорный с Косыгиным, то ли Косыгин с Полянским, сейчас уже точно не помню. Пришли вместе с женами, дочерьми, внуками и охраной. По словам наблюдавших за их реакцией артистов, важные зрители очень смеялись и много хлопали. А потом один из них сказал: „В театре Советской Армии не любят Советскую Армию”. Спектакль тут же был запрещен.

А тут новая незадача: эмигрантский журнал „Грани” опубликовал первую часть моей первой книги о Чонкине. И опять все пошло прахом. Опять были запрещены книги, пьесы, сценарии, песни. Мадам Шапошникова опять стала обвинять меня во всех смертных грехах. „А вы знаете, — жаловалась она кому-то из моих заступников, — он говорит про нас ‚они’ ”. Детский писатель Сергей Михалков на каком-то собрании назвал меня „специальным корреспондентом журнала ‚Грани’ ”. А писатели Виктор Тельпугов и Михаил Брагин сказали, что меня за клевету на наших славных советских воинов не только исключить из Союза писателей, но и посадить в тюрьму мало.

Видя, что события принимают грозный оборот, я написал журналу „Грани” протест, который „Литературная газета”, добавив кое-что от себя, напечатала.

Меня тогда не посадили и даже не исключили из Союза писателей, но объявили еще один строгий выговор „с последним предупреждением”. Но опала снята не была, и все мои вещи были по-прежнему запрещены до конца 1972 года. Это было самое тяжелое для меня время. Для стороннего наблюдателя я был благополучный член Союза советских писателей. На самом деле имя мое стояло во всех черных списках, старые книги изымались из библиотек, новые не выходили, жить было не на что, это были невидимые миру слезы.

Потом про меня говорили, что я озлобился. Это правда. Но если человека озлобляют, а он не озлобляется, ему следует подумать, не перестал ли он быть человеком.

Во время моих бесчисленных разговоров с прорабатывавшими меня чиновниками партийными и литературными я понял, что эти люди только на словах защищают интересы государства или марксистскую идеологию (в которую я лично никогда не верил). На самом деле это злобные и коварные циники, которые руководствуются только своими шкурными интересами и ничем больше, а всякая демагогия, которую они при этом разводят, только ширма. Я решил вести себя более осмотрительно и три года молчал. Я вел себя лояльно и не подписывал никаких писем. Литературные начальники время от времени намекали, что опала может быть с меня снята, но я должен обратиться к ним с соответствующей просьбой. Я эти намеки пропускал мимо ушей. В это время я написал книгу о народоволке Вере Фигнер и продолжал работать над „Чонкиным”, уже не сомневаясь, что когда-нибудь я его напечатаю.

Наконец, власти, которым показалось, что в результате долгой дрессировки они меня полностью приручили, протянули мне вместо кнута пряник. В конце 1972 года одна за другой вышли две мои книги:

„Степень доверия" (о Вере Фигнер) в серии „Пламенные революционеры" и сборник из трех повестей, сборник, из которого две моих лучших вещи были выброшены. Мне предлагалось занять свое место в советской литературе, вести себя как все, то есть послушно, проявлять равнодушие к правам человека и писать что-нибудь, не имеющее никакого отношения к тому, что на самом деле волновало и меня, и читателей, ну, допустим, про тех же пламенных революционеров.

Власти меня простили, но я их — нет. Перспектива быть послушным, равнодушным меня не устраивала. И писать я хотел не про пламенных революционеров, а про кривоногого солдата Чонкина. И в период моего молчания я писал не только о Фигнер, но и о Чонкине тоже.

В октябре 1973 года я написал сатирическое письмо против создания Всесоюзного агентства по авторским правам (ВААП). Откровенно говоря, хотя ВААП и мерзкая организация и заслуживает презрения, я выступил не столько против нее, сколько против всех тех, кого (Шапошникова была права) я называл ОНИ. Кроме принципиальных вещей общего характера, я хотел наглядно ИМ показать, что ОНИ во мне ошиблись: я не собака, и лизать бьющую меня руку не собираюсь. И в дальнейшем, участвуя в борьбе за права человека, я одновременно отстаивал и личное свое достоинство, и это второе дело считаю не менее важным, чем первое.

После этого наступил, может быть, самый счастливый период в моей жизни.

Да, меня преследовали, меня исключили из Союза писателей, мои книги опять были запрещены, меня травили разнообразными способами (иногда даже не совсем фигурально), мне угрожали всякими карами, мой телефон был отключен, за мной ходили толпы кагебешников, но я вел себя как хотел, писал что хотел. Меня иногда называли борцом за свободу, это неправильно. Я за свободу не боролся, я ею пользовался. А свобода — самый великий дар, которым может обладать человек, и променять его на ничтожные подачки, которые могут предложить начальники советской литературы, от путевки в дом творчества до какой-нибудь, в лучшем случае, ленинской премии, просто глупо и нерасчетливо.

Некий партийный функционер сказал мне однажды, что он не понимает, как я живу и на что рассчитываю. Я ответил: „А я не понимаю, как вы живете. Неужели можно прожить всю жизнь, ни разу не почувствовав себя человеком. Ведь это ваша Долорес Ибаррури сказала: „Лучше умереть стоя, чем жить на коленях". Меня вы не понимаете, так поймите хотя бы ее".

Таким образом я прожил семь лет. Мне было трудно, но я знал, что я живу по совести, и это важно не только для меня. Но силы всякого человека и мои тоже не безграничны. Я устал от ежедневного напряжения. И в конце концов решил уехать, чтобы в спокойной обстановке, которой у меня никогда не было, успеть осуществить хотя бы часть моих литературных планов.

Меня часто спрашивают, что я думаю, как отразится эмиграция на моем творчестве, ведь писатель, оторванный от родной почвы, часто просто кончается как писатель. Приводят соответствующие примеры.

Я думаю, примеры можно привести разные. Были писатели, которые писали в эмиграции хуже, были и другие, которые все лучшее написали именно в эмиграции. Надо сказать и то, что писатель часто попадает в эмиграцию, когда вообще лучшая его пора уже позади, когда и родная почва вряд ли ему помогла бы. Тем более, что почва эта не очень подходит для возделывания буйного сада. Короче говоря, эмиграция ставит всякого человека, а писателя особенно, в трудное положение. Перед ним встают проблемы, сложность которых он не всегда может реально оценить. Но если он не преуменьшает их значения, есть надежда, что он с ними справится. Такой надеждой тешу себя и я.

Меня спрашивают, для какого читателя я собираюсь писать. А все для того же. Которого я знаю лучше всех. Становиться американским писателем мне уже поздно. Писать в американской манере я тоже не собираюсь. Я думаю, что если я начну подражать американским писателям, то я не буду интересен никому, в том числе и американцам. Если же я буду писать то, что я выстрадал, то, что я знаю и чувствую лучше американских писателей, тогда я буду интересен и американским читателям. Потому что боль всякого человека и всякого народа общечеловечна и доступна пониманию всех.

Спасибо.

VLADIMIR VOINOVICH: CHONKIN AND AFTER

Geoffrey A. Hosking

Red Army private Ivan Chonkin has a peculiar effect on my students. We sometimes disagree about his character or his function in Voinovich's novel, but such discussions are always conducted with remarkable good humor and accompanied by benevolent, slightly absentminded smiles, such as are not at all explained by Chonkin's clearly marked satirical function. There is, in fact, a peculiar magic about this red-eared, bow-legged figure. A magic which has driven his author into exile. Will it enable him to survive and even flourish there?

Of course, understanding Chonkin has to begin from his satirical function. Too good-natured and stupid to understand the elaborate structure of lies, half-truths and pretenses on which the Soviet system rests, he constantly disarms or confuses the defense mechanisms of those around him, so that they too, voluntarily or involuntarily, let out the truth about themselves and the world. Kolkhoz chairman Golubev, who has survived the cross-pressures of his office for years through made-up harvest figures and fabricated reports on the sowing campaign, suddenly speaks his mind, pouring out his pent-up frustration at the amazed Chonkin, and then goes home to his wife and children, certain that arrest and labor camp await him, but serene and content nevertheless.[1] Newspaper editor Ermolkin, jolted out of a fifteen-year routine at his desk by Nyura's heart-rending appeals for her husband, allows a fateful misprint to creep into his newspaper, and then returns to his wife, from whom the obsession with political minutiae has so long separated him.[2] Even Procurator Evprak-sein, in some respects an arch-villain, is almost moved to crown (and ruin) his judicial career with an honest speech, denouncing not Chonkin but the system of arbitrary arrests and forced confessions which has brought him to the dock.[3]

What characteristics enable Chonkin to perform this satirical function? It is not only that he is naive and obtuse—though some Western critics seem not to have penetrated further than this.[4] He has also some decided positive characteristics. On one level, indeed, he is a kind of hero. Not a positive hero in the Socialist Realist or any other sense—the author explicitly disavows any intention of creating such a figure. Chonkin has no conscious beliefs, nor is he goal-directed, active or determined. On the whole things happen to him rather than the other way around. Yet even in

147

his passivity he continually affects what other people do, and the way in which they see themselves. He is ordinary humanity in a world become inhuman. His effect on others is achieved partly by the disarming aura of this simple humanity and partly by the legends, fantasies and propaganda that others weave around his name. In Stalin's Russia to be an ordinary human being is so unusual that the feat acquires the proportions of a myth or fairy tale.

To understand Chonkin's positive influence, one has to ask oneself what the whole novel is about. Fundamentally, I believe, it is concerned with man's sense of his own identity in a totalitarian society, and, by extension, in any society where governments, organizations and mass media are powerful. All such institutions, by their use of power, rewards and propaganda require us to accommodate ourselves to them, even to adjust our understanding of our own natures. Here it matters only in degree whether one is talking of General Motors, the University of Southern California, the Union of Soviet Writers, or the Communist Party of the Soviet Union (the difference in degree is considerable, but the comparison may aid the process of understanding). Voinovich himself gives an interesting example of such self-adjustment in *The Ivankiad (Ivan'kiada):* it concerns an old friend of his, now a secretary in the Writers' Union, who criticized *Chonkin* publicly. He was not being insincere, Voinovich surmises: knowing that the work had been published in the West, knowing that a good opinion of it would weaken his official standing, he began reading *Chonkin* feeling threatened by it. He was then naturally irritated by the equivocal genre of the work ("novel-anecdote"): "If you don't know whether it happened or not, then don't write about it." And from then on he remained specially sensitive to every slightest weakness. So how could one expect him to endanger his position by praising a work he *sincerely* did not like?[5] This kind of logic is familiar enough to all of us, in whatever kind of society, if we are honest. In the totalitarian state it operates with especial force, since sources of information are deliberately severely restricted and adjustments of personality are demanded over the whole range of human experience. In its extreme form, such self-adjustment becomes what George Orwell called "doublethink," that is, the capacity to believe at one and the same time two mutually exclusive propositions (for example, that the Soviet constitution is the most democratic in the world and also that any attempt to exercise the freedoms promised in it will be countered by immediate arrest): such is first secretary Revkin, for whom 'party-minded consciousness' replaces the structure of the personality altogether, so that he interprets all inner doubts as 'unhealthy moods' and literally falls ill when he can no longer confess them to the NKVD.[6]

More usually, such self-adjustment involves mere cynicism, of the kind involved in political meetings: "A political meeting is an occasion when a lot of people gather together, and some of them say things they do not think, and others think things they do not say."[7] Or of the kind exemplified by Golubev, when he compiles figures reporting totally fictitious harvest yields. Sustained pretense, however, especially if sponsored by the state and the public media, has an impetus of its own. "The figures looked impressive, and Goluvev sometimes caught himself starting to believe them."[8] Voinovich has always had a sensitive eye for fantasy, for the way in which it can take over people's lives, even when entirely private in nature. In his novel *Degree of Trust (Stepen' doveriia)*, about the nineteeth-century revolutionary Vera Figner, he has one character, Skurlatsky, "man of letters," who is determined to be taken for a member of a revolutionary group plotting the assassination of the Tsar. He sustains this fantasy up to and throughout his interrogation by the Third Department, the Tsarist security police.[9] In effect, he is prepared to die for his fantasy. In *By Mutual Correspondence (Putem vzaimnoi perepiski)*, a woman deserted by her alcoholic husband cunningly induces another man to marry her: out of the slender thread created by an idle pen-friendship she winds a web of allure, cunning pretense and brute force which entangles her largely unwilling victim and delivers him helpless to the registry office. Epistolary fantasy becomes by easy stages prosaic reality.[10]

One might say that the totalitarian party uses analogous means to trap men—especially intellectuals—by their fantasies. At any rate, most of Voinovich's works offer examples of the fantasy world to which the Soviet state requires regular ritual obeisance. In "I Want to be Honest" ("Khochu byt' chestnym"), it is nurtured by the journalist Gusev, with his glib phrases, his prefabricated articles, and his total lack of interest in the reality of life on a building site." In "Two Comrades" ("Dva tovarishcha") there is the gigantomanic Palace of Weddings, "the largest in the world," whose gaping unfinished apertures afford shelter to the local hooligans (a striking anticipation of the image of the Great Slogan in Alexander Zinoviev's *Radiant Future* [*Svetloe budushchee*]).[12]

Nothing however in Voinovich's earlier work can quite compare with the soaring sweep of officially sustained fantasy in *Chonkin*. On a minor and maverick level, it has taken over the person of Gladyshev, the homegrown village scientist, with his dream of reducing the problems of Soviet agriculture to the simple cultivation of dung. The hospitality he offers Chonkin provides the opportunity for some effective coprophilous farce, but even this comedy has its darker side, for Gladyshev's devotion to excrement has made family life intolerable, and on the figurative plane has made him into the informer who denounces Chonkin to the authorities.[13]

More penetrating and threatening than any Gladyshev, however, is the paid army of journalists, lawyers, agitators, propagandists and writers, all dependent for their daily bread, their liberty, indeed their very lives, on the great utopian and paranoid Soviet myth. One such is Ermolkin, the obsessive newspaper editor, who spends fifteen unbroken years at his desk rearranging cliches in order to render the true meaningless and the meaningful false.[14] Another is Evpraksein, the procurator charged with Chonkin's case, though he is a much more complex personality. He is sensitive enough to be aware of the murderous implications of the lies and gross exaggerations in which he deals daily, and he tries to exorcise the resultant guilt in a regular ritual, in which he performs the mock execution of his wife.[15] Here we are far from comedy or even satire. Of all the characters in the novel, Evpraksein comes closest to denouncing publicly the official myth-making. In the event, however, he has not the courage to go through with his plan to speak in defense of Chonkin, and indeed, in reaction against it, outbids the wildest of the charges raised by the NKVD, bringing the novel to its highest flight of fantasy when he accuses the hapless Chonkin of wanting to become the future Emperor Ivan VII.[16] Thus do men with uneasy conscience become the most zealous servitors of the lie.

Is there anything with which human beings can withstand myth-making on this gargantuan scale? First of all, of course, with the truth, as Voinovich shows us in *The Ivankiad* (though among Ivanko and his ilk the Myth is a mere shadow of its former self, no more than a facade to mask greed and other such familiar and homely vices). To point to the truth is the aim of the satire in *Chonkin.*

Yet, as I have said, I do not think satire is the sole or even the main dimension of *Chonkin.* If Voinovich merely wanted us to recognize reality, he would hardly start his novel: "Whether all this really happened or not is difficult to say now . . . ." As its genre *roman-anekdot* announces, *Chonkin* is deliberately composed on the border line between fantasy and reality, in a world where the fantastic and grotesque have become real, and ordinary human beings like Chonkin belong almost to the fairy tale. Thus it is that Chonkin, the hopelessly clumsy soldier, takes on miraculous qualities once he can slough off his enforced military identity and resume his natural existence as a peasant. He becomes a semi-mythical figure located somewhere between the fairy tale and the Socialist Realist epic: devoted to Stalin, unflinchingly loyal to his duty, he defeats and captures a whole platoon of enemy troops (NKVD troops, to be sure), and puts up creditable resistance against an entire regiment.[17] As if this were not enough, he then splits into two towering mythical *personae.* He is 'enemy of the people' Prince Golitsyn, of whom Hitler dreams as the leader of a popular anti-Bolshevik rising. And he is also the simple Russian peasant boy, Ivan Chonkin, of whom Stalin dreams as a *bogatyr'* with flowing brown hair and clear blue eyes smiting the foes of Holy Soviet Russia. Both images are utterly fantastic, yet both have a real effect. Hitler halts his tanks in their triumphal assault on Moscow in order to rescue Golitsyn—and this failure to complete the October drive on Moscow was in reality, not just in fiction, the turning point of the 1941 campaign, and arguably of the entire war.[18]

150

Perhaps Chonkin is the savior of his people, then? On the face of it, the assertion looks absurd, yet it is in keeping with the genre of the novel. Voinovich's great triumph as a writer is to keep the reader moving back and forth between reality and fantasy in such a way that each throw light on the other.

It may be, in fact, that the only force which can stand up to destructive fantasy is creative fantasy, the kind which enables men to discover themselves and to act in accordance with their own natures. In a word, to penetrate to reality, at the level where reality is also a question of *potentiality,* of what might be, and that by definition also belongs to the realm of fantasy.

When Voinovich recently gave a lecture in Cologne, I jotted down a sentence which caught my attention: "Every individual should try to understand the *zamysel* which lies within him." The primary meaning of *zamysel* is 'plan, intention'; in this context it might be translated as 'inner meaning, potentiality' or even 'identity'. However one translates it, this sentence seems to me to lie at the heart of Voinovich's work, ever since his first story in *Novyi mir* back in 1961.[19] It is no accident that, by his own account, he has thought of entitling his next book *Zamysel* and of recounting in it not only how he as author changed the image of Chonkin in the course of writing, but also how Chonkin took *him* over and changed *his* life. Fantasy is no less real than reality; indeed, it is a vital component of reality. Only a shallow and lifeless scientism can claim otherwise. Even Gladyshev is forced to acknowledge this when his "scientific" world outlook is challenged by the irrepressible and immortal kolkhoz gelding, Oso-aviakhim.

Once we recognize the real status of fantasy, however, there is no reason why we should not also grant to Chonkin his rightful stature as a positive figure, even a hero of sorts. On the external level, he is raised to the figure of princely knight and pretender to the throne, re-enacting by courtesy of the NKVD the career of Ivan the Fool from the Russian folk tales, the humble peasant boy who wins the princess' hand and has his rightful royal status restored to him. On the deeper level, he is the miraculous restorer of humanity, who is impervious to propaganda, disarms doublethink, and creates an oasis of sanity in a setting of madness. Hence my students' relaxed and comfortable smiles. Even against the more muted forms of doublethink prevalent in the West, he may be a potent talisman. What is certain is that Voinovich, in his comic penetration of the relationship of reality to fantasy and of both to man's sense of his own identity, has a vital key to the understanding of any society or culture, our own no less than that of the Soviet Union. That is the real magic of Chonkin, and I am quite certain it will prove durable.

Notes

1. *Zhizn' i neobychainye prikliucheniia soldata Ivana Chonkina* (Paris, 1975), Pt. 1, ch. 12.

2. *Pretendent na prestol* (Paris, 1979), Pt. 1, chs. 14-17.

3. Ibid., Pt. 1, chs. 29-30.

4. See, for example, the curiously superficial review by the normally perceptive critic, John Bayley, *Atlantic Monthly,* July 1981, pp. 85-88.

5. *Ivan'kiada* (Ann Arbor, 1976), pp. 26-28.

6. *Zhizn',* Pt. 2, ch. 25.

7. Ibid., p. 133.

8. Ibid., p. 199.

9. *Stepen' doveriia* (Moscow, 1972).

10. *Putem vzaimnoi perepiski* (Paris, 1979).

11. "Khochu byt' chestnym," *Novyi mir,* 2, 1963.

12. "Dva tovarishcha," *Novyi mir,* 1, 1967.

13. *Zhizn',* Pt. 1, ch. 15.

14. *Pretendent,* Pt. 1, ch. 14.

15. Ibid., Pt. 1, ch. 38.

16. Ibid., Pt. 2, ch. 57.

17. *Zhizn',* Pt. 2, chs. 21-22, 34.

18. *Pretendent,* Pt. 1, chs. 61, 64.

19. "My zdes' zhivem," *Novyi mir,* 1, 1961.

The Press: East and West

RUSSIAN EMIGRE LITERATURE AND THE AMERICAN PRESS

Robert Kaiser

I probably lack the academic credentials to be speaking here today, which reminds me of a story. Comrade Brezhnev arrived at the office one day without any of his medals. His secretary looked at him and said, "Leonid Ilych, where are your medals?" Whereupon Brezhnev looked down and said, "Oh, I must have left them on my pajamas." Well, even if I've left my academic credentials on my pajamas, let me make a few remarks about Russian literature and the American press.

The story of Russian emigre literature—non-Soviet Russian literature—and the American press is a good news-bad news story. The good news is that the serious American press and the few newspapers and magazines that pay attention to literature of any kind care a great deal about Russian literature. The bad news is that American critics and editors are inconsistent and sometimes simply whimsical in the way they deal with it.

I doubt one could thumb through two consecutive issues of *The New York Review of Books* or *The New York Times Book Review* without finding something about the Soviet Union, Soviet literature, or Russian emigre literature. No foreign country, no foreign literature receives anything like as much attention.

So I decided that one service I might perform was to talk to a few important editors in New York and in Washington about their attitude toward Russian emigre literature, and bring some of what they told me to you today. I talked to editors at *The New York Review of Books, The New York Times Book Review,* and *The Washington Post Book World.* The man at *The New York Review of Books* was the best informed, the editor-in-chief of the *Times Book Review* was the next best informed, and the woman who edits the *Book World* at *The Washington Post* was the least well informed, but none of them was ignorant. All agreed that Russian literature has a very special status for them as editors; all three said that they felt a responsibility to deal with it seriously. I did not learn the secret of how to get noticed by them or how to get books well received by them; in fact, I've had trouble getting my own books well reviewed by them in the past. But I did learn a few important things.

First—and this is a lesson that I keep relearning—Americans are very self-centered, very ethnocentric. The editors of *The New York Review of*

Books and *The New York Times* made special mention of Joseph Brodsky. Brodsky has been particularly effective in bridging the gulf between Russian literature and American and English literature. As *The New York Review of Books* editor said, "Brodsky is a writer of enormous gifts, a man of genius, and he has been able to master the traditions of English and American literature, so his own writing has a particularly powerful quality for literary people here."

Speaking of Russian emigre literature as a whole, he said, "It's a very powerful and enormous phenomenon that has taken place, and a very complex one. There is now another Russian emigre world, which, like so many Russian emigre worlds in the past has a life of its own." He referred specifically to Solzhenitsyn and Sinyavsky and was aware of their conflict. I was pleased that he also noted the important role of Ardis and the Proffers. It's hard to imagine a small press making as big a contribution as it has, but in fact many of the most interesting large reviews of non-Soviet Russian literature that have appeared in our major journals have been reviews of Ardis books. I am proud that my *Russia* is published in Russian by Ardis.

I asked about the obligation that *The New York Review of Books* felt toward Russian emigre literature. "I feel a very strong obligation to writers who have been tossed out of countries," he said. The obligation came in two forms. The first form was material support: money to live on, jobs, publishers to publish books and pay money for them; there should be more organized efforts in this regard than there have been. I'm sure we all agree with that. The second was a literary and intellectual obligation to notice important literature. "It's very hard to keep track of it," he said "to know the nuances of it." Of course we all know that.

Then I talked to Harvey Shapiro, the editor-in-chief of *The New York Times Book Review.* I asked him about his sense of responsibility. "First of all," he replied, "we have the responsibility to any good book published in this country. We tend not to think in terms of groups as much as individual books." But he went on to contradict the last part of his statement by saying that "Russian books can be hurt when they are categorized together" and compared them to memoirs of the Holocaust. "In a way," he said, "the memoirists compete with themselves." Shapiro also pointed out that the Russians have something special about them. Their news value, for one thing. "They tell us about a world we don't understand." The moral issues they address are also "the moral issues of this age." It's a true and good point.

Finally I talked to my colleague Brigitte Weeks, the editor of the weekly *Washington Post* book review *Book World.* "I deal with Russian literature very frequently," she said. "There is more Russian expatriate literature than any other kind of foreign literature coming in on a regular basis. It's a rare week that goes by without a new book by a Russian emigre.

There are three of them on my shelf right now." We wonder whose. She too talked about the news value. "The constant idea is," she said, "if you read their books, you'll have some kind of clue about what's going on over there."

One subject that none of these three editors raised, but which they should have, is scandal. The American press loves scandal or, to put it more respectfully, the American press loves irony. There was something richly ironic, apart from everything else, when Solzhenitsyn was writing his books in Russia under the noses of the very people whom he was ridiculing and attacking. That helped Solzhenitsyn to become famous—a "star" in our world. I can predict with confidence that Solzhenitsyn's future works will fail to attract as much attention from the American press as his earlier ones. We've seen it already. The third volume of the *Gulag* series, which I felt was in many ways the best, received much less attention than the first volume, and it sold fewer copies in this country. I bring this up as something of a warning. The American press will be less interested in a purely emigre Russian literature, one that is completely cut off from the Soviet Union. An emigre literature lacks news value: it is a dog biting a man; in America, it is a man biting a dog that makes news.

But interest will remain. *The Washington Post* has asked me to write an article about this conference, and I will. And as Harvey Shapiro said to me, once he discovers a Russian writer with talent, that writer's works will continue to be noticed. These are not the best of times for literature of any kind in America. A quick look at the best seller list confirms that. Literature is an old world art, and many Americans are not comfortable with what is old. But it will survive too, survive and be noticed as long as it is good.

Viktor Nekrasov

Nikolai Bokov

ЭМИГРАНТСКАЯ ПРЕССА: ГРУППОВАЯ ДИСКУССИЯ

Ведущий: Василий Аксенов

ИЛЬЯ ЛЕВИН — ДВАДЦАТЬ ДВА

Я скажу буквально два слова. Я надеюсь, что мы сможем поговорить подробнее о каждом журнале потом в ходе дискуссии. Так вот, для того, чтобы представить журнал, прежде всего нужно сказать, почему он называется „22", может быть, не все это знают. Почему, скажем, не 23, не 24, не 15, не 16. В свое время был в Израиле такой журнал „Сион", сотрудники которого расходились во мнениях относительно того, каким должен быть русскоязычный журнал в Израиле. Одни сотрудники считали, что „Сион" должен отражать некую генеральную идеологическую линию. Другие сотрудники заявляли, что репатриантов из СССР не надо кормить манной кашей идеологии. Окончательный разрыв состоялся после 21-го номера, и вместо 22-го номера „Сиона", вышел первый номер журнала „22".

„Сион", впрочем, не исчез, он до сих пор выходит и представляет собой своеобразный аналог „Блокнота агитатора". Что касается „22", то все эмигрантские журналы обычно прокламируют свою толерантность, беспартийность, открытость и т.д. Кажется, даже такие журналы как „Свободный голос закарпатской Руси" или „Часовой", тоже прокламируют свою открытость и толерантность. Но об открытости и толерантности журнала судят не по декларациям, а по публикациям. Что же опубликовано в „22" за три последние года? В „22" напечатаны вещи, которые, как мы знаем, не напечатали бы многие из журналов третьей волны. Вещи, которые вызвали дискуссии. В частности, уже в третьем номере была напечатана повесть Юрия Милославского „Собирайтесь и идите". Это повесть, которая вызвала большие споры и в русскоязычной печати Израиля, и в эмигрантской печати Европы и Америки. Одни писали, что Милославский антисемит, другие писали, что он — русофоб, третьи писали, что Милославский связан с пропагандистским отделом ПЛО. Кроме того, повесть „Собирайтесь и идите" обвиняли в порнографии. Или взять, к примеру, публикации статей Янова. Если не считать одной статьи в „Континенте", Янова по-русски не печатали нигде, кроме „Синтаксиса" и журнала „22". И журнал „22" был единственным, который вступил с Яновым в серьезную полемику.

Были статьи в защиту Янова, были статьи, спорящие с ним, но, во всяком случае, спор проводился на пристойном уровне, и никто не называл Янова ни марксистом, ни расистом, ни фашистом, ни представителем днепропетровской мафии на Западе (как это делалось в других эмигрантских изданиях).

Среди других острых публикаций было продолжение тюремных дневников Эдуарда Кузнецова. Первый том мемуаров Кузнецова был принят почти без полемики, как мы знаем, но вот публикация в „22" вызвала споры. Дело в том, что Кузнецов там писал об идейных, и не только идейных, спорах среди политзаключенных. Многие решили, что это тот самый сор, который не стоит выносить из избы (точнее, видимо, зоны). Полемика, кажется, затихла после того, как Кузнецов сам неожиданно был освобожден.

ВИКТОР НЕКРАСОВ—КОНТИНЕНТ

Вы знаете, о чем я подумал, когда посмотрел на всех вас, сидящих здесь сегодня? Тридцать лет я был членом Коммунистической партии Советского Союза. И одним из любимых мероприятий партбюро было собирать всех нас и выслушивать наши творческие отчеты. Над чем ты работаешь, что пишешь, что задумал и т.д. Так вот, сегодняшнее немного напоминает мне наши заседания партбюро, с той только разницей, что там регламента не было, ты мог хоть три часа говорить, а здесь я должен уложиться в десять минут. И второе, о чем я думал, когда летел через океан, через всю Америку — неужели я пересекаю весь земной шар только для того, чтобы сказать, что есть, мол, такой журнал „Континент", который выпустил уже 27 номеров, что его читают, одни ругают, другие хвалят. Неужели я для этого лечу? А ведь мне хочется сказать вам много, по-моему, очень серьезного и важного, пожалуй, даже более важного, чем то, что существует журнал „Континент", к которому я имею определенное отношение. Поэтому разрешите мне немножко нарушить регламент. Журнал „Континент" есть, есть его редактор, душа и вдохновитель, Максимов, я его заместитель, который больше летает по земному шару, чем помогает ему, есть Горбаневская, которая действительно помогает, и есть еще двое человек, которые тоже не сидят сложа руки. И выходит он уже пять лет. Думаю, что срок этот кое о чем уже говорит...

И вот я два дня уже здесь, слушаю, о чем идет речь, слушаю выступления писателей, и что-то меня немножко тревожит. Я слушаю писателей... Один говорит о том, как ему важно построить фразу, построить абзац, существует-де какое-то пространство прозы. Другой говорит о том, что он не русский писатель, и ему противно читать о лагерях... И как-то никто, за исключением одного человека, не

159

сказал о той боли (об этом говорил Володя Войнович),о той боли, которую испытывает сейчас русский писатель, не может не испытывать, не может о ней не писать.

Вот об этой-то боли мне и хочется сказать несколько слов. Я живу в Париже уже шесть лет. Живу, пишу о том, что вижу, а мысли мои в Афганистане, в Польше. Живу, в общем, афганскими событиями, польскими событиями. Почему? В свое время я считался военным писателем, писателем, который прославил или восславил Красную Армию. Я носил красную звездочку, вот здесь вот, и гордился ею. В Сталинграде, когда пролетали над нами наши ИЛ'ы, подбитые, пробитые, все в дырках, проносились их красные звезды на крыльях, у нас сердце замирало, мы гордились этими звездочками. И когда кончилась Сталинградская битва, нам показалось — тогда-то мы и вступили с открытым сердцем и душой в партию Ленина-Сталина — нам показалось, что мы несем миру свободу и правду. Мы тогда, победители, простили Сталину 37-й год, простили коллективизацию, простили даже первые месяцы отступления, две недели то ли запоя, то ли какой-то депрессии, в которую, насмерть перепугавшись, он погрузился. Все это мы забыли, мы считали, что несем правду. Когда я вступил в Польшу — я был ранен там — когда в Люблине все мне улыбались, и кормили, и поили, и напился я там бимбера-самогона, как никогда в жизни, я искренне думал, что я освободитель. И верил в то, что я освободитель. И когда уже не офицером, но с погонами, я попал в Прагу в конце 45-го года, и мне тоже улыбались, моим погонам со звездочками, и поили, если не бимбером, то чешским пивом, я тоже думал, что я освободитель.

А сейчас мой солдат, солдат, которого я любил в Сталинграде, с которым сдружился, мой солдат — оккупант. Это он стреляет в афганцев. Это он разбрасывает эти мелкие мины в виде часиков или каких-то других вещей... Я недавно встретился с одним афганцем, который бежал оттуда. Он мне рассказывал (он не партизан, он человек, который учился в Москве, в университете, аспирантуру кончил),он говорил о таких вещах, от которых у меня сердце обливалось кровью. Он говорил: ,,Я же любил всех москвичей, всех студентов, мы вместе пели ,,Пусть всегда будет мама, пусть всегда будет солнце", а сейчас они же, нет, не мои товарищи, но другие русские убивают мою маму, убивают мое солнце — и я бежал через Пакистан сюда, в Париж". Это страшно. Мне больно, что мой любимый солдат, красноармеец, которого мы называли ,,колышком" (был такой код телефонный: березовые колышки — русские, черные или горелые — среднеазиатские), мой колышек стал оккупантом.

Вот об этой боли мы должны писать, сейчас это самое важное. Освободитель или оккупант? Я думал, что освобождал Польшу, а оказывается, я ее покорял. Я не знаю нынешнего офицера, не знаю, о чем он говорит, когда раздавливает свою поллитровку, и с кем он говорит. Я знаю только, что не с поляком. Ни один поляк из тех, которые меня когда-то обнимали и целовали, ни один поляк теперь не подаст ему руку. И я со своим русским языком не позволю себе никогда появиться в Польше вот в эти дни, как сейчас. И в этом есть трагедия. И давайте говорить все-таки не только о том, как писать, как строить фразы и как строить композицию. Давайте об этом говорить, и думать, и писать...

НИКОЛАЙ БОКОВ — КОВЧЕГ

Мне хотелось бы все-таки вернуться к литературе. Во-первых, потому что я сегодня об этом думал и набросал некоторые заметки, а во-вторых, мне не хотелось бы выходить за пределы темы, предложенной в названии конференции. Мне было бы неудобно так ответить на гостеприимство устроителей.

Мне хочется поговорить о том, как происходит отбор текстов в журнале „Ковчег". Не практически, а какая идея лежит в основе отбора. Сейчас мы сталкиваемся со следующим парадоксом. Многие произведения авторов, живущих здесь, не опубликованы в Советском Союзе. Многие произведения 30-х годов не переиздаются, и в общемто, после чистки библиотек 30-х годов и 40-х, эти произведения не существуют физически. Но то, что они не опубликованы, еще не значит, что они не существуют. Интеллигенция знает их и читает, авторы, которые растут сегодня, находят эти тексты. Я встречал настоящих знатоков футуризма, настоящих знатоков обэриутов, произведения которых (40-х годов) практически не печатались в Советском Союзе, хотя обэриуты опубликованы на Западе. Но вот парадокс, эти публикации ничего не значат для эмиграции, для нее как бы выпал целый период развития русского языка, начиная с футуристов. Мы остановились на прекрасном акмеизме, на том, что было вывезено с первой волной. Это одна трудность, которая стоит перед эмигрантским изданием, публикующим произведения авторов, живущих в Советском Союзе, и авторов, переехавших сюда.

Есть еще одна трудность. Разумеется, Запад гораздо больше слышит сейчас об авторах, которые публикуются в Советском Союзе. Гораздо большее место уделяется так называемой промежуточной литературе. На мой взгляд редактора, эта литература имеет свое значение, свой интерес. Но мне кажется, что она заслуживает скорее больше внимания социолога, чем литературоведа. И если я говорю о трудностях, то вот они. Наша работа, не только, скажем, „Ковчега", но и некоторых других изданий, затруднена тем, что, будучи литературной, она не находит поддержки на Западе, потому что политический аспект представлен в ней очень слабо. А Запад ищет в нас прежде всего политический аспект, который можно использовать в политическом противостоянии коммунизму. Здесь есть своя логика. Эта литература играет свою роль, как элемент оппозиции режиму, но если мы посмотрим немного дальше, эта литература не играет никакой роли, если мы говорим о литературной, эстетической и вообще культурной перспективе. Если мы захотим строить культурную альтернативу советской идеологии, советской культуре, то эта литература бесполезна.

Мне хотелось бы привести пример, который прольет свет на мое отношение, в частности, и на отношение некоторых авторов „Ковчега" к этой промежуточной литературе. Собственно, вчера Виктор Некрасов говорил, кажется, какой-то пароход назван именем Василия Шукшина. Может быть, и нет, может быть, и назовут пароход его именем. Мне, конечно, трудно представить радость Александра Блока по поводу того, что пароход назвали именем Андрея Белого, или, скажем, Вячеслава Иванова, этот аспект, я думаю, был бы воспринят как курьез. Нам же всерьез говорили о том, что здесь можно видеть некоторую оценку, причем положительную, творчества писателя.

Пойду еще дальше и скажу почему, например, произведения Шукшина мне кажутся выпадающими из перспективы развития русской литературы. Скажем, я помню фильм, сделанный Шукшиным, „Калина красная", по его же сценарию. Меня немного, помнится, задел конец фильма. Если вы помните, в конце концов положительного героя, перевоспитавшегося бандита, человека из народа, хорошего в общем-то человека, убивают другие бандиты, плохие, неперевоспитавшиеся. И один из них роняет фразу: „Он не был интеллигентом". И тут мне померещилась все та же схема, все тот же подход, которым, читая другие советские произведения, я был сыт по горло. А именно, оказывается, человек из народа принесет нам истину, именно человек из народа способен перестроиться, перемениться, перестать быть бандитом, а другие, эти молодые, носящие кожаные курточки, ну уж они просто отпетые негодяи. И ясно, что интеллигентный бандит, конечно, хуже простого бандита из народа.

Эта идея задевает сознание в идеологическом плане, в философском. Меня это задело, мне это было неприятно. Но тогда я посмотрел немного с другой стороны. Вот задана идея, задана схема, как все в Советском Союзе, как во всей советской литературе соцреализма. И эту схему потом более или менее умело иллюстрирует писатель, и ни к каким открытиям литературным мы не приходим. Вот почему, на мой взгляд, эта литература бесполезна, и

162

вот почему в „Ковчеге” ей практически не уделяется внимание.

У нас есть и другие трудности. Вот наши препятствия: чужие языки вокруг, полвека физического уничтожения литературы на родине, и невозможность публикации талантливых и неожиданных произведений сегодня, в условиях нынешнего советского режима. Но дело не так безнадежно, у нас есть и союзники.

Один из них — это чужие языки вокруг, полные неизвестных нам прежде языковых форм. Дух и разум других народов, которые не потеряли 60 лет в рабстве. И этот дух и разум нам были знакомы прежде только по книгам, а теперь они нам видимы живо и прямо во всяком встречном. Наш союзник — вдохновение творческих людей Запада, и даже их проблемы, даже их опыт противостояния другому врагу искусства, новому для нас, рынку, с его каждый день меняющимися критериями ходкого товара.

Я представляю в „Ковчеге” ту линию, которую я бы назвал: авангардизм любой ценой. Вот одна из тенденций „Ковчега”. Даже если и не всегда достоинства предложенных произведений бесспорны, видно, что они живые и необычные. Это помогает пробивать дермантиновую стенку, по словам поэта Юрия Лехта. Именно поэтому „Ковчег” впервые опубликовал два года назад роман-исповедь Лимонова „Это я — Эдичка”, вызвав бурную реакцию эмиграции и дав материал для некоторых докладов на этой конференции. Именно поэтому совсем недавно „Ковчег” опубликовал в 5-ом номере „Сто однофамильцев Солженицына”, работу Вагрича Бахчиняна, нью-йоркца, вызвав реакцию неистовую и уже почти опасную для самого существования журнала. Возможно, на следующей конференции и на эту вещь будут ссылаться.

Другая тенденция „Ковчега” — это та, которую мы условно называем классической. Ее защитник в „Ковчеге” — поэт Юрий Лехт, живущий в Лос Анжелесе. Немножко импровизируя, я попросил у председательствующего ныне Василия Аксенова разрешения отдать ему оставшиеся три с половиной, по моим часам, минуты из всего времени, отведенного „Ковчегу”.

ЮРИЙ ЛЕХТ

Я постараюсь уложиться. Существует авангард, восходящий своей языковой структурой к классике, и уходящий дальше, в глубину, к древнерусскому языку, и вот оттуда возвращающийся к нашему современному, которым мы пользуемся в каждодневном обиходе, со всеми его речениями и сленгом. То есть прорубаются стены между тремя языковыми эпохами, когда мышление происходит не на языке, но языком. Задачей авангарда становится язык, т.е. его корневая структура, и возникающий на этой основе образ, когда предмет или явление не описываются, а выявляется их кристаллическая решетка, иными словами проявляется сущность вещи изнутри, в отличие от другого метода авангарда, когда вещь атакуется извне. В этом смысле возникает проблема потери языка в иноязычной среде, в среде иных племен, т.е. боязнь потери языка.

Первое, что распаляет нашу боязнь, это ненормально привитое чувство родины, когда все и вся хуже того места, где ты родился и живешь. По этому поводу я вспоминаю Хлебникова в одном из манифестов: „Родина — мать шовинизма". И второе, более уважительное — мы не можем вернуться на родину, мы не можем поступить так, как мы желаем, не поступившись при этом ничем. Мы оказались на свободе, но наше прошлое насилует нас. Это затрудняет дыхание, но не более того. Для растерянности нет причин. Мы встретились с новой структурой жизни, о которой знали только понаслышке, и все наши знания и предположения оказались малосущественными. Отсюда возникли две позиции: экзальтированная любовь к прошлой литературе и отрицание настоящей, и все в настоящем и ничего от прошлого. Подобные крайние суждения приводят к тому, что встреча с новой для нас структурой жизни и с иными племенами состояться не может. Мое мнение — встреча необходима, и поставлена эта проблема историей перед нами не зря. А вот решить эту проблему должен каждый в отдельности, наедине с самим собой.

СЕРГЕЙ ДОВЛАТОВ—НОВЫЙ АМЕРИКАНЕЦ

Я бы хотел заинтересовать вас одним из удивительных парадоксов нашей культурной жизни. Самая большая по объему газета в мире на русском языке выходит не в Москве, не в Ленинграде, не в волжских степях, а на углу 35-й стрит и 8-й авеню в Нью-Йорке. Эта газета — „Новый американец", вот она. В ней 48 страниц так называемого таблоидного размера, она выходит каждый вторник, существует четырнадцать месяцев.

Три года назад в Америку прилетел ленинградский журналист Борис Меттер, быстро и трезво оценил свои незавидные перспективы. Несколько месяцев он вяло топтался у подножия социальной лестницы, в буквальном и переносном смысле, а именно — был лифтером. Работа его не удовлетворяла, и он назойливо заговаривал с пассажирами в лифте, делился планами создания новой еженедельной газеты. Кому-то идея нравилась, кому-то представлялась нерентабельной, и даже вздорной, но важно другое. Собеседники

Бориса Меттера не удивлялись, всем казалось нормальным, что лифтер собирается издавать газету. Вот что такое Америка! У Меттера появились единомышленники, такие же беспросветные неудачники, как и он. Мы получили банковскую ссуду, двенадцать тысяч долларов, что явилось предметом немыслимых слухов и домыслов. Говорили даже, что нас субсидирует Комитет Государственной Безопасности. Узнав об этом, я позвонил Меттеру. Меттер страшно обрадовался. Он сказал: „Это замечательно, что нас считают агентами КГБ. Это укрепляет нашу финансовую репутацию. Пусть думают, что мы богачи"...

Газета стала реальностью. Ощущение чуда сменилось повседневными заботами. Мы не имели делового опыта, ломились в открытые двери, изобретали бесчисленные велосипеды, безбожно коверкали английский язык. Президент корпорации Меттер начинал деловые телефонные разговоры следующим образом: "This is speak I—Борис Меттер". Мы углубились в джунгли американского бизнеса, одновременно вырабатывалась нравственная позиция газеты. Мы провозгласили: „Новый американец" является демократической свободной трибуной. Он выражает различные, иногда диаметрально противоположные, точки зрения. Выводы читатель делает сам".

Честно говоря, мы испытывали неудовлетворенность русской прессой в Америке. Казалось бы, свобода мнений, великое завоевание демократии. Да здравствует свобода мнений! С легкой оговоркой: для тех, чье мнение я разделяю. А как быть с теми, чье мнение я не разделяю? Как это непривычно — уважать чужое мнение! Как это глупо — дать высказаться оппоненту. Как это соблазнительно — быть единственным конфидентом истины. Оказалось, выбрать демократию недостаточно, как недостаточно выбрать хорошую творческую профессию. Демократии нужно учиться. Дома нам внушали единственно правильное учение. Дома был Обком, который все знал, а тут? Читатель — не малолетний ребенок, он достоин самой разносторонней информации, он достаточно умен, чтобы принимать самостоятельные решения. Мы уехали, чтобы реализовать свои человеческие права: право на творчество, право на собственное мнение, право на материальный достаток, и в том числе священное право быть неправым, т.е. право на заблуждение, на ошибку. Так давайте жить, как принято в цивилизованном обществе...

Порой нас спрашивают, какого направления придерживается наша газета, с кем она борется, кого ненавидит, против кого выступает. Так вот, мы не против, мы—за. Бы за правду, за свободу, за человеческое достоинство, за мир и культуру, за духовные и нравственные поиски, за нашу многострадальную Родину, за приютившую нас Америку, за мужество и за талант.

Мы называем себя еврейской газетой. Честно говоря, я был против такой формулировки, она мне кажется лишней. Я считаю газету еврейской лишь настолько, насколько можно считать еврейской третью эмиграцию. Мы говорим и пишем на русском языке, наше духовное отечество — великая русская культура, и потому мы — русская газета. Мы живем в Америке, благодарны этой стране, чтим ее законы, и, если понадобится, будем воевать за американскую демократию, и потому мы — американская газета. Мы — третья эмиграция, и читает нас третья эмиграция, нам близки ее проблемы, понятны ее настроения, доступны ее интересы, и потому мы — еврейская газета.

Мы освещали израильские события, публиковали материалы на темы еврейской истории, отдавали должное таланту Башевица Зингера и Маламуда. Началось брожение в общественных кругах. Нас обвиняли в пренебрежении к России, в еврейском шовинизме, в корыстных попытках добиться расположения богатых еврейских организаций. Старый друг позвонил мне из Франции. Он сказал: „Говорят, ты записался в правоверные евреи и даже сделал обрезание". Я ответил: „Володя, я не стал правоверным евреем и вовсе не делал обрезания. Я могу это доказать. Я не могу протянуть тебе свое доказательство через океан, но я готов предъявить его в Нью-Йорке твоему доверенному лицу"...

Параллельно с еврейским шовинизмом нас обвиняли в юдофобии, называли антисемитами, погромщиками, черносотенцами, упоминая при этом Геббельса и Рибентропа.

Дома нас учили: советское — значит отличное, наши луга самые заливные, наши морозы самые трескучие, наша колбаса самая отдельная. Сейчас мы в Америке, так давайте же чуточку расслабимся, давайте при слове „еврей" не размахивать кулаками, чтобы не получилось: еврейское — значит отличное!...

В нашей газете были помещены дискуссионные материалы о Солженицыне. Боже, какой начался шум! Нас обвиняли в пособничестве КГБ, в прокоммунистических настроениях, чуть ли не в терроризме... Исключительный художественный талант писателя неоспорим, но идеи Солженицына, его духовные, нравственные и политические установки вызывают разноречивую критику. Голос Солженицына звучит на весь мир, а значит, голоса его оппонентов тоже должны быть услышаны. Этому принципу следует наша газета. Всякое большое явление обрастает суетной и мелочной накипью. Великого человека зачастую окружает невероятно посредственная клика. То и дело раздаются грозные вопли бездумных и угодливых клевретов Солженицына: кто осмелится замахнуться на пророка, его особа священна, его идеи вне критики!.. Десятилетиями они молились Ленину, а теперь готовы крушить его монументы, ими самими

166

воздвигнутые. Мы устроены по-другому. Мы восхищаемся Солженицыным и поэтому будем критически осмысливать его работы. Слишком ответственна функция политического реформатора, слишком дорого нам будущее России...

Больше года выходит наша газета, и больше года я слышу: чего вы смеетесь, над чем потешаетесь? В Афганистане трагедия, академик Сахаров томится в Горьком, и вообще мир на грани катастрофы. Да, мир на грани катастрофы, и привели его к этой грани именно угрюмые люди. Угрюмые люди бесчинствуют в Афганистане, угрюмые люди хватают заложников, и гордость России, академика Сахарова, мучают тоже угрюмые люди. И потому мы будем смеяться над русофобами и антисемитами, над воинствующими атеистами и религиозными кликушами, над мягкотелыми голубями и твердолобыми ястребами, а главное, заметьте, над собой. И хочется думать, пока мы способны шутить, мы останемся великим народом. Я говорю как о русских, так и о евреях.

Говорят, в эмиграции происходят бесконечные ссоры. Все согласны, что это безумие. Все хотят мира и дружбы. Но одни понимают мир, как торжество единственного самого верного учения, а другие, как сосуществование и противоборство множества идей. ,,Новый американец'', повторяю, является трибуной для их свободного, корректного, доброжелательного выражения.

А теперь я хотел бы раскрыть один маленький секрет. Все, что я сейчас говорил, опубликовано. Опубликовано в газете ,,Новый американец'', все до единого слова. Мое выступление составлено из 26-ти цитат с использованием восемнадцати номеров газеты, что свидетельствует о нашем довольно-таки последовательном отношении к затронутым вопросам. Спасибо за внимание.

МАРИЯ РОЗАНОВА—СИНТАКСИС

Мне будет довольно трудно выступать после Довлатова, потому что, во-первых, я всего-навсего слабая женщина, и где мне тягаться с таким зубром. А во-вторых, у нас выступления немножко в разных жанрах, и его жанр более выигрышный. Его жанр я бы определила словами вальс с чертовщинкой, а мое выступление скорее вальс со слезой. И сами понимаете, что печальные рассуждения всегда проигрывают. Но я на это готова.

Наш бедный маленький журнал ,,Синтаксис'' появился в минуту отчаяния, в минуту, когда вдруг на третьем-четвертом году эмиграции обнаружилось, что одному из моих любимых авторов — вот Боб Кайзер сегодня не сказал, кто его любимый автор, а я признаюсь — одному из моих любимых авторов, Абраму Терцу, негде печататься. Опять негде печататься. В русской прессе для него нет места, ибо для одних Абрам Терц — русофоб, для других — порнограф, третьих не устраивают причуды его стиля, а для некоторых — он агент Москвы. Ситуация сложилась почти как в той самой Москве. Печататься опять негде, а впереди нет больше никакой другой заграницы, мы доехали до края, до Парижа, и отправлять рукопись дальше некуда. И вот тогда я сказала: ,,Послушай, Синявский, ведь тут же свобода. Если нет издания, где ты мог бы печататься, давай создадим свой журнал". На что Синявский возразил: ,,А кому он нужен? Кто будет в нем печататься? Мы же одни, никого нет. Наш остров необитаем". Ничего, решила я, в крайнем случае, это будет журнал одного автора. Такое уже в литературе случалось. Вот таким образом был задуман этот маленький журнальчик ,,Синтаксис".

Вначале я предполагала, что с очень большим скрипом, с очень большим трудом будет выходить время от времени сто страничек, не больше. На большее мы рассчитывать не могли. Более того, время от времени мы думали о том, как долго мы сможем тянуть этот журнал. Поэтому я с большой завистью услышала сегодня, что Довлатов на свою газету получил поддержку. Я думаю, что из всех общественно-политических журналов русского литературного рынка, один ,,Синтаксис" не имеет поддержки ни от кого. Это в чистом виде самиздатское, частное предприятие. Мой Спрингер — это Синявский, и, может быть, это в какой-то мере определяет лицо журнала. Отсюда, оттого что мы опять вошли в самиздат, и название журнала. Мы отдали дань памяти первого русского самиздатского журнала ,,Синтаксис", который когда-то очень давно, на заре самиздата, выпускал Алик Гинзбург, и были это поэтические сборники, всего навсего. Название ,,Синтаксис" привлекло нас не только потому, что это возвращение к самиздату, но еще и потому, что это слово ничего не означает величественного, торжественного. Дело в том, что в нашей русской манере нам свойственно как-то очень красиво и очень торжественно себя называть. Вот, с одной стороны, ,,Новый американец", он новый, он американец — это звучит. С другой стороны, ,,Время и мы" — это тоже звучит. Время, мы. А вот тут сидит ,,Континент" — это тоже что-то очень большое, очень тяжелое, торжественное. Ну, а мы что... ну, связь слов в предложении, ничего больше. Собачка, синтаксис у Чехова.

И вдруг, когда мы уже были готовы пуститься в это плавание в абсолютном одиночестве, выяснилось, что мы не одни, и что по нашему эмигрантскому острову, который мы считали необитаемым, ходят другие неприкаянные авторы со своими неприкаянными, неуместными идеями. Неуместными потому, что на острове, к моему очень большому сожалению, и это очень горькое наше открытие, на нашем эмигрантском острове господствует конформизм, привычка, правило писать не о том, что тебя волнует, а о том, что полагается, о том, что должно писать. Этакий эмигрантский советизм навыворот. Откуда он берется? Может быть, это оттого, что русский человек, попав на Запад, внезапно стал очень одинок, а привык-то он к коллективу, к какой-то своей среде, к авторитетам. Одинокому человеку хочется найти себя в массе, в прочной системе. И вот получается, что вчерашние герои, которые жертвовали собой за свое инакомыслие, здесь ищут, как бы от этой свободы избавиться и спрятаться за коллективную мудрость эмигрантского ЦК. Конформизм — это потребность в обществе, а общество предлагает правило: не выноси сор из избы; живи как все; живи, как мы живем. В Советском Союзе таких маленьких обществ было много, и в принципе, каждый человек мог найти свою среду, среду таких же отщепенцев. А здесь этого множества нет, и все отщепенцы становятся постепенно на одно лицо. И опять надо построиться в колонну, опять надо ходить в ногу, и опять появляются запреты на какие-то больные темы, на какой-то стиль, выходящий за рамки маленького эмигрантского общежития.

Когда мы выпустили несколько номеров ,,Синтаксиса'', где предложили вниманию читателя ряд больных и острых тем, в эмигрантской периодике никто на это не откликнулся. Нас, с одной стороны, это удивило, а с другой стороны, вполне ложилось на расклад эмигрантства. Если бы нам возражали, спорили, нас ругали — это было бы понятно, но просто оказалось, что целый ряд тем не подлежит обсуждению. Например, антисемитизм среди определенной части советского диссидентства, русский национализм, как реальная опасность новой авторитарной системы, проблемы раскаяния в ходе советского политического суда и следствия, и связанная с этим опасность кризиса и конца диссидентства. Ну и, наконец, проблема языка, советского языка и советского строя мышления в антисоветской прессе. Но ведь если все эти и подобные им проблемы замалчивать, мы снова здесь, в эмиграции, создадим свой маленький Советский Союз, только с другим знаком. А стоило ли ради этого выезжать из большого Советского Союза, стоило ли выезжать на Запад? И вот в виде подзаголовка к журналу ,,Синтаксис'' мы поставили слова: публицистика, критика, полемика. Последнее слово — полемика — предполагает спор не с какими-то общеизвестными вещами и понятиями, под словом ,,полемика'' имеется в виду, что человеческая мысль развивается не только путем отталкивания от общеизвестной стенки, например, от советской власти, но и во внутренних спорах, в противоречиях, в возможности разномыслия внутри инакомыслия.

Слову ,,публицистика'' в практике нашего журнала мы тоже хотели бы придать некий оттенок размышления, т.е. не просто публиковать пламенные воззвания или документы нашей бесконечной русской жалобной книги, но постараться создать своего рода философскую публицистику. И нам очень хотелось бы, чтобы третье слово в нашем подзаголовке — „критика” — означало не только вынесение оценок, кому какую отметку за литературное произведение поставить, какое произведение нравится, а кому какое не нравится, но в первую очередь, слово „критика” означало бы анализ, осмысление того, что происходит в художественной, например, литературе. Ведь славная традиция русского толстого журнала, лицо русского толстого журнала, определялись всегда не отдельными повестями, не отдельными стихами, даже самыми прекрасными, а определялись все-таки уровнем литературной критики. И вот если мы не возродим здесь эту традицию литературной критики, я думаю, что через некоторое, очень быстрое время мы погибнем.

Ну, вот немножечко... ну, это я уже следую за Ильей Левиным, он так красиво сказал о своих авторах, что мне тоже хочется сказать о своих. И я строю журнал, стараюсь его строить, на каких-то постоянных авторах, мне очень хочется работать с авторами каждый день, и меня очень радует, что таким постоянным автором в нашем журнале стал московский философ, эссеист Григорий Померанц. Однажды к нам из Москвы пришла рукопись под псевдонимом Н. Лепин. Эта рукопись настолько поразила наше воображение, что я позволила себе — благо у меня нет редколлегии и нет возможности, так сказать, спорить, что-то мне запрещать, что-то мне предписывать — я позволила себе целый номер отдать этому произведению. Это тридцать три маленьких философских эссе о мировой культуре. Таких вещей в самиздате последние годы почти не бывало. С одной стороны, мне было радостно, что я имею возможность это напечатать целиком, напечатать так, как я напечатала, с другой стороны, мне было очень горько, что не нашлось ни одного профессионального читателя, никого среди моих коллег, сидящих здесь, кто бы на это дело откликнулся. Мне казалось, что текст, который напечатан, вызовет какой-то отклик. И единственное, откуда мы получаем какую-то поддержку, это Москва. Одна из моих самых больших радостей, что подряд два московских самиздатских журнала, сначала журнал „Поиски”, а потом, после разгрома „Поисков”, после ареста и процессов нескольких членов его редколлегии, продолжающий „Поиски” московский журнал „Поиски и размышления”, апеллировали за помощью, за поддержкой из всего веера эмигрантской прессы именно к нам.

Но таких радостей в журнале „Синтаксис” очень мало. В основном наша жизнь состоит из очень больших сложностей, потому что, если мы еще первые номера могли отнести в типографию, то последний номер журнала я сделала сама. Он делался целиком, кроме того, что его отправили в брошюровочную, в моем доме. Он номер 8, и выглядит он вот так. Вот и все.

ВИКТОР ПЕРЕЛЬМАН — ВРЕМЯ И МЫ

За шесть лет издания журнала „Время и мы" я, кажется, начинаю свыкаться с ощущением, что все мы живем в мире графоманов. Пусть это вас не эпатирует — под сказанным есть некая логическая основа, я бы даже сказал, некие современные реалии. Замечательный чешский писатель Милан Кундера в своей „Книге смеха и забытья" пишет, что графомания — одержимость писать книги — становится массовой эпидемией. Маленький человек, живущий в огромном мире, хочет быть услышанным и рвется во весь голос заявить о собственном „я".

Однажды я зашел к своему знакомому в редакцию „Нового мира". Он сидел, обложенный кипой папок, и пытался их хоть как-то систематизировать. На мой первый же вопрос: „Как живешь?", — он мрачно ответил: „Я не живу, а борюсь с графоманами", — и кивнул на стеклянную дверь, за которой стояли шкафы, набитые присланными в редакцию рукописями.

Поистине, в его горькой шутке была доля правды, ибо проблема толстого журнала, в конце концов, сводится к проблеме отбора истинной литературы из всего, что претендует ею называться. С точки зрения истинной литературы, не имеет никакого значения — какими мотивами вызваны эти претензии, будь то политические амбиции, или честолюбие, или просто крик души маленького человека, желающего быть услышанным в век машинной цивилизации.

В годы молодости мне случилось несколько лет проработать в одном замечательном журнале, именуемом „Советские профсоюзы". Он был замечателен прежде всего тем, что, выходя тиражом в восемьсот тысяч экземпляров, никогда и никем не читался. Но, как вы догадываетесь, отсутствие читателей отнюдь не означало отсутствие авторов. А раз были авторы, то, естественно, были и графоманы. Вы можете себе представить, каков был литературный уровень графоманов журнала „Советские профсоюзы"! Но, надо сказать, что по своей плодовитости они ничуть не уступали „интеллектуалам" из „Нового мира".

Так вот, один из них, человек по имени Николай Борисов, слесарь Харьковского машиностроительного завода, бригадир коммунистического труда — вы, конечно, помните это изумительное явление советской действительности — взялся присылать нам изо дня в день свои „Заметки новатора", этакие литературные шедевры о ходе социалистического соревнования. По наивности, мы вначале пытались отбиться. Но советские графоманы, в отличие от западных, лишенных возможности пробиться в литературу, обладают особой убойной силой, ибо в нужный момент могут обратиться за поддержкой к общественности. Вот и наш автор после второго или третьего отказа решил написать на нас жалобу тогдашнему председателю ВЦСПС Виктору Васильевичу Гришину. Не прошло и недели, как из канцелярии Гришина спустилась в редакцию резолюция: ,,С каких это пор в нашем профсоюзном журнале не может напечататься рабочий человек?" Нужно ли говорить, что, начиная с этого дня, шедевры нашего харьковского рабкора беспрепятственно наводняли страницы журнала ,,Советские профсоюзы", впрочем, ни с какой стороны не повлияв на его читабельность.

Но все это предыстория, на которой я бы даже не стал останавливаться, если бы она не имела уже совершенно сюрреалистического продолжения. Перейдя из ,,Советских профсоюзов" в ,,Литературную газету", я, разумеется, забыл о существовании Николая Борисова и столкнулся с ним, точнее, с одним из его новых произведений, живя уже в Израиле и будучи редактором журнала ,,Время и мы". Однажды, сидя в редакции на улице Нахмани, в Тель-Авиве и просматривая утреннюю почту, я наткнулся на толстый конверт. Крупный каллиграфический почерк, которым был написан и наш тель-авивский, и обратный венский адрес, не вызвал у меня ни малейшего подозрения. Но машинально вскрыв его, я обнаружил нечто такое, до чего не могла додуматься никакая фантазия. Да, это был он, наш бронебойный автор Николай Борисов: ,,Дорогой Виктор Борисович! Наконец-то я Вас разыскал, пишу Вам из Вены..." И далее шла уже совершенная фантасмагория: прославленный харьковский новатор и рабкор Николай Борисов на самом деле оказался не Борисовым, а Лифшицем, отсидевшим что-то лет десять за свои троцкистские шатания в тридцатые годы, подавшийся после лагеря на завод, дабы ударным трудом искупить прошлое.

Но, видимо, его троцкистская натура рано или поздно не могла не сказаться, и при первой возможности наш рабкор эмигрировал, а эмигрировав, решил вернуть себе свою добрую еврейскую фамилию Лифшиц. И вместо скромных ,,Заметок новатора", прислал на этот раз килограмма в два весом ,,Заметки бывшего троцкиста".

Сделав это отступление, я бы снова хотел вернуться к проблеме отбора, однако, уже в ином аспекте. В эмиграции появились целые авангардистские издания, провозгласившие своим девизом поиск новых форм в литературе. Мы готовы печатать все, что не может увидеть света в других местах. Итак, авангардизм бросает вызов традициям. С моей точки зрения, можно только приветствовать появление этих изданий, ибо они зовут к экспериментам, а литература немыслима без эксперимента. Я бы даже сказал больше: подлинная литература и есть эксперимент. Одно из двух: или эксперимент, открытие, переворот в видении, или не-литература, то есть ,,ничто", ,,ноль", унылое повторение многократно виденного и слышанного. Думаю, что тут не существовало бы никакой проблемы, если бы это ,,ничто", этот ,,ноль", это скудомыслие выступали в чистом виде, как, скажем, в заметках нашего рабкора, Борисова-Лифшица. Дело, однако, в том, что в жизни и литературной практике все несравненно сложнее. Я никогда не делал подсчета, но мне кажется, что, как минимум, половина беспомощных и путешествующих по редакциям творений — это отнюдь не крик души графоманов-одиночек, о которых пишет Милан Кундера.

В большинстве своем это графоманы с амбициями, полагающие себя авангардистами, графоманы-,,первопроходцы", графоманы-,,искатели", полагающие себя талантами, воспеваемые окружением. Дело дошло до того, что в ,,приличном" литературном обществе стало даже небезопасно о них критически отзываться — кому же охота прослыть ретроградом от литературы! Тут люди ищут, по минному полю, можно сказать, идут, а вы, окопавшиеся в третьем эшелоне? Что вы можете предложить современной литературе, кроме навязшего в зубах реализма? Не правда ли, забавная ситуация царит в эмигрантской литературе! Вот мы и подошли к проблеме отбора с другой стороны — давайте теперь назовем вещи своими именами. Так вот, ничто, никакие претензии на авангардизм, сюрреализм, языковое новаторство, — ничто не избавляет нас от необходимости ответить на жесткий и в общем-то однозначный вопрос: литература ли то, что лежит перед нами на письменном столе? Еще более жестким этот вопрос выглядит тогда, когда автор уже слывет талантливым самородком, хотя и с определенными оговорками — де читать, действительно, трудновато, де сюжет и впрямь ускользает, но смотрите, какой язык, язык-то какой! Где они, эти пограничные столбы, отмечающие подлинную литературу?

Я часто ловлю себя на желании спросить у одного из наших модных авангардистов — чьи, по его собственному мнению, традиции в русской и мировой литературе он продолжает? Ну, хорошо: не Чехова, не Бунина, не Лескова... Но, может быть, Булгакова? Кафки? Набокова? К кому именно восходит его стилевой строй, его образ мышления? Да, к кому! Читаешь иной критический обзор, некоего маститого университетского слависта (вот кто не устает открывать нам глаза на наших собственных авангардистов!) и не устаешь удивляться — вроде бы, не было до нашего автора вообще никакой русской литературы, а был лишь выжженный русскими царями пустырь, по которому бродили доисторические личности, вроде Бунина или Леонида Андреева, а его, нашего автора, явление и есть Рождество Христово, от которого мы впредь поведем счет времени.

Я бы хотел открыто заявить, что журнал наш в своих оценках стоит на иных позициях. Хотя бы потому, что авангардисты сегодня рождаются в несметном множестве (ну, просто эпоха нового авангарда!), — мы не полагаем рождение мастера явлением столь редкостным и столь бросающимся в глаза, что было бы кощунственным говорить о каких-то пограничных столбах, к которым мы то и дело обращаемся, желая отделить авангардиста от графомана.

Разумеется, на страницах журнала выступают не только мастера в том булгаковском смысле, в каком я говорил выше. Так же, как литература вообще делается не только мастерами, но и писателями разной степени таланта. Они продолжают традиции мастеров, и без них невозможен литературный процесс. Я не хочу повторять прописную истину о том, что их роль несравнима с ролью тех, кто идет впереди, — но и тех, и других объединяет в наших глазах время, вне которого нет литературы, ибо она немыслима вне потока истории. Именно поэтому в журнале нет места „авангардистам", у которых вообще не ощущается потока истории, а вместо него просто поток слов, стеклянный колпак, исключающий не только возможность почувствовать мысль автора, но и понять, существует ли она вообще.

Я снова обращаюсь к Милану Кундере. Он говорит: „Мы пишем потому, что наши дети нами не интересуются, мы обращаемся к анонимному миру, потому что жена наша затыкает себе уши, когда мы обращаемся к ней".

Я готов понять эту всепоглощающую страсть высказаться — но при чем же тут литература: неужели все дело только в развитии печатной техники и в предоставленном демократией праве как угодно экспериментировать словами?

174

ВОПРОСЫ К ВЫСТУПЛЕНИЯМ

Коржавин: Первый вопрос у меня к Некрасову. Как члену редколлегии „Континента" (хоть и больше формальному), мне хотелось бы уточнить один факт из выступления Марии Розановой. Это никак не атака на „Синтаксис". Я рад, что этот объявляющий своим принципом терпимость (каковых требований я к нему не предъявляю), но резко-направленческий журнал — выходит. Это единственный вид терпимости, который я признаю: чтобы каждый говорил, что хочет, но в своем журнале и от своего имени. Вопрос же мой более мелкого порядка. Действительно ли Максимов отказывался печатать Синявского. Насколько мне известно, Максимов всегда, в отличие от меня, высоко ценил Синявского. Как же так?

Второй мой вопрос — Довлатову. Опять в связи с терпимостью. Что он под ней понимает? Когда-то, после очередного покушения, петербургский генерал-губернатор стал вызывать к себе по-одному редакторов всех столичных газет и справляться у них о направлении их изданий. Вызван был и редактор „Газеты-копейки". Последний на вопрос губернатора: „Каково направление Вашей газеты?" ответил: „Кормимся, Ваше превосходительство!", с чем и был отпущен. Можно ведь и этот ответ истолковать как проявление терпимости. Узости взгляда, во всяком случае, или какой-либо оголтелости в нем нет. Вот на эти два вопроса я бы хотел получить ответ.

Некрасов: Я попал в „Континент", когда, увы, произошла там ссора между Максимовым — Синявским и Розановой. Печальный факт, но факт. И присутствовал при последнем разговоре, когда Максимов сказал: „Какая бы между нами вражда ни была, Андрей Донатович, любое ваше произведение, не читая, будет опубликовано".

Розанова: Дело в том, что рядом со мной сидит редактор журнала „Время и мы" Перельман, который оказал нам в свое время очень большую, так сказать, честь и напечатал те две статьи Синявского, которые отверг Максимов.

Аксенов: Ну, все в прошлом. Сейчас, после этой конференции будет всеобщий мир и согласие, я думаю.

Довлатов: Дело в том, что Наум Моисеевич не задал вопрос, а сделал утверждение. Я мог бы просто не отвечать, потому что Коржавин сделал утверждение в том смысле, что наша беспринципная газета охвачена стяжательскими какими-то настроениями. Я сейчас не буду говорить о направлении газеты, я такое количество страниц исписал на эту тему, что просто бессмысленно что-то пытаться объяснить тому, кто ее не читает, тем более, что я на эту тему уже говорил.

Теперь, что касается меркантильной стороны дела. В нашей газете шестнадцать русских эмигрантов третьей волны не умирают с голоду. И я с огромной гордостью сообщаю вам, что в газете, редактором которой я являюсь, шестнадцать филологов, литераторов и журналистов получили возможность, не таская мешки и не становясь программистами, что еще страшнее, не умирать с голоду и продолжать свою профессиональную деятельность.

Цветков: Я хочу задать вопрос Виктору Некрасову, как представителю „Континента". Вы говорили здесь вдохновенно и красиво, но вы мало, в общем-то, сказали о журнале. Вот я хочу задать такой вопрос, который, на мой взгляд, относится к журналистской этике. Существует такое понятие. Это вопрос из трех пунктов. Я думаю, что я подробнее об этом поговорю в моем выступлении завтра. На каком основании „Континент" позволяет себе производить цензуру публикуемых произведений, т.е. правку без ведома и согласия авторов? Далее, тот же вопрос относительно практики жандармских предисловий, т.е. предисловий, предпосылаемых в качестве предостережения материалам, не соответствующим линии редактора, которые все же иногда проникают в „Континент". В одном из таких предисловий, кстати, сотрудник редакции назвала себя в числе нескольких своих любимых поэтов. И последний вопрос, как вы расцениваете практику дачи редактором интервью собственному сотруднику? На мой взгляд, такая журналистика несколько парадоксальна. Все.

Некрасов: Должен признаться, что на первый вопрос вынужден ответить с той же печалью, с которой вы его задали. Да, бывают такие моменты, и даже я, член редколлегии, иногда попадаю впросак. Второе. Случай с Лимоновым — случай прискорбный. Мне могут нравиться или не нравиться стихи Лимонова, так же как и Горбаневской они могут нравиться или не нравиться. Если нравятся — печатать. Не нравятся — не печатать. Но печатать с подобным предисловием просто некрасиво. Предисловие Горбаневской, по-моему, грубое и недостойное. Я, во всяком случае, против него. И третий вопрос. Беседа В. Иверни с Максимовым. Я это интервью прочитал с большим интересом. По-моему, оно талантливое и интересное.

Аксенов: Максимов — один из крупных русских писателей. Куда ему еще дать интервью? Не в „Новый мир" же, правда? (В „Октябрь", где он работает, туда. — Лимонов). Давайте не вспоминать старых грехов, а то можно будет тогда закрывать собрание. Еще вопросы, пожалуйста. Вот там, прошу вас.

176

Из зала: Прежде всего, должен сказать, что есть определение, которое мне нравится, определение писателя, хорошего писателя, как талантливого графомана, а о том, как отличить талантливого графомана от неталантливого графомана, об этом разговор здесь вообще не состоялся. Вот Коржавин собирался этот разговор поднять, в связи с вопросом о вкусе. Разговора этого не было, поэтому, к сожалению, этот аспект выпал.

У меня вопрос к Некрасову, но не по поводу „Континента", а по поводу того, что он сказал здесь. Это было в июне 68-го года, в самом разгаре пражской весны, и на Покровке в кафе, которое недавно открылось, и где был итальянский автомат, делавший кофе, я разговорился с танкистом, молодым танкистом, который во время Второй Мировой войны никаким танкистом не был, ходил пешком в детский сад. И разговаривали мы осторожно, было полно народу. Поскольку мальчик был с интеллигентным лицом и все-таки с образованием, я как-то заранее предположил, что его настроение будет, ну, в какой-то мере, соответствовать настроению всех тех людей, кто страстно желал, чтобы этот пражский эксперимент удался. И вдруг я от него услышал, что если они, мол, пойдут и дальше так, нашим танкам дорога на Прагу известна. И он сказал это с таким восторженным огнем в глазах! И я тогда был настолько шокирован, что я даже не нашелся ничего ему сказать.

И сейчас я думаю, а хорошо ли это вообще выступать в роли освободителя? Положим, мы выступали невольно, потому что мы шли в Европу по следам отступавших немцев. Но отдаем ли мы себе отчет в том, что вот такие поступки, которые, на первый взгляд, благородны и полны самых лучших намерений, потом, в силу экспансии, и в силу инерции, таким вещам присущим, потом вот отражаются в следующем поколении в выступлении этого танкиста? И испытываешь боль, когда думаешь об этом и думаешь не только о том, что мы, мол, были освободители, а теперь стали оккупанты, а и о том, что эти две вещи очень, может быть, органично друг с другом связаны. А сейчас к вопросу. Согласны ли вы, что это не чья-то, скажем, злая воля, ну скажем, воля сегодняшнего Брежнева или вчерашнего Сталина, сделала вот то, что есть? Что это та связь вещей, о которой и идет разговор, в сущности говоря, когда писатель садится и начинает покрывать, по-аксеновскому объяснению, какими-то значками лист бумаги? Ну, вопрос не очень внятный, прошу простить.

Некрасов: Да, вопрос не очень ясный. Я могу сказать, что для меня, живущего далеко от Советского Союза, для меня, бывшего офицера Советской Армии, любившего своих солдат, и, кажется, любимого своими солдатами, для меня это трагедия, что советский солдат и

177

красная звездочка покрыли себя позором. Что происходит в Афганистане, никто, в конце концов, не знает. И самое грустное, что и в России не очень знают. Люди, приезжающие оттуда, рассказывают, что в очередях, в массе говорят — да, американцы, вроде, хотели прикарманить Афганистан, ну им и дали отпор... Косвенно доходящие сведения говорят о том, что, действительно, первые части, отправленные в Афганистан, были среднеазиатскими, и их быстро вывели, потому что происходило там что-то вроде братания. Что происходит на самом деле — неизвестно.

Из зала: Я хотел обратиться к товарищу Некрасову. Судя по вашему выступлению, вы уже были в возрасте 20-ти лет во время Второй Мировой войны. И вы сказали, что вы чувствовали себя освободителем. Вы освобождали Польшу, Чехословакию и т.д. Вы только очнулись , когда советские войска в 68-м году вошли в Чехословакию. Я хотел узнать, что было в ваших мыслях, когда Советский Союз напал на Финляндию? Эта была первая, наиболее яркая агрессия Советского Союза.

Некрасов: Вы меня спрашиваете, что я, мальчишка, думал, когда... (Вы не были мальчишкой. — *из публики*). Во время финской кампании — это был 39-й год — мне было 28 лет. (28? Тем более — *из публики*). Даже в 30 лет, когда я попал в армию, я в сущности был на уровне мальчишки. Финскую войну я считал и до сих пор считаю самой позорной войной, которую пережила когда-нибудь Россия. Великая Отечественная война, как мы ее называли, я до сих пор ее так называю, а на Западе ее называют Второй Мировой, иногда антифашистской, а ,,Юманите'' ее назвала даже Второй Интернациональной войной, была войной защиты своей Родины, хотя многие участники власовского движения считают, что они боролись против коммунизма, впрочем, забывая, что защищали, в какой-то степени, гитлеризм. Мы защищали свою Родину, этим гордимся, за это проливали кровь, и наша трагедия в том, что те страны, которые мы думали, что освобождаем, мы покорили. В этом наша трагедия и трагедия моего поколения. Меня, тридцатилетнего мальчика, юношу в общем, обманули, и я обманывал других, до того момента, пока не увидел, что больше жить в этой стране обмана невозможно. Вы удовлетворены ответом?

Из зала: Я, как и многие другие, присутствующие здесь, просто не успеваю прочитать все то страшно интересное,что печатается в ваших журналах и газетах. У меня лежит четыре номера ,,Континента'', гора ,,Нового русского слова''... Есть ли надежда, что будет создан еще один журнал — русский *Reader's Digest*. Если нет, настойчиво рекомендую.

DAY THREE:
LITERATURE BEYOND POLITICS

IS THERE A RUSSIAN LITERATURE BEYOND POLITICS?

Olga Matich

It is not surprising that most emigre writers today and their literary counterparts in the Soviet Union see contemporary Russian literature as undivided in spite of its obvious and perhaps final geopolitical separation. There are emotional and tactical reasons for this point of view, which is based on the special bond existing among many of these writers and their sense of common purpose regardless of geographical location. Literary facts as well indicate that at this point it is not possible to distinguish between metropolitan and emigre literature. The writers who have left have left only recently, and in many cases their works date from before their departure. This is certainly true of Aksyonov and Voinovich, the more recent arrivals in the West. The emigre process has been a gradual one, which reinforces literary continuity and negates the notion of bifurcation. Contemporary emigre literature is for the most part a continuation and further development of unofficial literary processes in the metropolis.

One of the special bonds that unofficial Soviet writers share with those in emigration, either as direct participants or vicariously, is the *tamizdat* experience. Although primarily a form of publishing, *tamizdat* is also a world view for the unofficial political and apolitical writers. Giving full rein to his truth-telling and testimonial literary sensibilities, the political or civically minded *tamizdat* author also performs a broader mission by "crossing the borders." While Solzhenitsyn claims that he writes for his people, there is no doubt that he also wants to inform the rest of the world and seek support for his anti-Soviet position. Consistent with his neo-Slavophile ideology is the desire to save the Western world, even if this is only peripheral to his primary goal. The desire to cross borders in a geopolitical and intellectual sense is not limited to the political and ideological context. For a significant number of writers, *tamizdat* signifies aesthetic experimentation and entry into the ranks of modernist literature. Serving a major taboo-lifting function in contemporary Russian literature, *tamizdat* is a Petrine window to the West. It also often leads to emigration.

Although emigre literature is dominated by anti-Soviet and Russian politics it can also be characterized by its apolitical literary concerns, which the younger writers would like to claim as their own. Modern developmental processes in the cultural sphere are usually associated with generational conflict, with the young pushing the boundaries of the established canon. But this has not been the case throughout much of Soviet literary history since the 1930s. Because of Stalinist terror and the obstruction of the normal historical process in the Soviet Union, generational issues did not generally have a chance to surface. When they did appear during periods of relative political relaxation, they were superseded by political concerns which transcended generations. The main conflict during the Thaw was between those who propagated the official Socialist Realist canon and those who opposed it. Although a clear distinction between the Stalin generation and those who did not experience Stalinism personally developed during the Khrushchev era, Thaw literature included writers from all generations. Certainly Solzhenitsyn, who emerged during the Thaw, was in no way associated with the youth movement, which, however, did gain ground during this period and pointed to the first generational confrontation in many years.

The generation gap, which may have appeared self-indulgent in a repressive society, will be more of a reality in emigration because of the increased freedom and the possibility for the ideologically uncommitted to distance themselves from Soviet concerns. Feeling alienated in emigre life, the younger Moscow writers Sokolov, Limonov, Tsvetkov and Bokov consider themselves radically different from the older ones who made their names in the sixties or earlier. They maintain that, unlike the Thaw generation, they have freed themselves from Soviet literary shackles. Because these younger writers had no illusions about publishing their works in the Soviet Union, they did not need to develop that inner censor which sometimes leads to literary compromise. They do not share the older authors' Writers' Union experience and related political struggles, nor do they have common literary origins. Regardless of their writing today, Aksyonov, Voinovich, and Gladilin all emerged from the "youth prose" movement of the sixties, while the younger Moscow writers met each other only abroad. The fact that they were little known or not at all increases their sense of isolation.

The younger Leningrad writers' relationship with the older writing establishment is much less confrontational, which diminishes the overall significance of the generational issue. A much more tightly knit group to start with, they have a greater sense of roots and belonging than their Moscow counterparts. In Leningrad, the younger poets, for example, were initially united around Anna Akhmatova, who provided them with a sense of cultural continuity and was both their mentor and inspiration. In emigration, Brodsky has been able to transcend the label of emigre poet, which has placed him outside of emigre literature and its possible generational concerns. Maramzin and Dovlatov, both exponents of the Leningrad school,[1] have become established figures in emigration, Dovlatov as chief editor of *Novyi amerikanets*[2] and Maramzin as editor of *Ekho*. True, *Ekho* is *tonkii* rather than *tolstyi* as journals go and is "avant-garde" in its aesthetic position, but in the grand hierarchy, it is more established and less radical than Bokov's *Kovcheg*.

The Moscow-Leningrad parameter aside, the older and better known writers naturally receive more public exposure than the younger authors. There are occasional exceptions, of which Limonov's highly controversial novel *It's Me, Eddie (Eto ia—Edichka)* is the most obvious. The younger writers seem resentful of the attention given the better known authors by the Western media, which is an important first step on the road to success in the Western publishing world. The American press—*Newsweek* and *Time*, the *New York Times* and *The Washington Post*—gives coverage only to well-known public figures that leave the Soviet Union. Academic appointments and guest lectures go to those writers with established reputations and so perpetuate the invisibility of the unknown author. Especially difficult is the predicament of the writer who has appeared in print only after emigration, even though from the point of view of emigre literary history, this kind of writer is particularly interesting to watch and evaluate. But all the emigre writers, regardless of generation and prior reputation, feel neglected in the United States. The American market is generally very limited for Russian literature, which is not the case in Western Europe, where it is widely translated and discussed in the press. Aksyonov's recently published *The Burn (Ozhog)* became a best seller in Italy (*Ustione*) before it ever appeared in Russian.

The frustrations of some younger writers are caused in part by their own literary politics, which proclaim the absolute supremacy of apolitical literature. More often than not Russian literature today is read for its political content, both in the Soviet Union and abroad. As a result, the apolitical Russian writer is all but trapped in the stranglehold of politics, even in the West. Following the Russian lead, Western critics tend to apply political criteria to Russian literature and judge it for the most part according to its testimonial and propaganda value. This is not to say that Russian apolitical literature is totally rejected in Russia and the West, but its appreciation is limited to the few. So far only Brodsky with his apolitical poetry has successfully surmounted these obstacles; the prose writer Sokolov finds himself tangled in their maze. Of course, it was to Brodsky's advantage that he was propelled into the limelight early and that his Soviet biography could be construed as dissident. His penetration of the New York intellectual and artistic establishment puts him in a category all his own; he is appreciated on his own terms and not as a representative of a distant, alien society. Brodsky is all the more an exception because he is a poet. His involvement with Anglo-American poetry before his emigration may also have contributed to the initial interest that the American cultural and academic elite expressed for his poetry.

The neglected or controversial younger writers appear to resist existing literary conventions and authorities and claim that they want to transcend the politicization of Russian literature at all cost. Rejecting the by now established anti-Soviet themes, they decry the dissident demytho-logizing function of literature. Political truth-telling and the testimonial and accusatory genres of post-Stalin literature are alien to their literary sensibilities. They refuse to write about Soviet daily life (*byt*), political arrests and imprisonment, resent being labeled dissidents, and criticize the Western public for indiscriminately assigning all Soviet nonconformist artists to one political camp. The most iconoclastic and outspoken among them, Limonov, loudly declares that he is tired of reading about concentration camps, their victims and Russia's guilty conscience. Like Ivan Karamazov who returns his ticket, Limonov refuses to be part of this brand of literature.

Although generational differences do exist, they are much less clearly defined than some of the younger writers would have it. Even the age factor is not clear-cut, for the youngest are already in their mid-thirties, and those forty or so seem to occupy an ambiguous position. More important, apolitical literature, modernist prose forms, and taboo-lifting iconoclasm are not the exclusive domain of the young, and this holds true in both emigration and the metropolis. The literary experimentation of the seventies transcends generations and applies to a variety of age groups. The aesthetics of the innovative writers reject cause and effect according to the realist model and replace it with an associative writing that defies logic and cognitive concerns.[3] Broadly speaking, they seem to be aspiring to literary modernism, which in its earlier Russian sense is the starting point for much contemporary experimentation. Its origins are for the most part in the past: Bely and Remizov, the ornamentalist prose of the twenties, certainly Bulgakov and Andrei Platonov, rediscovered during the previous decade, the *oberiuty,*[4] as well as European and American modernism.

It was the older Tertz who announced the ascendance of phan-tasmagoric art and the lifting of taboos on certain political themes and sexuality. Tertz's own prose fiction reflects his proclaimed critical values. Consistent with his politics and aesthetic position, Sinyavsky supports the younger writers, which helps alleviate their feelings of neglect. Aksyonov, who belongs to the middle generation, is a leading experimental prose writer in contemporary Russian literature. A tribute to the sixties generation as well as its censure, *The Burn* is written according to the contemporary Russian model of "modernist" prose fiction. The novel treats Soviet and anti-Soviet literary themes in an anti-realist manner. The camp theme, testimony, political and broad human satire combine with popular culture, exotic fantasies and the forbidden fruit of sexuality, to produce a distinctly nontraditional literary effect. True, Limonov is sexually more explicit than Aksyonov and explores a greater variety of sexual behavior, but he is not alone. The same applies to his scatological language and its metaphoric usage, which abound in such dissimilar writers as Aleshkovsky and Zinoviev.

Also striking about the younger Moscow writers are the great differences among them, especially Limonov and Sokolov, who are also the best known. The dissimilarity in their personal or practical aesthetics contributes to their sense of isolation, which a commonly experienced generation gap could help to overcome. Moreover, the actions and values of these authors do not always coincide with their stated position vis-à-vis Russian literature as a whole. Both Limonov and Tsvetkov have written political or civic poems and published in *Kontinent,* the leading dissident journal, whose politics they find unacceptable. Limonov's *Edichka* is a politicized novel which takes the notion of what it means to be anti-Soviet one step further, namely, it attacks anti-Soviet pieties and cliches and thereby becomes a renegade text in the eyes of most Russian readers. Its political iconoclasm is also based on the hero's indulgence in Western leftist youth politics of the 1960s. Even while experimenting with current avant-garde forms, Bokov wrote on political subjects, particularly during his *samizdat* days. Co-authored with an anonymous Soviet writer, "Perfidy of Recent Times: The Unusual Adventure of Vanya Chmotanov" ("Smuta noveishego vremeni: Neobychainoe prikliuchenie Vani Chmotanova") treats Soviet icons in a farcical and sacrilegious tone. While devoid of the suffering and horror of Aleshkovsky and the solemnity of Solzhenitsyn, Bokov in this absurd Lenin mausoleum tale deals with Soviet politics and values in the well-established genre of the dissident satire. Only Sokolov is truly apolitical, especially in his second novel *Between Dog and Wolf (Mezhdu sobakoi i volkom).* Its exclusive focus on form and language is reflected in the novel's intricate and difficult narrative structure and carefully chosen and deliberately obscure vocabulary. Certainly Sokolov is one of the master craftsmen in contemporary Russian literature, a position he earned in his first novel *School for Fools (Shkola dlia durakov).*

It would perhaps be more valid to draw the division among contemporary Russian writers according to formal lines and distinguish between traditional poets and realists in prose fiction and those who have broken with the literary mainstream. The real picture is, of course, more complex. The younger Bobyshev and older Korzhavin, although very different poets, can be classified as traditionalists, while Limonov's poetry is clearly avant-garde. But Brodsky, the leadng Russian poet today, defies classification as one or the other. He can be described as a modern classicist heir to the Mandelstam strain of acmeism. References to his difficult metaphysical style in the tradition of John Donne are a commonplace of Brodsky criticism. Yet his poetics and sensibility are distinctly modern, even when he writes about the historical Russian and European past.

Although Voinovich's homely yet magical satire and Nekrasov's charming and chatty prose, which is half-memoir and half-travelogue, are not mainstream realism, they fit comfortably under the realist umbrella together with Solzhenitsyn and Maximov. All of them, however, would reject the presence of Limonov's prose fiction, whose style and especially narrative structure are closer to realism than anything else. The plaintive tone and confessional mode of *Edichka* have been compared to Dostoevsky's *Notes from the Underground,* but Limonov's ideology, personal politics, and the content of his fiction make him a persona non grata in the realist camp, which tends to be conservative in all literary and political matters. There is no doubt that Tertz, Aksyonov, Sokolov, and Maramzin are exponents of experimental imaginative prose, but it is more difficult to say this with conviction about Aleshkovsky's writings. Particularly problematic are Zinoviev's fanciful political satires, which seem to resist all literary classification.

Political satire as a mode of literary expression is as central to post-Stalin unofficial literature as testimony; it is, in fact, the underside of the testimonial genres. Although they both focus on the horrors of Soviet life, their literary methods differ. The testimonial is more or less straightforward realism, while contemporary satire tells the same story in an ironic and often deliberately anti-realist manner. Both are intended as indictments of the political system, but Solzhenitsyn accuses by means of traditional mimesis while Tertz presents a surreal vision of life. The satirical model of Soviet reality in the writings of Tertz, Aksyonov, Aleshkovsky and Bokov is meant to be more fantastic or phatasmagoric than human fantasy can imagine: Soviet life is irrational and has surpassed man's ability to imagine terror, corruption and human stupidity. Aleshkovsky's *Hand (Ruka),* an excruciatingly painful depiction of Soviet style interrogation, is an example of this kind of phantasmagoric writing which is predicated on the replication of the real world rather than an alternate reality produced by the imagination. For this reason most younger or boundary-breaking writers choose to avoid the genre, indelibly marked as it is by the specifically Soviet experience. From their point of view, the imaginative and individual potential of this kind of satire has been replaced by the grand anti-Soviet *topoi,* which stunt the development of the genre. Above all, satire is highly political in the anti-Soviet sense, and political commitment is something these writers want to avoid at all cost.

Satire as practiced today is firmly rooted in the Russian satirical tradition: the prose of Gogol and Saltykov-Shchedrin on the one hand and Bulgakov, Zoshchenko, and Platonov on the other. There is much to be said for the familial relationships of Glupov (*The History of a Town* [*Istoriia odnogo goroda*]), Liubimov (*Makepeace Experiment* [*Liubimov*]), and Ibansk (*The Yawning Heights* [*Ziiaiushchie vysoty*]), the almost surreal Russian and Soviet centers of political power and human corruption. Phantasmagoric images and Gogolian hyperbolization of detail are typical of contemporary satire and the verbal and visual arts in general. Russians affectionately refer to this kind of writing by the abbreviation of the word for surrealism, but *siur* is not surrealism in the Western sense. Western surrealism in its original form focuses on the individual and his personal or collective unconscious, and the mode of expression is free association. In contemporary emigre fiction this is characteristic only of Sokolov, who is not a satirist, and Sinyavsky.

Soviet satire more than any other genre is a direct literary response to censorship and is by definition an extension of Aesopian conspiratorial language. An even more vital and productive literary response to Soviet politics on the folklore level is the ubiquitous joke or anecdote, subversive and taboo-lifting in its intention and purgative in effect.[5] Related to the satire in content and form, the anecdote performs an analogous function in Soviet culture. Voinovich's *Life and Extraordinary Adventures of Private Ivan Chonkin (Zhizn' i neobychainye prikliucheniia soldata Ivana Chonkina)* is patterned on the anecdote, except that what is anecdote in Soviet reality is life in the satirical novel. The result is a reversal of the life/art relationship, according to which art becomes more real than life because Soviet life is so fantastic.

Aesopian language in unofficial satire has become a stylistic device and not merely a means of camouflage. The device of substitution is so to speak laid bare in the satire, producing a chain of clearly recognizable and emotionally charged particulars about Soviet life aimed at the initiated reader. Because it cannot decode the all-important subtext, the uninitiated or non-Soviet readership frequently views this kind of literature as esoteric, making the survival of the genre in emigre circumstances doubtful. This is particularly ironic because most of the leading satirists of this generation find themselves abroad.

Since emigre literature has such strong bonds with the metropolis, satire will perhaps last longer than expected. The nostalgia function of the genre also speaks in favor of longevity. There is a special pleasure in decoding an emotionally charged subtext associated with a past way of life, which offers a sense of roots to the uprooted emigre. Thus the ability to continue understanding the circumlocutions after one's separation from Soviet realia assumes a special significance. More than any other contemporary genre, the satire offers its readers the collective experience of an exorcizing ritual based on the obligatory anti-Soviet references, which are intended to be cathartic rather than informative. The Russian reader in emigration continues to seek out recognition of the political and social subtext for the sake of the actual ritual experience and not only as a test of his memory. The satire's literary significance is also determined by its peculiar intermediate position between apolitical and experimental literature on the one hand and realism with a political message on the other. It is a kind of compromise genre in that it is anti-Soviet in content but experimental in style.

Although the boundaries between generations and the literary archaists and innovators in contemporary Russian literature are blurred, approximate distinctions are possible, and what is most important is that both kinds of literature have ardent admirers. The reader's symbiotic relationship with the writer, which is one of the hallmarks of Russian literature, must be enormously satisfying for both and the envy of many an outsider. While the obvious surface reason for this symbiosis in contemporary unofficial Soviet literature is political, the deeper reason lies in the original ritual function of literature, which reinforces or even increases the writer's traditional importance in Russian society. The verbal exorcism of Sokolov's word magic, for example, shows that the ritual function of contemporary literature is much deeper than collective political experience. The bond between the writer and his readership and his intense sense of belonging are lost or diffused when the writer emigrates. Ironically enough, censorship has played a major role in both bringing the Russian reader and writer together and forcing their separation. Emigre writers will, of course, continue writing for their readers in Russia and will certainly be read as long as their literature can cross the borders. Only now the direction has reversed.

Notes

1. The Leningrad school of prose writers emerged in the mid-sixties and includes Boris Vakhtin, Maramzin, Igor Efimov, Dovlatov and Rid Grachov. They were pupils of David Dar, but their more distant mentors are Zoshchenko, Daniil Kharms and Platonov.

2. See Matich, "Literature and Politics in the Third Emigration," note 2.

3. One of the first efforts to characterize contemporary experimental prose fiction is the impressionistic yet provocative essay by Alexander Genis and Pyotr Vail entitled "Literaturnye mechtaniia: Ocherk russkoi prozy s kartinkami," *Chast' rechi,* 1, 1980, pp. 204-33.

4. OBERIU (*Ob"edinenie real'nogo iskusstva*) was an avant-garde literary group that existed in Leningrad roughly from 1926 until 1930. The group, which included Kharms, Alexander Vvedensky, Nikolai Zabolotsky and others, sought to bring new energy to art by destroying cliches of all kinds.

5. See Abram Tertz, "Anekdot v anekdote," *Odna ili dve russkikh literatury?* Georges Nivat, ed. (Lausanne, 1978), pp. 167-79.

Literature Beyond Politics

„ЛИТОВСКИЙ ДИВЕРТИСМЕНТ" ИОСИФА БРОДСКОГО

Tomas Venclova

Трудно и неловко говорить о стихах, посвященных тебе же самому. Вероятно, это и не принято. Если я все же решился рассматривать „Литовский дивертисмент" Иосифа Бродского, то, в основном, по одной причине: обстоятельства сложились так, что я лучше кого бы то ни было — кроме, разумеется, автора — знаю, *о чем* эти стихи. Многие вещи, написанные в наши дни, нуждаются в подробном исследовании, пожалуй, не менее, чем вещи классиков. Частью этого исследования должен быть фактический и генетический комментарий. Без него они порою просто непонятны — и уж тем более покажутся непонятными нашим потомкам. Мне могут сказать, что Бродский сам снабдил „Литовский дивертисмент" примечаниями. Но его примечания — а также, кстати говоря, транскрипция некоторых собственных имен — не совсем точны (быть может, иногда намеренно); и уж во всяком случае, они неполны.

„Литовский дивертисмент", вероятно, не относится к главным произведениям Бродского. Это стихи „легкого жанра". Само слово „дивертисмент", как известно, двусмысленно — оно обозначает либо развлечение, либо отступление, шаг в сторону, и поэт играет на этой двойной семантике. Все же я надеюсь показать, что существенные и серьезные темы Бродского проходят и сквозь эту несерьезную, как бы между прочим, ради отдыха написанную вещицу. Но вначале — о том, по какому случаю она писалась.

Весною 1971 года в Литве неожиданно оказался польский поэт Виктор Ворошильский, знаток русской литературы, едва ли не первый переводчик Бродского на польский язык. Сейчас Виктор Ворошильский — один из главных деятелей польской неофициальной печати; но уже и тогда он был лицом достаточно неблагонадежным. Визу в Советский Союз по моему приглашению ему не дали, ибо и я благонадежностью не блистал; но Виктору удалось использовать другое приглашение, высланное из Эстонии, и по пути в Таллин он вместе с женою и дочерью постучался ко мне. Я предоставил Ворошильским чердак, где жил в те годы, а сам ушел ночевать к друзьям на улицу Леиклос. Возможно, это меня и спасло от неприятностей. Из почтамта я позвонил Бродскому в Ленинград и без всяких объяснений попросил его приехать. „Когда?" — спросил

Бродский, тоже коротко и без лишних слов. „Сегодня". „Буду завтра". На следующее утро я встретил его в аэропорту; мы втроем с Ворошильским несколько дней ходили по городу, сидели в кафе, говорили о Лозинском, Фросте, Роберте Пенне Уоррене и многом другом; помнится, зашли в университет, на выставку старинной книги, и я показал им трактат с забавным названием *Responsum St. Bisii ad amicum philosophum de melancholia, mania et plica polonica sciscitantem"* (кстати, это не средневековая книга, как утверждает Бродский, а просветительская, написанная в конце восемнадцатого века). Ночевал Бродский там же, где и я, — на Леиклос. Это особый угол города, удаленный от обычных туристских мест, — вроде бы и центр, но как-то на отшибе. Там некогда жили мастера, отливавшие колокола для вильнюсских костелов. Слово „Леиклос" означает „Литейная"; то есть, улица как бы повторяла Литейный проспект, вблизи которого Бродский жил в Ленинграде, и это нам казалось неслучайным. Рядом с улицей — два костела; они не принадлежат к числу знаменитых, но это все же настоящее вильнюсское барокко — провинциальное, позднее, прелестное. Ближе двубашенный белый костел св. Екатерины; чуть далее круглый купол Доминиканцев, изнутри странной и как бы неправильной формы, — „ушная раковина Бога" из последнего стихотворения цикла. Сразу за костелами начинается вильнюсское гетто. От него остались два или три переулка. Они тщательно восстановлены и еще более тщательно очищены от всего, что могло бы напомнить о людях, которые там жили и погибли. Это и есть топография „Литовского дивертисмента".

Пока мы отсиживались на Леиклос, у Ворошильских случилась неприятность. В четыре часа утра к ним на чердак явились „искусствоведы в штатском". Они объяснили испуганной и неодетой жене Виктора, что пришли забрать хозяина — то есть, меня — на какие-то сборы или мобилизацию. Я и сейчас не знаю, что это было на самом деле — самоуправствовал ли военкомат или другое, еще более почтенное учреждение. Наутро мы, смеясь, обсуждали визит „ночного молочника" — чисто советское развлечение для иностранных туристов; но я, на всякий случай, остался на Леиклос подольше. Уезжая из Вильнюса, уже стоя на ступеньке вагона, Ворошильский сказал: „Что же, Иосиф, мы все же встретились, хотя история старалась этому помешать". „География помогла", — ответил Бродский. На границе всей семье Ворошильских устроили обыск — лагерный шмон по первому разряду, с раздеванием и так далее; правда, ничего предосудительного почему-то не нашли. Позднее Ворошильский написал стихи „Пересечение границы", где, вероятно, отражен и этот опыт.

Таков реальный подтекст „Литовского дивертисмента". Правда,

в стихи подмешаны воспоминания от других приездов, от Каунаса и Паланги — Бродский любил Литву и был в ней раз пять. К тому же о вильнюсской встрече, о ее лицах и событиях в цикле нет ни слова — „предмет погони скрыт за пределами герба". Но остались названия, детали местного барокко, память о мертвых из вильнюсского гетто; осталось странное столкновение истории с географией, колтун пространства и времени, давящее и сводящее с ума присутствие неназванной Империи. Все дано как будто невзначай, в полушутливом „забавном русском слоге" — только к самому концу прорывается подлинный, нестилизованный голос. Суть стиха, как обычно у Бродского, заключена в сплетении мотивов, которое я назвал бы *барочным* и *музыкальным*.

Бродского причисляют к поэтам классического или неоклассического толка. Это верно, однако у него есть и другое. Причудливость его мысли, острота и остраненность образов, культ приема и концепта, ироническая риторика — черты скорее барокко, чем „нормального классицизма". Барочный Вильнюс оказался прекрасным полем для испытания этой поэтики. Кстати говоря, это город не только архитектуры барокко. В семнадцатом веке здесь существовала и барочная литературная школа, отдаленно сходная с английской метафизической школой, столь излюбленной Бродским. Вещи, при всем различии масштабов несколько напоминающие Джона Донна, здесь писал по-латыни Мацей Сарбевский, по-польски Даниэль Наборовский, по-литовски Константинас Ширвидас. Разумеется, ни о каких прямых воздействиях на Бродского тут не может быть и речи; а все же радостно отметить эту дальнюю перекличку. Барокко — это школа, сильнее прежних почувствовавшая вес антиномий и оппозиций; ощутившая тщетный, неустойчивый, низменный мир эмблемой мира незыблемого и вечного; возведшая в принцип разностильность, разнонаправленность, разноречие. В сложных, изысканных по ритму построениях барокко находилось место всему: античному, библейскому и национальному, трагедии и сатире, гедонизму и мистике, высокой литературе и натурализму, литании и рискованной шутке. Языки сталкивались и диссонировали — кстати говоря, также и на поверхностном уровне, в явлении макаронизма. Следование традиции шло бок о бок с ее нарочитым искажением и переосмыслением. Отношение к тому, что важнее традиции — к Богу и догме — также было непростым, но очень живым и напряженным. Средиземноморская система символов, служившая опорой богослову и поэту прежних времен, распадалась; религиозному накалу сопутствовало сильнейшее ощущение богооставленности, понимание Бога как *Deus absconditus;* человек уже не воспринимал себя как центр и венец создания, оказывался на периферии космического текста — то ли в этом была повинна коперниканская астрономия, то ли сам коперни-

193

канский переворот был следствием более глубинных процессов в области духа. Во всяком случае, приходилось усиленно — иногда почти авантюристически — искать новую метафору, новую мысль, новое и личное соотношение с мировым целым. Полагаю, что это краткое и приблизительное описание поэтики барокко есть также краткое и приблизительное описание поэтики Бродского — и, пожалуй, особенно „Литовского дивертисмента” (вспомним, что жанр литературных путешествий — тоже в значительной степени барочный жанр). Конечно, эпохи в литературе, да и вообще нигде, не повторяются. Но иногда с удивительной четкостью повторяются *переходы* от эпохи к эпохе. Хотя сейчас принято усматривать некоторые черты барокко у Симеона Полоцкого, Ломоносова или Державина, вряд ли кто будет отрицать, что настоящего барокко — равно как и Возрождения — в русской поэзии не было. Но *переход*, аналогичный переходу Возрождение-барокко — был. Это переход от серебряного века к эпохе Бродского и его современников, которую с чьей-то легкой руки — и не совсем справедливо — иногда называют медным веком. Между этими двумя эпохами лежит коперниканский переворот Гулага.

Второй термин, который напрашивается при исследовании поэтики Бродского — музыкальность. Разумеется, не та тривиальная музыкальность, которую порой усматривают в гладкости стиха, в насыщенности его певучими интонациями, в неестественном проценте сонорных. Такого рода музыкальности у зрелого Бродского нет вообще. Более того, поэтическая вселенная Бродского, как правило, глубоко дисгармонична. Она предстает именно в том состоянии, о котором некогда с ужасом спрашивал Гоголь: „Если же и музыка нас покинет, что будет тогда с нашим миром?” И все же не следует забывать, что дивертисмент означает не только развлечение и не только шаг в сторону. Это еще и строгая музыкальная форма, — кстати, опять же восходящая к барокко, — достигшая совершенства у Гайдна и Моцарта, равно как и у стилизаторов Стравинского и Бартока. Цикл Бродского несомненно родственен дивертисменту именно в этом понимании слова. Дисгармоничность падшего, лежащего во зле энтропийного мира, в нем уравновешивается и как-то преодолевается виртуозно гармонической компоновкой, расположением и сочетанием тем. Пожалуй, излишне отыскивать строгие параллели: законы поэзии и музыки совпасть не могут. Но многие сходства очевидны.

Музыкальный дивертисмент состоит из нескольких частей разного типа; их бывает пять и больше, до тринадцати (у Бродского их семь). Кроме того, дивертисмент цикличен: его каноническая структура имеет вид Аллегро-Менуэт-Анданте-Менуэт-Аллегро. В „Литовском дивертисменте” нетрудно усмотреть композиционные связи

194

(или оппозиции, которые также являются видом связи) между первой частью и седьмой, второй и шестой, третьей и пятой. На эту сетку циклических соответствий, кстати, накладывается иная. На уровне метра и ритма первая часть объединяется с пятой (пятистопный ямб), вторая с четвертой и седьмой (четырехстопный ямб), третья с шестой (специфический вольный стих Бродского, построенный, в основном, на комбинациях трехсложных стоп, с переменным количеством иктов в строке). Таким образом, гармония строгого цикла — как и следовало ожидать — оказывается сдвинутой и нарушенной, но все же ощутимой. В „Литовском дивертисменте" можно найти и другие музыкальные приемы — ведение и разработку противоположных тем, модуляцию и т.д.; подобные сопоставления с музыкальной формой отчасти прояснятся в дальнейшем изложении, хотя мы и не будем ими слишком увлекаться.

Первая часть цикла написана классическим белым стихом, строго скомпонована (пятистишие — семистишие — пятистишие) и, кстати говоря, длиннее всех остальных. Части имеют тенденцию сокращаться к концу: в первой 17 строк, во второй 16, в третьей и четвертой по 12, в пятой — в виде исключения — 14 (это английский сонет), в шестой лишь 8. Короче всех седьмая часть, этим — как и многим другим — противостоящая первой: в ней семь строк с половиной. Но первая часть — это интродукция, спокойный, обстоятельный и неспешный рассказ, вводящий основные темы цикла. Она кончается ключевым словом — „метасловом", описывающим стилистику и поэтику „Литовского дивертисмента"; это слово *барокко*.

Речь поначалу идет о *пространстве* (заметим еще одно ключевое слово в седьмой строке — *география*). Первые пять строк описывают *страну*, последние пять — *город, столицу* (классическое противопоставление *orbis — urbs*). Между ними втиснуты семь строк, написанных, как часто бывает у Бродского, несколько пародийным полунаучным слогом, где разветвленная логически построенная фраза перебивается не вполне пристойной, но тоже наукообразной шуткой. Кстати говоря, певец, „отечество сравнивший с подругой" — это литовский классик Майронис (1862 — 1932), памятник которому поставлен в Каунасе; темой шутки служит его стихотворение „Первая любовь", по сей день популярное в Литве. „Бурый особняк диктатора" — это особняк Антанаса Снечкуса (1903 — 1974), генсека литовской компартии, личности примечательной во многих и часто неожиданных отношениях.

Русские писатели последних десятилетий часто обращались к прибалтийской теме — кроме Бродского, мы найдем ее и у Аксенова, и у Горбаневской, и еще у многих. Пожалуй, здесь даже есть некоторая параллель с „кавказской темой" у классиков (любопытно, что Кавказ сегодня сохраняет свое значение для авторов второстепенных, советских и полусоветских). За Кавказом просвечивал Восток; Прибалтика воспринимается как Запад — разумеется, паллиативный, суррогатный, но Запад. Это область, где можно хотя бы на время вздохнуть несколько иным воздухом, хотя бы отчасти укрыться от „всевидящего глаза и всеслышащих ушей". У Бродского Прибалтика своя, остраненная, данная глубоко иронически. Путник видит как бы и не Литву, как бы и не Советский Союз, а некое обобщенное малое государство середины двадцатого века. Но истинное положение вещей все же легко постижимо. Запоминающаяся картина страны и города создана поэтической игрой на разных уровнях — грамматическом, синтаксическом, семантическом.

Это провинция как таковая: провинция, настаивающая на своем особом, частном, находящаяся где-то на окраине Империи, на пороге иного (не обязательно лучшего) мира, но вполне подчиненная имперским законам. *Частное* в ней оборачивается распадением мира на *части*. Пространство дано короткими „стоп-кадрами"; преобладают назывные предложения, существительные (их тридцать пять при всего пяти финитных глаголах). Время стоит на месте: не только выбраны грамматические формы, указывающие на повторяемость, но выбран и особый час (полдень), и особый момент года (весна, но еще со снегом: весеннее равноденствие),когда сильнее всего ощутима длительность. Это мир подмен и овеществлений: певец заменен своей статуей, диктатор своим особняком, мертвые евреи исчезнувшего гетто приравнены к снегу. Это беззвучный, чисто зрительный мир, мир отсутствующей коммуникации, молчащих (но, быть может, подслушиваемых) телефонов. Подчеркнута семантика замкнутости, стагнации, тесноты, ущербности, удушья. Движения нет — в лучшем случае, есть бессмысленное мельтешение, случайная смена направлений, толчея. Любопытна, так сказать, топология этой страны: в ней есть юг и север, восток не упомянут вообще, а Запад не без умысла дан с прописной буквы — к стране он уже не относится; мотив „пересечения границы", существенный для цикла, преподнесен в тонах водевиля или, точнее, драмы абсурда. Вся панорама есть как бы натюрморт — решительно все синхронно, отчуждено и одинаково; даже „бесчисленные ангелы на кровлях бесчисленных костелов" (новый и важный мотив) мертвы и взаимозаменимы. Человек приравнен к вещи, превращен в ничто.

Эта общая семантическая тема по-своему преломлена в самой перспективе рассказа. Ни первого, ни второго лица — ни явного адресанта, ни явного адресата — в интродукции нет. Ведется безличная речь —ироническая, стилизованная, внеэмоциональная. Рассказчика можно восстановить разве что по его тону:то ли это некий пошловатый дэнди, забредший сюда из „прекрасной эпохи", то ли современный городской житель, „жертва толчеи", потерявший центральное место в мире. Образ его мельтешит, двоится, совпадает и не совпадает с автором. Скорее всего, это просто точка зрения,а не личность. Совершенный никто, человек в плаще.

Второе стихотворение, вообще говоря, представляет собою резкий контраст к интродукции. Этот контраст заметен на уровне ритмики (белый стих заменен энергичным четырехстопником), на уровне грамматики (существительные вытесняются огромным количеством глаголов в инфинитиве), на уровне синтаксиса (вместо множества кратких, рубленых назывных предложений появляется одна нескончаемая фраза, перебрасывающаяся из строки в строку). Географию сменяет *история*; застывшее настоящее оборачивается *прошлым* (впрочем, сослагательным и воображаемым). Мир становится гораздо конкретнее: это уже не обобщенная имперская провинция и пограничье, а вполне реальное Вильно сто лет тому назад. Являются топонимы и микротопонимы, характерный словарь эпохи, ее детали, ее эмблемы (даже двубашенный костел св. Екатерины назван ,,двуглавой Катариной", конечно же, не просто так). Время как бы сдвигается с места: становится возможным — хотя бы мысленно — менять свое положение в нем, проигрывать разные варианты судьбы. Расчлененное пространство интродукции превращается в единое (взгляд переходит от укрытого интимного угла комнаты к окну, саду за окном, переулкам за садом, и наконец, открывается бескрайний горизонт Галиции, Атлантики, Нового Света). Мир лишается признаков статуарности и беззвучности. Это особенно подчеркнуто в двух строках с их весьма утонченной фонологической игрой:

> *тележку* с *р*ух*л*ядью *т*олкать
> по *желт*ым пе*реул*кам гет*то*.

Меняется, наконец, и рассказчик, адресант. Сейчас это не просто редуцированная ,,точка зрения" — это скорее конкретное лицо с конкретной судьбой; но оно по-прежнему двоится и троится, предстает одновременно как поэт, повествующий о прошлом, и как его двойник, бывший и небывший мальчик из виленского гетто, то ли погибший на синих Карпатских высотах, то ли пересекший границу, сменивший империю, растворившийся в чуждых пространствах. Оба варианта его судьбы крайне ироничны: *буква* стирает личность; что Вера, что Отечество, что Первая Мировая, что Новый Свет — нечто одинаково отчужденное и бессмысленное. Сохранен тот же непрямой модус отношения к миру, тот же анти-пафос, что и в интродукции; впрочем, это вообще свойственно Бродскому и нарушается не часто (тем весомее нарушения).

Темы или мотивы, заданные в интродукции, чисто музыкальным

образом разрабатываются в последующих стихотворениях цикла. Здесь, во втором стихотворении, отметим мотив *еврейства*: он важен для Бродского, но важен скорее всего в цветаевском смысле, когда к еврею приравнивается всякий изгой и, прежде всего, поэт. Это также мотив человека во враждебном мире, создаваемого и определяемого чуждым взглядом („наведенным лорнетом"), чуждым языком и модой, чуждой эмблематикой, идеологией, историей. Отметим еще мотив *телесной, сексуальной жизни* — ущербной, бесплодной, стыдной, в конечном счете, тоже сводящейся к одиночеству, изгойству. Обе эти темы — наряду с другими — в различной инструментовке пройдут и в следующих частях.

Третье стихотворение — как бы короткая секвенция из современного кинофильма. Снова меняется ритм, грамматика (существительные и глаголы оказываются в приблизительном равновесии), синтаксическое членение (секвенция состоит из трех строф, каждая из которых — завершенная фраза). В интродукции была дана обширная пространственная панорама, во втором стихотворении — также и временная; здесь мир резко суживается, пространство и время — любимые и постоянные герои Бродского, наконец-то названные своими именами — превращаются в действующих лиц, посетителей провинциального кафе. Кругозор ограничен дверью и ближайшими кровлями; друг за другом следующие крупные планы *лишены стереометричности, глубины;* движения также нет — вероятно, минуту назад что-то происходило и *окончилось, иссякло.* Разрабатывается тема *блудного, проклятого, энтропийного города* — кстати говоря, очень частая в литературе, связанная с именами Бодлера, Лафорга, Элиота, а также Случевского, Анненского, Заболоцкого. Это смертный, ужас наводящий мир, в несколько ином виде заданный в интродукции. Вновь проходят мотивы *немоты, псевдокоммуникации* („веленья щучьего") и *телесной, сексуальной жизни* — в ее наиболее низком, случайном, натуралистическом варианте. Рассказчик вновь подчеркнуто ироничен по отношению к самому себе и подчеркнуто отделен от самого себя; взгляд его — это взгляд со стороны и в профиль.

Четвертая часть весьма отличается от остальных. Это композиционный центр и стержень цикла. С другой стороны, это как бы „отступление в отступлении", „дивертисмент в дивертисменте", нечто слабо связанное с остальными стихотворениями — и в этом смысле нулевой пункт, выделенный и по величине, и по строфике, и по теме. Поэт переходит от описания мира к описанию *знака, эмблемы* мира — иначе говоря, к метаописанию. Говорится о Погоне *(Vytis),* гербе средневековой Литвы, а также независимого литовского государства в 1918-40 годах. Погоня — это всадник с поднятым мечом, белый на красном поле, достаточно сходный, но не совпадающий со св. Георгием; кстати, в Литве он встречается далеко не „повсеместно", во всяком случае не чаще, чем двуглавый орел в России.

Описание герба, подпись под гербом, т.н. *Subscriptio* — весьма характерный барочный жанр. Барокко вообще интересовалось иероглификой, герметическими знаками, и стихи, отдаленно похожие на стихотворение Бродского, сочинялись в Польше и Литве XVI-XVII веков в больших количествах. Писали их и по-польски, и по-литовски, и по-латыни. Конечно, Бродский сильно осовременивает и трансформирует старинную форму, которую он вряд ли специально изучал. Но какие-то ее черты он сознательно или бессознательно повторяет: это некая загадочность, совмещенная с риторическим рационализмом; это особенная подчеркнутость плана выражения — например, изысканное анаграммирование заглавного слова *герб*:

> Драконоборческий *Егорий*,
> копье в *горниле* аллегорий... (ср. далее *гяура* и др.)

С другой стороны, несколько издевательский поворот темы вряд ли мыслим для торжественного барочного жанра. И все же, несмотря на эту просторечную ироническую ноту, общий смысл стихотворения скорее серьезен: страна-то в прошлом имела отношение к чести и цели, к религии и культуре, вообще к мировому целому, от которого сейчас она оторвана и отчуждена. Есть, пожалуй, и еще один смысл: стихотворение о гербе относится не только к миру, описываемому текстом, но и к самому тексту. Герб повторяет важное свойство текста: нечто крайне существенное в тексте не дано, а лишь предполагается. Быть может, это — как мы уже говорили — обстоятельства возникновения текста; быть может, автор и слушатель; всего вернее — Бог.

После центрального четвертого стихотворения части цикла как бы проигрываются в обратном порядке. Пятая часть симметрична третьей, сходна с ней по настроению и теме. Это все тот же мир, распадающийся на глазах, лишенный глубины, данный метонимиями и крупными планами. Это мир отсутствующей коммуникации, несостоятельной телесной (сексуальной) жизни, несвободы и лжи, отчаяния и смерти. Пространство снова сведено к замкнутой комнате; подлинного движения и действия — то есть, подлинного времени — снова нет. Разница в том, что сцена сейчас не вечерняя, а ночная (любопытно, что „Литовский дивертисмент", как и некоторые другие вещи Бродского, охватывает полный суточный цикл — от полудня через вечер и ночь опять ко дню). „Меланхолия, мания и колтун" заглавия повторены в бредово-экспрессионистских (и наукообразных) образах текста: это как бы панорама телесной страны —

той, о которой в другом стихотворении сказано: „Я думаю, внутри у нас черно".

Существенны здесь два момента, новые для всего цикла. Впервые является *второе лицо* — некое „ты", адресат. Трудно сказать, кто это — быть может, „друг философ" XVIII века, быть может, тот, кому стихи посвящены, быть может, автор, а, быть может, юноша из второй части, повзрослевший на пять-шесть лет и постаревший на сто. По-видимому, все они, вместе взятые, и никто из них. (Сравнение со знаком Зодиака — вероятно, отсылка к вильнюсской реалии: на университетской обсерватории — того же XVIII века — изображены знаки Зодиака, в том числе нагие Близнецы). Одновременно с появлением адресата *начинает преодолеваться немота* предыдущих частей. Возникает *речь* — пока только „часть речи", неназванные слова женщины и одно слово, названное, но непроизнесенное, относящееся к внутреннему телесному миру, взятое в кавычки, как бы представляющее само себя; оно включено не в язык происходящей сцены, а в язык ее описания. Характерно, что оно подготавливается фонетически: все его непроизнесенные звуки уже присутствуют в одной из предыдущих строк:

> ...*некто в ледяную эту жижу*
> ...*ненавижу*

Краткая шестая часть, по крайней мере, в двух отношениях симметрична второй. Если вторая часть давала временную перспективу, переносила на сто лет назад, шестая дает перспективу пространственную, переносит на несколько сот километров — на берег моря (тема моря — границы, края земли, преддверия иного мира — важна для всего цикла и, в сущности, задана уже в первой его строке). Если во второй части была намечена тема изгоя, вечного жида „в сем христианнейшем из миров" — сейчас она развернута, дана в высокой библейской и отчасти античной тональности. Рассказчик, „путник в дюнах", обычный, даже ничтожный современный человек, не решающийся пересечь границу и все же предчувствующий, что ему придется ступить на воды, совмещается с псалмопевцем Давидом и —далее — со св. Петром. Это приближает нас к высокому взлету последней части.

Последняя часть — всего одна фраза, произнесенная на одном дыхании, обрывающаяся на полуслове, на полувздохе, на полу-, фонетически проведенная шепотом, еле ощутимым движением губ. Она замыкает стихи, полностью переворачивая их и преобразуя. В этом она сходна с последней частью „Натюрморта". Грамматически она построена на императиве — поэт по-прежнему видит себя со стороны, обращается к себе на „ты"; но, в общем, он уже нашел настоящего адресата, он не замкнут более в мире собственной личности, среди своих бесчисленных двойников. Падший город, бесконечно удаленный от неземного Града, все же оказался местом встречи с Богом. Ущербность и расчлененность мира преодолена; пространство разомкнуто *вверх*; это и есть подлинное *пересечение границы,*выход из абсурда, вступление в осмысленное время. Оно дается, видимо, ненадолго и каждый раз с огромным трудом, но все же дается. Анти-речь, анти-диалог цикла прорывается сверх-диалогом, где вопрос или просьба есть в то же время ответ. Тот, кто понял, что по-своему ответственен за абсурд падшего мира, тем самым уже превозмог немоту, отсутствие связи, отсутствие собеседника, восстановил единство с мировым целым. Для этого достаточны четыре слога — единственные *произнесенные* четыре слога „Литовского дивертисмента", определяющие его суть. Слоги эти заранее предсказаны фонетически — как и четыре слога в ночной сцене. Все пространство цикла заключено между двумя кратчайшими фразами — ночной и дневной, абсурдной и осмысленной, непроизнесенной и произнесенной, говорящей о мире и говорящей о Боге. Между четырьмя слогами — и четырьмя слогами; между *ненавижу* и *прости меня.*

Sasha Sokolov

СОКОЛОВ О СЕБЕ

Само ли прекрасное приискивает себе подмастерьев среди беспризорных и озорных духом и, очаровывая невечерним светом своей бесполезности, возводит их в мастера?

Премного ль обязаны те умениями своими прекраснодушным наставникам из ремесленных душегубок?

Иль все начинается и творится по воле прекрасной инакости — отрешенно и вопреки?

Иными словами: на чем мы остановились, что умозаключили на наших тысячелетних досугах: что было и будет в начале: художник или искусство? А также: наличествует ли наше прекрасное, если мы не имеем к нему касательства, не имеем в виду, отвернулись и очерствели. Или ударились в безобразное. Положим — в безобразие благополучия; в безобразие небытия — в этот кромешный стыд; в безобразие сплетен об истине.

Где там, кстати, в каком балу влачится ее драгоценный шлейф, отороченный благородным скунсом?

Что нам делать без этой сиятельной дамы, ведь в наших собраньях повисла масса вопросов. Ведь нам неймется не только сравнить их с висящими на наших же вешалках старомодными зонтиками и тростями, но и выпрямить эту согбенность, исправить эту вопросительную горбатость — словно бы раболепную, угодливую, а в сущности настырную и узурпаторскую. Вопросы пленяют нас.

Что там себе поделывал в деревне зимой Александр Сергеевич, и как хороши, если конкретизировать, в какой именно степени были свежи розы Ивана Сергеича?

Как — а главное: чем делать стихи и вообще изящное и замечательное? И если нечем — то чем тогда заниматься? Не сочинить ли биографию Навуходоносора, не составить ли мемуары, не податься ль в отцы нации, не причислиться ль к лику святых?

Кто есть кто? Кто зван, а кто призван? Или просто ребром: ты меня уважаешь?

На улице неотложных вопросов — праздник и ярмарка. В балагане политики, идеологии и тщеславия, где витийствуют околоведы и вещают пророки — полный сбор. Главный номер программы: пара коверных с брандспойтами обдает умиленную публику густопсовой дресней, а потом вся в белом на белом коне на арену выезжает сама Посредственность. Спешите видеть.

Ну а те-то, которые беспризорные духом?

В культуре, подвергшейся множественным размозжениям с применением лакированной тары, затоваренной умопомрачительной требухой — глас они вопиющего в индифферентности: подайте юродивому копеечку!

И что, казалось бы, делать — только не Александр Сергеичу, и не зимой у себя в поместье, а вот мне, Александру Всеволодовичу, круглый год, и в совершенно иной земле, где не пахнет сирень, деревья забыли свои имена, где о свойствах древесных лягушек можно потолковать лишь с самоотверженным соколоведом Доном Бартоном Джонсоном, а на кладбищах вместо задушевных могильщиков с их гуманными лопатами и веревками работают трубоукладчики и бульдозеры.

Что делать нам всем, для которых полупроводник это не более, чем проводник, обслуживающий два вагона?

Конечно же, преподавать, прометействовать, возжигать светильники разума: университетов же — тьма.

Как возможно не знать произведений Гордия, трудов Сизифа, философских воззрений Прокруста, — воскликнул профессор, вернее — ассистент-профессор, до слез восхищенный неведением студента.

Да будет вам, — отмахнулся студент, — у вас — своя компания, у нас — своя.

В самом деле, с чего этот экзальтированный экзаменатор возомнил, что его дисциплина чего-нибудь стоит, чего он пристал к представителю молодежи?

Видать, господин профессор — приезжий, небось, эмигрант из какой-нибудь там России, где, слышно, союз писателей играет роль чуть ли не оппозиционной партии. И чего еще церемонятся там с этими борзописцами. Вот отрубят им всем, говоря по-китайски, собачьи головы — тогда узнают.

Не скажу за Париж, за Лондон, за Копенгаген. Быть может, процесс выздоровления объединенных наций от литературной хандры происходит неравномерно, и в тех одряхлых столицах, словно в каких-нибудь бразилиях и сибирях, еще не в курсе, что лавочку изящной словесности пора прикрывать. Но у нас в Новом Свете, рекомендуясь: писатель, — вы должны непременно оговориться, что позволяете себе это слово в значении здесь отставном и невнятном.

Ибо в представлении нечитающей массы райтер — это человек, умеющий набросать письмо, заявление, манифест, пособие по бегу трусцой, популярный социологический трактат, заполнить налоговую анкету. Нету в местном наречии и старого доброго имени графоман, в нашем, то есть, понятии. Ведь медицинский термин графоманиак намекает, что уважаемый райтер просто слегка приболел. То есть — это почти синонимы.

Да чего там, право, эстетствовать, элитарничать. Здесь нам не петербуржский салон времен замечательного поэта-нудиста Константина Кузьминского, пусть сам он и переехал в Техас.

Оставьте ж в покое свою Мнемозину, милостивый государь, не теребите ее, не мусольте.

Когда, оздоровленный новейшим опытом, я живописую кому-нибудь, что значит в стране моего языка быть писателем, или хотя бы слыть им, я думаю: баснословен.

А когда, вояжируя из Канады в Америку, меня на таможне спрашивают: занятие? и я отвечаю: писатель, — меня немедленно начинают обыскивать. Потом прибывает проникновенный гражданин в штатском и у нас заходит душещипательная беседа на предмет сердечной привязанности. В Канаде, говоришь, родился? А пишешь, говоришь, на русском? А сердце, говоришь, — где?

Мое сердце — летучая мышь, днем висящая над пучиной кишечной полости, а ночью вылетающая сосать удалую кровь допризывников с целью ослабления ваших вооруженных сил, сэр.

Вот как уклончиво следовало бы мне отвечать, но я опасаюсь прослыть излишне сентиментальным. Ведь моя литературная репутация и без того уж подмочена.

Вы знаете, отчего я столь внимательно вас лорнирую, — сказала мне княгиня из первой волны, когда мы сидели с ней за одним из ее наполеоновских столиков, имея ланч.

Помилуйте, — возражал я, тушуясь.

Я прочла вашу *Школу Для Дураков* два раза, — продолжала княгиня, — и, поверите ли, поначалу решила, что вы — вольнодумец, масон, а теперь догадалась: вы просто умалишенный.

Лорнирует меня и канадская Ее Величества конная контрразведка.

Однако ее осенила догадка иного толка.

Ваша карта бита, — заявили нам в компетентном монреальском учреждении, — вы и ваш земляк Соколов Александр, он же — Саша: шпионы. Улики? Более чем достаточно.

Во-первых, мы оба что-то все время пишем, во-вторых, мы однофамильцы. Только один из нас, будучи монархистом, пишет нашу фамилию с двумя эф на конце, а другой, будучи сам по себе, с одним ви.

Когда меня арестуют, я утешусь следующим воспоминанием.

Однажды в Италии был задержан немецкий лазутчик, который срисовывал старинные башни. И хотя он пытался уверить следствие, что он известный поэт, дескать — Гете, имя его никому ничего не сказало. Ведь Иоганн Вольфгангович тоже подвизался под рубрикой Литерачер Бийонд Политикс.

А ведь упреждал, упреждал меня пьяница дядя Петя, малограмотный егерь из волжской деревни, где я тоже работал егерем и писал первую мою книгу: Санька, говаривал дядя Петя, не ездь в Америку.

Впрочем, когда он давал мне этот стариковский совет, об эмиграции я даже не помышлял. И искренне удивлялся: Бог с тобой, Петра Николаич, с чего ты взял, какая Америка.

Вижу, вижу, — читал он мою судьбу, — уедешь.

Слова его тем более озадачивали, что о политике мы никогда с ним не заговаривали. Газет в деревне не получали, радио не интересовались и жили размышлениями о состояньи реки, погоды, охоты. И пророчество дядя Пети являлось вдруг, в просторечье прекрасной застольной беседы минимального смысла и осмысления.

Странны, загадочны и трагичны события, происходящие в той захудалой местности, где, кроме меня, обретал вдохновенье Чайковский и Пришвин, Рильке и его переводчик от русской сохи Дрожжин, но где душа человеческая не многим дороже пары сапог.

Там протекает Волга, она же — Лета, впадающая в Тюркское море Забвения. Чаевничая ее водою и входя в обстоятельства ее берегов, делаешься навсегда причастен к необъяснимому — в ней и в судьбах ей обреченных.

Недавно я получил письмо от приятеля-браконьера.

А что, — начинается эта неглазированная деревенская проза, — не сказывал разве тебе дядя Петя, чтобы не ездил куда не след? Не послушал — вот и не знаешь про нашу деревенскую жизнь.

После утопления Ломакова Витьки за время твоего отсутствия — случилось.

Помнишь ли Илюху-придурошного? Пошел Илюха за Волгу за выпивкой на день Конституции, а лед еще слабый был — так уж после только лыжи нашли.

Костя Мордаев, который инвалид-перевозчик: тому конец загодя был известен. Вот и уснул на корме. Глубины, куда култыхнулся, — с полметра было. Но Мордаеву и того достало.

А теперь про Вальку, Витька-хромого жену да про бабку-Козявку. На ноябрьские поехали на ту сторону в магазин, а уж закраины обозначились. Выпили в магазине — и обратно гребут. А когда на лед вылезали — то опрокинулись. Стоят в воде и кричат. Услышали их в домах, стали мужей будить, а те сами в стельку. Проснулись они утром, а жены ихние в сенях стылые уже лежат. Запили мужики пуще прежнего.

Или вот Борька-егерь как-то с папироской уснул — ну и сгорела изба, да и от Борьки ничего не осталось.

И еще много всяких таких историй случилось у нас и в соседних деревнях, — заканчивается этот сокращенный мною мортиролог, —

обо всем не расскажешь, книжку надо писать.

Я написал ее. Называется — *Между Собакой и Волком.*

С фотографией деревенского ясновидца Петра Красалымова на обложке, она вышла в Ардисе за несколько месяцев до получения этих известий. Тем не менее все они в той или иной интерпретации в ней прочитываются. А что касается невзгод человека, который стал прототипом матроса Альбатросова, то эти невзгоды постигли его чуть ли не в полном соответствии с текстом.

Увы: написанное сбывается.

Ибо судьба подсказывает беспризорному духом решения, которые уже приняла.

И мастер ли пишет житейские мифы, они ли — его, все равно: текст промыслен все там же, на сокровенных скрижалях.

И не судьба ли ответит на все вопросы, не она ли решит, что пребудет в конце: слово или молчание?

И если потребуется — вырвет наши грешные языки.

SASHA SOKOLOV'S *BETWEEN DOG AND WOLF* AND THE MODERNIST TRADITION[1]

D. Barton Johnson

Sasha Sokolov's *Between Dog and Wolf (Mezhdu sobakoi i volkom)*, an avant-garde novel of startling originality, difficulty, and daring, takes both its title and theme from the *Eugene Onegin* quatrain used as its primary epigraph. Onegin and Lensky sit before the fireplace smoking their pipes, drinking and chatting. The fire is down to ash-covered coals and the evening shadows fall. The latter part of the idyllic stanza (IV, 47) is a parenthetical insert by Pushkin:

> Люблю я дружеские враки
> И дружеский бокал вина
> Порою той, что названа
> Пора меж волка и собаки

(I love friendly prate/ And a friendly cup of wine/ At the time of day that's called/ The time between dog and wolf...). In Pushkin's lines the expression refers to that pleasant hour when day is done and friends relax and converse. Historically, the phrase describes that hazardous time of day when the shepherd is unable to distinguish between his guard dog and the wolf menacing his flock, i.e., twilight.[2] More generally, it refers to what is better known in English as the "twilight zone": "an ill-defined area between two distinct conditions, categories, etc., usually comprising certain features of both; an indefinite boundary: *a twilight zone between fantasy and reality.*" The twilight zone, the world between dog and wolf, is both the setting and the theme of Sokolov's novel as well as a metaphor that pervades its every dimension.

The events of the novel take place in a timeless twilight. It is impossible to specify in any detail either the temporal setting or the sequence of events. There are no references to specific historical events: no wars, no revolution—only the timeless miasma of the deep Russian provinces. One of the characters enunciates the theory of time that prevails in the novel itself. In a town, time passes rapidly like the rushing main channel of a river; in a village, slowly, like a quiet stream; and in a deep forest, as in a stagnant backwater, very little or not at all. On some level these different temporal dimensions all exist simultaneously and lie at the heart of the novel's chaotic chronology in which many events echo others which have happened or foreshadow those which will happen. It is a world in which effect may precede cause; a world in which contradictory versions of identical events are equally valid.

The geographical setting of the novel, unlike the temporal setting, is very precise. The events of the narrative take place on the upper Volga, here referred to by its old Tartar name, the Itil. The Itil is the central feature of the physical and metaphyscial geography of the world between dog and wolf, for its Stygian waters divide the living from the dead. This division is more than a little obscure, for there is much crossing back and forth over the river, especially during the frozen winter months. On one bank is the settlement of Bydogoshch which is populated by the souls of the departed. On the other bank is Gorodnishche, the town of beggars and thieves, the crippled and the deformed—an anti-Kitezh as the critic V. Kreyd has aptly called it. The town and its residents are depicted in a painting described by one of the characters, the would-be artist Yakov. The scene in all its detail has been identified by Sokolov as that of "The Return of the Hunters" painted in 1565 by Pieter Bruegel the Elder. The use of Bruegel's sixteenth-century Flemish town as a prototype for Gorodnishche is suggestive of the multidimensional view of time that underlies the novel.[3] The painting hangs, by the way, in the *Kunsthistorishches Museum* in Vienna where Sokolov saw it shortly after his emigration in 1975.

Theme and Structure

The basic event around which the book is built flows, like much else in the narrative, out of the title phrase. Ilya Petrikeich Zynzyrela, the hero and prime narrative voice, is murdered because he literally cannot tell the difference between a dog and a wolf. Ilya, a disfigured, one-legged itinerant grinder, is returning home across the frozen Itil from a drunken wake. It is twilight, and he thinks he is being stalked by a wolf. Full of alcoholic courage he attacks and, in battle no less epic than that of Alexander Nevsky, beats off the wolf with his crutches. The dog, for such it is, belongs to a local game warden and dog keeper named Yakov Ilyich Palamakhter-ov who in revenge steals Ilya's crutches. The feud escalates. Ilya kills two of the gamekeeper's dogs and in return is eventually drowned by the owner and his associate.

The major portion of the narrative is recounted in a series of rambling letters by Ilya. These letters are, however, so kaleidoscopically fragmented that the reader must painstakingly reconstruct the story leading up to the murder. Only very gradually does it emerge that Ilya is dead and is writing his account from the far side of the Itil. The letters, which are addressed to a criminal investigator named Pozhilykh, contain an enormous amount of colorful and often confusing material. Much is outright fabulation; much

209

more is complicated by the coexistence of different temporal dimensions in which variant versions of events take place. The reader must thread his way through this multidimensional maze in order to discover the fact of the murder itself, the murderers, and, more important, the history of the relationship among the victim, the killer, and the woman who unites them.

The sorrows of Ilya, the one-legged grinder, begin many years before the events that lead to his death. As a young man he meets and innocently woos a girl named Orina, unaware of her previous promiscuity. They live together for a time and a child, Yasha, is born, but Orina, a rail dispatcher, soon returns to her earlier custom of entertaining the students from a nearby naval training vessel in the woods beyond the railroad track. One day, Ilya, drunk, attacks a group of his wife's lovers, is beaten, and left trussed to the railroad track. Orina later returns and unsuccessfully tries to untie him. As the train approaches, she hysterically confuses Ilya with a pet fox that hooligans had tied to the tracks. Ilya's leg is severed and Orina is killed. Ilya awakes in a hospital where he makes friends with another amputee, one Yakov Ilyich Alfeev, with whom he shares the war's only pair of boots, which they steal on their unofficial departure from the hospital.[4] The men go their separate ways after a drunken interlude where it is inconclusively suggested that Ilya is Alfeev's father, who deserted his mother many years before. Ilya eventually joins the Daniil Zatochnik Grinding Artel and travels up and down the Itil sharpening tools and skates, endlessly obsessed with the memory of Orina.

Meanwhile, a mysterious female figure, *ta dama* (that woman), appears in the environs. She seeks a certain man, but unable to find him, takes one of those present. Days later, the elected one returns, taciturn, passion spent, and soon dies, usually by his own hand. The figure, the ghost of Orina, is seeking Ilya, who is panicked when his crutches, his means of escape, are stolen in revenge for his beating of the dog/wolf. This is one version of the events that lead up to Ilya's murder at the hands of the dog keeper.

In a different dimension, which in some ways coincides with, but in others differs from the above, the railroad incident does not occur. Ilya leaves the increasingly promiscuous Orina, who takes Yasha, moves away, and changes her name. Ilya moves into a room beneath a staircase, where he ekes out a living as a hidedresser and shoemaker. Here he befriends an old woman ragpicker and her mentally defective young ward, whom he seduces while working on an animal hide the girl has brought him. Their relationship sours when she takes up with the sailor trainees. This episode curiously parallels the story of Orina's seduction, for she too had lived with an elderly ragpicker and was first seduced by a shoemaker to whom she had brought the hide of her murdered pet fox. The animal had originally been given to Orina by a youthful trapper she later seduced. In this alternative, Ilya loses his leg trying to catch a moving train.

The second major component of the narrative is a series of interludes that are interspersed among Ilya's letter-chapters and are devoted chiefly to Yakov Ilyich Palamakhterov's recollections of his schoolboy daydreams as he gazed out of the classroom window. The relationship of these chapters to Ilya's account is at first obscure. Some of Yakov's daydreams are set in turn-of-the-century Moscow and focus on his great-grandfather, a printer. Others, however, bear upon his own life and circumstances. Young Yakov, who amuses himself by setting fox traps, lives with his mother, Maria, who works as a railroad dispatcher and receives her co-workers and the sailors in her bed. On the level of reality (if one can use such a word in discussing the work), Ilya's wife, Orina, and Maria, Yakov's dissolute mother, are the same. It is this identity of Orina and Maria that is one of the links between the two primary portions of the narrative—Ilya's letters and Yakov's recollected daydreams of youth.

Young Yakov has fantasies about a mentally defective neighbor girl who goes with the sailors. The figure of the defective girl is the center of a complex of images further relating the two portions of the narrative. The girl loved by Yakov mirrors and may be identical with the feeble-minded girl who is seduced by Ilya and who in turn seems to share much of Orina's personal history. The fox-fur slippers made for Orina by her cobbler-seducer foreshadow those made by the cobbler Ilya for the slow-witted girl who is Orina's successor. The plot assumes a new level of complexity when we recall that Orina's son Yakov, who loves the feeble-minded town whore, sets fox traps—thus closing the circle. Yakov merges with both the young trapper, who first presents Orina with the fox cub (and is seduced by her), and with Ilya, the lover of Orina and the mentally defective girl. In some sense, the defective girl also merges with Orina/Maria. These unities are established through the fantastic set of murky interconections involving the fox and the slippers that are bizarrely echoed in both Ilya's patronymic, Petrikeich (the folkloric patronymic of the fox) and in his strange last name, Zynzyrela, with its evocation of Cinderella of vair slipper fame.

Virtually all female figures in the book are but aspects of one another. As we note elsewhere, Orina/Maria, the earth mother, is identified with the "that woman" figure who is also death or, alternatively, *Vechnaia zhizn'* (Eternal Life). The unity of these figures with the defective girl (and other minor characters such as Ilya's later mistress) is underscored by the common use of the demonstrative pronoun *ta* (that) in referring to them: *ta dama, ta devochka, ta bobylka, ta babulia,* etc. These interblendings of the major male and female characters are all presumably functions of the multiple time dimensions of the novel.

The most important consequence of the identity of Orina and Maria is that Yakov *is* Ilya's son—to whatever extent anything *is* anything in the twilight world between dog and wolf. Both Yakov and Ilya remain unaware of this, however, and when their later lives as grinder and dog keeper finally and fatally cross, they are equally unaware of their transient friendship in the hospital—perhaps because of the coordinate temporal dimensions in the twilight world. When this father-son relationship is considered in the context of the identification of Orina/Maria with *ta devochka,* the defective girl, one-legged Yakov may be seen to be re-enacting the role of the lame Oedipus.[5] He unwittingly both kills his father and (albeit not literally) "marries" a version of his mother. Sokolov has restaged the Greek myth of Oedipus amid the headwaters of the Volga.

In his use, conscious or otherwise, of Oedipus as subtext, Sokolov allies himself with other modernist writers who have drawn upon myth as a way of structuring their highly fragmented texts. The Oedipus myth provides a frame of reference in the world between the dog and the wolf, that multidimensional twilight zone in which all is possible and nothing is certain.

Language and Style

Between Dog and Wolf is a book about language and style. The narrative line is negligible, but the language is of such richness and density that it largely supplants the more traditional concerns of the novel form. Just as the book's content flows from its title, so does its dominant stylistic device—the phraseologism or idiom, a set phrase whose meaning is not directly inferable from the sense of its individual constituents, e.g., *za sem' verst kiselia khlebat'* "to go on a wild goose chase." Phraseologisms are primarily an aspect of colloquial speech.[6] Hence they find a natural place in the semiliterate ramblings of Ilya, the itinerant grinder. His portion of the narrative, by far the longest, sets Sokolov's novel in the tradition of the Russian *skaz,* a device used to establish the authenticity of the narrator and to allow the author a distinctive, and sometimes bizarre, stance from which to recount his story. Although Sokolov's massive use of phraseologisms in the language of the narrator fulfills this function, it also goes far beyond it, for these figures of speech are, in a very real sense, at the heart of the novel.

Sokolov is a master of word play—including the pun, a much (and unjustly) maligned literary trope. In his novel Sokolov has transcended the simple word-pun and created a world of phraseological puns. The novel's title phrase is itself an example of such a pun with its dual meanings: one, the transferred sense expressed by the phraseologism as a whole, i.e., the twilight; and another, the literal sense in which the component words of the expression maintain their own independent meaning and collectively express the seminal fact of the novel—Ilya's drunken inability to distinguish between a real dog and a real wolf. Both interpretations of the title phrase are uniquely suited to the content of the novel. This sort of complex word play occurs in many of the author's phraseologisms, and it is in these dual usages that we find the novel's most distinctive stylistic device.

Sokolov's stylistic strategem relates to the title phrase in yet another, deeper way that goes into the nature of language itself. Taken in its literal meaning, the title is a free word combination referring to two animals. Modifiers can be inserted or deleted, and its meaning can refer to various real situations. Its words are as free as wolves. As a set phrase, however, it is restricted to one invariant form and meaning. That meaning, "twilight," no longer has any connection with dogs and wolves. The words have been captured, bound together, and domesticated. They have become a collective object of automatized perception. Such bound phrases are the domesticated dogs of language, although like real dogs they have evolved from wolves, i.e., from free word combinations. Sokolov's dual usages draw upon both the free and the bound meanings of these word sequences and simultaneously project them as both dog and wolf. It is indeed a twilight zone in which dog and wolf cannot be differentiated. This simultaneous projection of two meanings surmounts, to a degree, the chronological linearity of language and parallels the conflated chronology of the novel's plot. The realized metaphor that underlies theme and plot equally lays bare the central stylistic mechanism of the novel's language.

Parody and Humor

Parody plays an important role in *Between Dog and Wolf,* and, like other aspects of the novel, lends itself to consideration in terms of the title motif. Two texts, one based upon the other, are similar but different, and that difference is critical. The original text is the faithful servant of man; the parody—the wolf-in-canine clothing representing a humorously exaggerated simulacrum. The success of parody—indeed, its very existence—rests on two factors: knowledge of the original text and recognition of its subsequent deliberate distortion. One must be able to tell the wolf from the dog.

Parody is perhaps most explicit in the novel's poetry sections, which are attributed to the gamekeeper *cum* artist/poet Yakov Palamakhterov and which are at least in part inspired by the literature classes of his school days. The book's four major poetry sections, which deal mostly with the hunting and fishing folk along the Itil, bear such mock-Turgenevian titles as "Notes of a Drunk Huntsman" (*Zapiski zapoinogo okhotnika*).[7] Although there are echoes of many Russian poets in the "Notes," including Krylov, Tyutchev, Fet, and Pasternak, pride of place goes to Pushkin whose *Eugene Onegin* lines provide Sokolov's title. One of the axioms of Soviet literary criticism is that Pushkin cannot be parodied, for to do so would be tantamount to parodying the Russian language itself. Sokolov attacks both parts of this formulation by flagrantly parodying Pushkin and the Russian literary language at every turn. Significantly, the first part of the book to be written was the poem "Kak budto sol'iu kto . . ." (As if someone had taken salt . . .) which describes the year's first snowfall.[8] The poem speaks of the ennui of the author, Yakov, who is bored with the hunt and seeks other diversions:

> И тошно так, сказать по чести,
> Что не поможет верный эль.
> Чубук ли несколько почистить,
> Соседа ль вызвать на дуэль?

(It makes one sick, to tell the truth,/And faithful ale will not help./Shall I clean out my pipe a bit/Or challenge my neighbor to a duel?) The author now having slipped into his Oneginesque role, leaps into his carriage "s gerbami aglitskogo kloba" (with the coat of arms of the English club) and cries to his coachman "Goni!" (Drive on!) This particular poem is only one of the many in which Pushkin is paid tribute through pastiche.

The above poem, in spite of its formal (as well as thematic) reliance on Pushkin, is also very much Sokolovian, for it displays the central stylistic device that characterizes the novel itself. As the bored hero ponders ways of venting his spleen, he considers further possibilities:

> Шлафрок ли старый, тесноватый,
> Велеть изрезать в лоскуты,
> Чтоб были новому заплаты,
> Задать ли в город лататы?

(Shall I have my old, tight housecoat/Cut to shreds/To make patches for my new one,/Or shall I run off to town?) Here we find another of Sokolov's phraseological puns: the fixed phrasal meaning of *zadat' lataty* "to take to one's heels" coexists along with the independent literal meaning of one of the set phrase's components, i.e., *lataty* "patches." It is only due to the context afforded by the earlier *izrezat' v loskuty* "to cut to shreds" and *zaplaty* "patches" that the reader is made aware of the independent meaning of *lataty* and perceives the word outside of its obligatory role in the phraseologism.[9] We have remarked on the resonance of this stylistic device with the novel's central thematic idea—the dog and the wolf.

The poems also play an integral part in the structure of Sokolov's novel. Within the framework of the book, they are, of course, written by Yakov. Further, the four poetry chapters, each of which portrays the passage of a season, mark major divisions within the novel. The book's thirty-seven poems are a delightful mixture of parody and Sokolov's own whimsical voice and, like the prose, they are saturated with the phraseological puns and other forms of language-at-play.

The versatile Yakov aspires to be a writer of prose as well as poetry. Here his models would seem to be chiefly Gogol and Lermontov. Gogol in particular, and the nineteenth century in general, are parodied specifically in chapter 5, which has mimesis and mimicry as its explicit theme as well as its content. The chapter opens with a discussion of artist Yakov's imaginary "Self-Portrait in Uniform," a picture so life-like that the artist cannot distinguish it from himself. This discussion introduces the theme of mimesis. Agitated by the question of whether to reproduce the portrait for the benefit of the reader, the excitable Yakov resolves "ne podavat' vidu"— a phrase meaning "to conceal one's feelings, to remain impassive." The word *vid* "aspect" also has the meaning "biological species," and the idea of human concealment leads to that of protective mimesis in the insect kingdom. Certain insects such as the humpbacked Patagonian cricket (to which Yakov is unfavorably compared) mimic inedible objects precisely by remaining motionless, i.e., by impassivity. For details the reader is referred to a venerable tome by one Karus Sterne entitled *The Evolution of the World* (*Werden und Vergehen*).[10] This volume, which Yakov is examining as the chapter opens (and as it ends), contains the implausibly detailed street address of its Moscow publisher, and the circumstantial address, the date of publication, and the topic of mimicry induce Yakov to imagine a long scene set in the turn-of-the-century publishing house. This scene in its language and subject matter parodies much in the literature of the last century before descending into complete Sokolovian surrealism. With its discussion of mimicry in art and nature, together with its inset mock nineteenth-century literary scene, the chapter rings the changes on the theme of parody and is a distillation of this aspect of Sokolov's view of literature. Along with other post-modernist writers, Sokolov has found that one of the few remaining directions for the evolution of the novel is back into its own past through parody—that literary form which more than any other lies in the twilight zone between dog and wolf.

Sokolov and Literary Tradition

Sokolov's writing is something of a pardox: in some ways it is radically divorced from Russian literary tradition, while in others it is unmistakably a part of that tradition. The wolf and the dog are with us even here. The physical setting of his first two novels is profoundly Russian. Beyond this they are language-centered creations that display an amazingly wide spectrum ranging from Slavonicisms, regional and social dialects, and professional argots through the classical literary language to Sokolov's neologisms. The novels are intensely and almost entirely Russian in the range of their cultural allusions: from the martyrs Boris and Gleb of the earliest Russian hagiography, the *Zadonshchina,* and the *Prayer of Daniil Zatochnik* through the Russian classics to the moderns. Allusion to things non-Russian is extremely rare. The many citations of popular literary forms such as *chastushki,* sayings, proverbs, folklore and songs (often *blatnye* or "underworld songs") also testify to the role of the Russian cultural tradition in Sokolov's work.

Notwithstanding these deep roots in Russian tradition, Sokolov's work is fundamentally different in both outlook and technique from the mainstream of Russian literature of both past and present, Soviet and emigre. Neither of his two novels displays the slightest concern with social, political, or moral issues; neither is about external reality at all. Although Sokolov has set himself apart by his indifference to the social concerns so central to Russian literary tradition, he is not without precursors. These links, which are perhaps strongest with certain of the Symbolist and Futurist writers, do not lie in subject matter or social outlook, but in matters of technique. The dominant role of sound patterning characteristic of Sokolov's prose also occurs in the work of Andrei Bely whose novel, *The Silver Dove (Serebriannyi golub')* comes to mind. The bizarrely fragmented, kaleidoscopic mode of Sokolov's narratives seems at times to evoke the work of Velemir Khlebnikov. Sokolov, however, claims little or no awareness of these authors during his early years as a writer. The technical similarities of style with these and other figures such as Pilnyak represent more shared aesthetic perception than "influence." An awareness of these earlier Russian writers helps to prepare the reader for Sokolov, but (language aside) perhaps no more than familiarity with the writings of Joyce or Robbe-Grillet. It is a *linguistic* sensibility that Sokolov shares with the modernist (and, now, post-modernist) writers. Strictly speaking, his novels are not narratives at all, but rather elaborate and finely wrought word structures that relate first to themselves, and then (largely by way of parody) to earlier word structures. His is an art turned in upon itself, distilled and redistilled to an ever greater degree of purity. The stylistic refinement evident in the transition from his first novel *A School for Fools*[11] to *Between Dog and Wolf* reflects this process. Sokolov's third novel, *Palisandria,* promises to be an even more highly refined distillation from a voice that is among the most distinctive in contemporary Russian literature.

Notes

1. I would like to express my appreciation to Sasha Sokolov for his willingness to respond to questions about his work. I would also like to thank Vadim Kreyd for graciously permitting me to read the manuscript of his essay "*Zaitil'shchina,*" which provides a good general orientation to *Between Dog and Wolf* (Ann Arbor, 1980). Mrs. Nellie Lvovna Davis gave generously of her time and knowledge in helping to decipher some of the novel's more arcane passages.

2. The idiom is a very old one occurring in Latin as *inter canem et lupum;* French—*entre chien et loup;* and more rarely, in English as "between dog and wolf." *Brewer's Dictionary of Phrase and Fable.* Centenary edition. (New York, 1970). The following definition of the

"twilight zone" is from *The Random House Dictionary of the English Language* (New York, 1966).

3. Equally suggestive of the multidimensional time scheme is the name Gorodnishche itself. Sokolov reports that the name is a blend of the dissolute eighteenth-century town of Gorodnya described by A. N. Radishchev in his *Journey from Petersburg to Moscow* and a nearby town called Gorodishche. Thus the time layers of the sixteenth century, the eighteenth century, and a mythic present are all superimposed upon each other—a characteristic technique in the novel.

4. Alfeev later proves to be identical with the dog keeper Yakov Palamakhterov, with whom he shares his Christian name and patronymic. It is symptomatic of the twilight world that personal and place names exist in alternative forms. The last name of Ilya, the hero, occurs in no fewer than nine variants: Zynzyrela, Dzyndzyrella, Sinderela, Dzhynzherela, Zhizhilella, etc.

5. Both Yakov and Ilya have but one leg, although Yakov's condition is mentioned only in his incarnation as Alfeev. The disability of both son and father has a parallel in the Oedipus legend, where the etymological meanings of the name of both Oedipus "swollen foot" and his father Laios "left-sided" (as well as that of his grandfather Labdacos, "lame") all imply lameness. Claude Lévi-Stauss in his essay "The Structural Analysis of Myth," (*Structural Anthropology* [New York, 1963]) asserts that this feature affirms their autochthonous origin, pp. 214-15.

6. *Frazeologicheskii slovar' russkogo iazyka*, ed. A. I. Molotkova (Moscow, 1968), p. 20. Molotkova's introductory essay is a useful orientation to the subject.

7. Not only do the titles of Sokolov's poetry sections echo Turgenev's *Notes of a Huntsman*, but the vocabulary of his peasant hunters often coincides with that of Turgenev's. This, however, is doubtless a function of the social position of the characters rather than literary influence. Sokolov worked as a gamekeeper on the upper Volga. A somewhat bizarre Turgenev echo is with *Fathers and Sons*, a title that takes on new meaning in the context of Sokolov's treatment of the Oedipus theme. Also of interest is that the dog beaten by Ilya is named "Mumu" as in the eponymous Turgenev story.

8. Written in July 1976, on a train between Zurich and Locarno. Personal communication from the author in a letter of March 3, 1981.

9. The word *lataty* does not occur in Russian outside of the phraseologism *zadat' lataty*.

10. This volume on natural history which both sets the theme of the chapter and provides its opening and closing frames enjoyed wide popularity in turn-of-the-century Europe. Karus Sterne was the anagrammatic pen name of a German journalist and popular science writer named Ernst Krause. The title page of the first Russian edition bears the following array of information: Karus Sterne, *Mir, ego proshloe, nastoiashchee i budushchee. (Werden und Vergehen). Istoriia razvitiia vselennoi i ee obitatelei v obshcheponiatnom izlozhenii. S 6-go pererabotannogo, ... pod redaktsiei i s dopolneniiami V. V. Bitnera. S mnogochislennymi risunkami, kartami, kromolitografiami, tsvetnymi gravirovannymi na dereve i dr. tablitsami.* (St. Petersburg, 1906-7). It is perhaps a frontispiece picture of Sterne that triggers Yakov's initial revery on the self-portrait as he leafs through the volume. The reference to the hump-backed cricket whose mimetic patterning enables him to elude predators when he becomes immobile is on pp. 435-36, vol. II.

11. *Shkola dlia durakov* (Ann Arbor: Ardis, 1976). The English translation (*A School for Fools*) by Carl R. Proffer was published a year later, also by Ardis. For critical studies, see Alexandra Karriker "Double Vision: Sasha Sokolov's *School for Fools,*" *World Literature Today,* 54, Autumn, 1978, pp. 610-14; Fred Moody, "Madness and the Pattern of Freedom in Sasha Sokolov's *A School for Fools,*" *Russian Literature Triquarterly,* 16, 1979, pp. 7-32; D. Barton Johnson, "A Structural Analysis of Sasha Sokolov's *School for Fools:* A Paradigmatic Novel," *Fiction and Drama in Eastern and Southeastern Europe,* eds. H. Birnbaum and T. Eekman (Columbus, 1980), pp. 207-37.

Eduard Limonov

ЛИМОНОВ О СЕБЕ

С детства я мечтал оказаться в президиуме. И вот наконец мечта исполнилась. Сижу в президиуме. Чувствую себя неплохо...

Сам факт, что меня пригласили на такую конференцию, является весьма знаменательным. Я думаю, меня таким образом возвели в ранг полковника от русской литературы. Спасибо.

Меня несколько затрудняет то, что я должен говорить о себе. Я столько написал о себе в своем единственном опубликованном романе, что теперь мог бы и помолчать. И потому я буду говорить о русской литературе, к которой, к сожалению, принадлежу. Я говорю ,,к сожалению'', потому что с удовольствием родился бы здесь и принадлежал бы к американской литературе, что мне гораздо более к лицу...

Быть в наше время русским писателем очень трудно. Потому что русскую литературу норовят использовать все, кому не лень. Используют ее здесь, на Западе, используют ее в России. Быть русским писателем — значит оказаться между двух гигантских жерновов — России и Запада. Раз ты русский писатель — значит пиши о том, что от тебя хотят — в России ты должен писать о рабочих, о шахтерах. На Западе ты обязан писать о лагерях и репрессиях, издатели и читатели ожидают, чтобы ты был примерным диссидентом. И то, и другое мне одинаково неинтересно. Я пишу о себе. И потому я совершенно один, меня никто не поддерживает...

Мне потребовалось три года, чтобы найти русского издателя для книги. Ушло четыре года на то, чтобы опубликовать мой роман в переводе. Я горжусь тем, что разделил судьбу Набокова, опубликовавшего свою ,,Лолиту'' не здесь, в Америке, где она была написана, а во Франции...

Набоков получил, кажется, 26 отказов в американских издательствах. Я получил значительно больше отказов. Не помню точно. Но перевалило уже за 28. Думаю, я поставил своеобразный рекорд. Или они поставили... На одном из заседаний Боб Кайзер сказал: ,,Все участники конференции опубликовали свои книги в переводе на английский...'' Это неверно. Я не публикуюсь на английском языке...

Я себя чувствую представителем совсем нового поколения русских писателей. Я ощущаю свою творческую близость с такими писателями как Саша Соколов, Алексей Цветков, с Юрием Милославским, которого не пригласили на эту конференцию, с Зиновием

Зиником, которого я не знаю, но проза которого мне близка. Мы все более или менее одного возраста, где-то от 30-и до 37-и. Что нас объединяет? Я думаю, что мы совершенно новый феномен — мы русская *литература вне политики*. Нас трудно использовать и с той, и с другой стороны. Ну как, скажите мне, использовать прозу Соколова в интересах геополитической борьбы двух великих держав?

Вот если бы он написал о том, что происходит за кулисами советского спорта, о допингах или жульнических махинациях с валютой, или преподнес миру очередное „разоблачение" несостоятельности социалистической системы, тогда бы им могли заинтересоваться крупные издательства, и он мог бы рассчитывать на хороший аванс...

Я приехал сюда, ничего от Америки не ожидая, ничего не требуя от этой страны. Единственное, чего я хотел — профессиональной писательской свободы. Я хотел издаваться здесь на равных правах с европейскими писателями, издаваться в переводах. Я не получил такой возможности. Первая же моя книга натолкнулась на отчаянное сопротивление издательской среды. Поскольку я первый русский писатель, который позволил себе критиковать Америку у нее в доме.

Это обстоятельство кажется мне несколько обидным. Я люблю Америку, люблю Нью-Йорк, я хотел бы жить в Нью-Йорке, а приходится жить во Франции, где у меня больше возможностей...

Я действительно не хочу быть русским писателем, не хочу заключать себя в унылое литературное гетто. При всем моем уважении к Профферу и его деятельности, я считаю „Ардис" литературным гетто, даже если ты переводишься на английский язык — все равно гетто. Я хотел бы, чтобы меня читали нормальные люди, а не только слависты, не только университетская публика, не только специалисты по русской литературе и русской душе...

Я думаю, что имею на это право.

В заключение хочу сказать, что мне ненавистна извращенная ситуация, при которой нас рассматривают как подспорье в политической борьбе, даже если эта борьба ведется за правое дело. Рано или поздно эта ситуация изживет себя, и тогда наши вещи будут рассматривать с точки зрения литературных достоинств, и книги будут издаваться в зависимости от того, хорошо они написаны или нет...

EDWARD LIMONOV'S COMING OUT

Patricia Carden

Edward Limonov has been in the West since 1975, and in that six years he has managed to make his mark against all odds. He came without the substantial reputation of other writers who had been published in Russian there, in English here, before they left the Soviet Union. Limonov had had only the provisional success of acclaim in an underground bohemia: his work had been circulated in typescript in Moscow and he had read at private gatherings. If he is now having a success in Europe, where his novel *It's Me, Eddie! (Eto ia—Edichka)* is appearing in a number of languages, it is a testimony both to his talent and to his will to escape the ghetto of the emigre writer and to appear in his own right, simply as "Limonov, writer."[1]

Curiously, Limonov has attained his place outside the narrow confines of the emigre journals and publishing houses by writing the quintessential novel of the third wave emigration, the book that any writer aspiring to immortalize the experience of his generation will have to beat if he wants to lay claim to being its chronicler. From its opening pages when its obstreperous, yet ingratiating, hero introduces himself to us as he sits naked on the balcony of his welfare hotel, eating sauerkraut from a pot and taking the sun while secretaries in the surrounding Madison Avenue office buildings look down on him, we know that this book will be in a new key. The wistful, bumbling intellectual gentleman who was the first emigration's stereotype fades away—no Pnin this.

Limonov's vivid novel of life among the down-and-outers of the Russian emigration is a classical story of love betrayed: his wife has abandoned the emigre poet down on his luck for the classier seductions of life among the beautiful people. Having been cast to the very bottom, the poet embarks upon a quest for love. The quest is also a tour of places and people, for Edichka's vision is double—turned both inward to his own pain and outward on the world around him with an intense and searching curiosity. In his wanderings he encounters the cast of his *comedie humaine:* models, photographers, fashionable painters, the dissolute practitioners of the urban "glamorous" life; earnest and garrulous members of the Workers' Party who think they will accomplish a revolution by holding meetings and handing out leaflets; provincial American businessmen attending conferences at the Hilton; black toughs living on the street. From the kaleidoscopic life of the city, he returns periodically to his Russians, the unsuccessful ones who cannot integrate themselves into a culture they do not understand, whose language often as not they do not speak, who form the new lumpenproletariat of the city.

As the autobiographical narrator of his own story, Limonov utters a cry against the betrayal of illusions by the social structures of both the vast and indifferent countries that it has been his lot to endure.

> This civilization is a paradise for mediocrities. We thought that the USSR was a paradise for mediocrities and that it would be different here if you had talent. The fuckers. There it was ideology, here it's commercial considerations. About the same. What difference does it make to me what the reasons are for the world not wanting to give me what is mine by right of birth and talent. The world calmly gives it—the place I have in mind, a place in life and recognition—to businessmen here and to Party workers there. And there's no place for me. What is this, world? You mother-fucker. Well, I'm waiting and waiting, but I'll get fed up. If there's no place for me and many others, then what the fuck do we need with such a civilization?[2]

He also blames, on the one hand, Russian dissident leaders like Solzhenitsyn and Sakharov, whom he sees as acting simply to secure a voice for the intelligentsia in the way things are run, and on the other, the American government, which, in his opinion, has acted demagogically in bringing thousands of Russians to the West, only to strand them once they are here.

Behind Limonov's disaffection we recognize a more general stance that has become familiar in the modern literature of Europe and the Americas. By identifying himself with the dispossessed, he presses into a territory already claimed by Céline, Norman Mailer, Jean Genet and many others. We have moved to ever more extreme definitions of the writer's situation: as outcast, as criminal, as, in Norman Mailer's phrase, "white negro." What is required is to be outside the law, outside a law. Jean Genet explains that he left Germany in the thirties because there everyone was outside the law, a "race of thieves." "If I steal here, I perform no singular deed that might fulfill me, I obey the customary order; I do not destroy it. I am not committing evil. I am not upsetting anything. The outrageous is impossible. I'm stealing in the void."[3]

Disaffection can be turned into a permanent sense of exile, protected and cherished, the stuff of the writer's identity. Limonov creates his own myth of a permanent criminality and a permanent exile.

> From childhood I refused to serve; silently, stubbornly, the kid shaped his course. I want to go to the river and I go—whether it's snowing or raining—I go to the river. Despite his parents' curses the kid went. If I want to rob a store, I don't sleep nights, I roam at will, I rob it alone—in spite of the fact that this adolescent was nearsighted and that he was just fifteen years old.[4]

The abandonment of successive pasts has marked Limonov's life and work. As a child he left his petty bourgeois home to join drifters, *khuligany,* and outcasts. He turned from his *déclassé* comrades to become a poet. He left his provincial southern city to go to Moscow and enter the writers' bohemia, supporting himself outside the official society by sewing clothes for friends. Everywhere he turned the sense of exile into artistic possibility. So when he found himself in America in a situation where he was not wanted, where his writing was not valued, where there was no work, where his woman had left him, he was prepared to embrace the experience and turn it to artistic profit—to take on the role of exile, outcast, loner, and to redefine it as artist.

In 1969, after coming to Moscow and experiencing his first severe crisis of displacement, Limonov wrote an extended prose-poem, "Three Long Songs," which contains many of the elements that will go into *It's Me, Eddie:* the sense of exile as living at risk; fear of failure, fear of death, transformed into the motive for seizing life; weakness and inconsequence transformed into self-advertisement. Limonov's search for strength has been intimately connected to his preoccupation with human mortality. In spite of its fierce commitment to life, his work is death-obsessed. The first of the "Three Long Songs" is structured by a series of fundamental, simple questions like those asked by a child. The poet wonders, "Why did my friend Proutorov die and I am still alive? Tell me, when will I die? Will it really be when necessary?" And again he writes: "I really don't want to die. Why will I depart alone? And why will others remain?"[5] Finally, the fear of death expresses itself in an elemental form:

Back to childhood as fast as possible. Shelter me, papa and mama. All morning I lay naked on my stomach on top of the blanket. I thought with horror of the terrifying grave. I fell asleep and in my sleep cried out,
Mama, I don't want to go into the grave!
Mama, I don't want to go into the grave!
I haven't seen Mama for a year.[6]

Among the Russian gilded youth a cult is made of death and madness:

I was educated in the cult of madness. A "schiz"—shortened from schizophrenic—that's what we called odd people, and it was considered praise, the highest evaluation of a person. Eccentricity was encouraged. To say of a person that he was normal was to offend him. We sharply distinguished ourselves from the crowd of "normals." Where did we get it from, we provincial Russian boys and girls, that surrealist cult of madness. Through art, of course. A person who hadn't spent his time in a sanatorium wasn't considered worthy. A suicide attempt in the past, almost as a child, that's the kind of credentials that I, for example, brought to this company. The very best recommendation.[7]

The simple alternatives of living or dying are presented in "Three Long Songs" in a Hamletian formulation:

223

To shake off all flesh and let the soul . . .
Or
To shake off all soul and let the flesh . . .[8]

And what of the body? Could it be released into a heroic sexuality that would tear the veil of poor, reduced existence?

> Where is laughter, this one, that one, this one. Where are these laughters? Where are these wails? These rollings about the floor? These crawlings on the ground. Why don't I rip my clothes from myself and set fire to them? When will there be the dance of savages? When will they stop being ashamed? When will it happen that they will extend an invitation to me and I will simply spit, stomp and seize the breast of someone else's wife not hiding it, and the husband from the other side?[9]

In the poem the body's alternative is extended into sexual fantasies, or memories. Who knows? It is not significant. They return us to the refrain:

> Oh, this life of fearful flesh!
> It knows no laws. It knows no laws.[10]

Sexual curiosity expressed openly shapes Limonov's work from start to finish. It would be bad faith to say in his defense that the sexual interest in his work is not prurient. Like Lawrence, like Joyce, like Genet, like all the poets of sex and desire, his interest in sex is of all kinds, both exalted and prurient.

Limonov's curiosity about death and sex extends into what we might call "the politics of curiosity." The natural curiosity of the child, which is the writer's stock-in-trade, inevitably leads—as the curious questioner presses his "why?"—to parents' or society's putting up barriers. Curiosity is the first and most fundamental violation of the common law that makes the child, the writer, into a criminal. The parents' "No, no" to the exploring child is the first provocation of frustration, and as Limonov writes in "Three Long Songs": "There are no noes for me, only yeses."

The stress on consciousness in modern literature comes from a sense that freedom of action in any public form is illusory. While some writers have accepted that notion with resignation and regret and turned wholly to the inner life, others have fought against it, either by striving to take part in the world of action and politics or by asserting that writing itself is a forceful activity which makes a difference in the world by creating a new consciousness. Limonov has taken both these active stances. He demonstrated against the *New York Times* for supporting the policy of Jewish immigration without taking account of its consequences for the people who are then stranded in a new country with little help. His work propagandizes an extreme freedom of consciousness which begins in repudiating the work-a-day world of nine-to-five and ends in rejecting any national

224

distinction as a pernicious differentiation which leads to dissention rather than the unity of humanity. His major disappointment in America comes from its failure to elevate the artist and acknowledge his importance to society.

The politics of curiosity and desire, arising out of the question, "What would it be like if . . . ?", leads to the elaboration of fantasies. Limonov manipulates the syntax of fantasy with a sure hand. A characteristic passage occurs in his latest long work, *Diary of a Loser (Dnevnik neudachnika)*:

> There's a summer civil war.
> In the city, things are inflamed as in a dream.
> And the leader of the insurrection, half-Latin American, half-Russian, Victor, and Rita, a woman with straight hair, and the dove-elk homosexual Kendall—all came in the morning to my room and stood in the door and Victor threatens me with the muzzle of an automatic because I betrayed the world revolution for the thin, spidery arms of President Alberti's fifteen-year-old daughter, Celestina, for her rosy dresses and marine smiles, for her little childish cunt and her eternally-pierced earlobes, for the hedgehogs in her daddy's garden, for the hedgehogs and the snails on the gate. All of that brought me to this morning, and my best buddy in the conflict and former lover Victor is speaking terrible words in a low voice, hysterical Kendall in a fine jacket won't look, and Rita's concentrated face.
> And in the bed little Celestina cried for a long time, shaking her naked breasts, while her father—the President—was entering the capital with a tank corps and the loyal western suburbs were trembling and comrades were being shot in the courtyards.[11]

The fantasy contains much that is characteristic of Limonov: the world of childhood interpreted as a world of natural and free eroticism; appreciative curiosity about things people find in natural reality (the hedgehogs and snails); the free and natural vanity of self-display; the aspiration to heroism, only to betray it in imagination.

The narrative fragment (this is the whole of it, and the book is made up of other such fragments) is a many-layered amalgam compounded from the film, from the sensationalist press, and from pornography. In the new age our fantasies are film strips and we see ourselves played by our favorite stars. It is said that John F. Kennedy fantasized he would be played by Cary Grant, not knowing that his life would have a denouement beyond Grant's expressive capacities. The pop-culture elements are shaped seriously by their underlying homage to a literary tradition: the voices of Lorca, of Orwell, of Malraux, of Régis de Bray, sound here. The archetypal events of the Spanish Civil War and the Cuban revolution are evoked: Che lives! The stifling and yet freeing repetitions of history in each revolutionary movement—Palestine Liberation Front, Red Brigades—are laid down on top of each other until all that remains is the mythic outline.

The fragment is, in fact, the skillful summary of a genre. It is maximally economical and evocative. The opening two lines—"There's a civil war in summer. In the city things are enflamed as in a dream"—are

225

formulaic. They are meant to specify for us the proper context of cinematic fantasy. The characters are familiar stereotypes, subtly adjusted to the situation. The leader of the insurrection is rightly Latin-American, but also Russian. The inventor of the fantasy has the right to play all the roles: Limonov is not only the betrayer of the revolution in bed with the President's daughter, he is Victor, too. He both shoots and is shot. He enjoys the traditional power of the *victor* as well as the modern power of the traitor. Victor and traitor are inseparably tied in the economy of Limonov's consciousness. The manipulation of tense moves us skillfully backwards and forwards in time, bearing us away into the present tense of dream and then withdrawing us into the historical fatality of past tense.

Limonov's fantasies are fantasies of power, evolved out of the materials of a mythologized history. A self-conscious, open, ironic and yet serious megalomania is the stuff of the persona Limonov has fashioned for himself as a writer. In 1977 he published in Shemyakin's anthology *Apollon* a work written in Moscow before his immigration entitled *We Are the National Hero.*[12] This collage of prose fragments elaborates a fantasy in which he and his wife Elena arrive in Paris and are greeted by the President of the French Republic as "national hero" and "national woman," the perfect representatives of Russianhood. The "we" of the title is the kingly singular—"we/I am the national hero." Limonov combines the Soviet mania for giving prizes and honorific titles with a modern fairytale of celebrity. We hear in the narrator's voice both the frank megalomania of Mayakovsky and the Futurists and the wry self-deflation of Kharms and the Oberiuty. The group of concrete poets with whom Limonov has allied himself (its manifesto appears in the same issue of *Apollon*) openly expresses its tie to the Futurists and the Oberiu and even goes so far as to insult the Acmeists and the Symbolists, as if the new generation of experimental writers were forced to relive the history of Russian modernism. In a sense they are doing so, as contemporary Russian taste recapitulates the past stage by stage.

When Limonov wrote *We Are the National Hero,* he was in many respects living the very life of his fantasies. He existed outside conventional society as a hero of the marginal, unofficial world of artists. He had not only received recognition as a striking new voice among the young poets, he had not only married a beauty, herself a poet, he had even turned his work to profit by thwarting the system that refused to publish his work. He was the first of the underground writers to set up his own private distribution system and charge money for his typewritten volumes. Limonov was indeed a kind of counter-culture prince. The sense of an exuberant flowering is recorded in *We Are the National Hero,* where, whatever self-irony intrudes, Limonov genuinely and with a kind of surprised self-admiration records his own success.

The work also records the anxiety of the king for a day who is all too afraid that the momentary realization of his fantasy may prove to be an illusion. There are bemused asides and deflations. Limonov fantasizes that Antonioni asks him to star in a film. At the same time he marvels that he with his little squinty eyes has been selected instead of his beautiful wife Elena. Celebrity has an element of chance. No matter how confident one is of one's talent, of the deservedness of one's success, the suspicion lingers—have they got the wrong person?

Limonov's doubts were soon to be made real. The police fixed up false papers and dumped him in the immigration—good riddance to a trouble-maker. Limonov came to experience the deflation of his celebrity in earnest:

> Here in New York I lose additionally, because I am a Russian writer, I write in Russian words, and it turns out that I am spoiled by underground fame, by the attentions of underground Moscow, artistic Russia, where a poet—well, that's not what a poet is in New York, but for several centuries a poet in Russia has been everything—something like a spiritual leader; for example, to become acquainted with a poet there is a great honor. Here a poet is trash . . .[13]

Limonov's megalomaniacal self-proclamation and his sober realism are not unrelated postures. When celebrity is so provisional, at the mercy of forces beyond the individual talent, fantasy becomes a weapon against destruction.

In conversation Limonov has used the word "coquetry" to describe his poetic strategy. If Rousseau justified writing his confessions on the grounds that no one before had written completely honestly about himself and that therefore the very laying bare of the self would be of interest, the new confessional literature bases its claim to our attention on a different foundation: the writer has dared more than we. he has penetrated into areas of experience—perverse sexuality, crime—that the rest of us will not enter; he has crossed the social boundaries and mingled with people of other races and with the rejected scum of society. Genet captures the self-appointed task when he says that the goal is to take all that has been rejected and despised by society and turn it into a thing of the highest beauty. The writer has to shock to prove the validity of his claim on the reader's attention, but he must court the reader, too, and hope to win him over to his point of view. Most of all, he must capture and retain attention by asserting, "It's me, it's me, *It's me, Eddie!*"

Hence the complexity of narrative voice in Limonov's most complex novel. His harshness towards himself and others is implicit in the confessional mode. What good is confession if it cannot win our pity, and yet how to avoid falling into sentimentality? Harshness opens the door to pity, even self-pity. They belong to the same universe of feeling. Moreover, cruelty can be presented as an evidence of capacity to feel. It demonstrates the narrator's knowledge of the worth of the emotional sphere. It shows that sincerity of feeling stands at the top of the scale of values. Feeling is so important that any holding back or falsity traduces it. In Limonov's book the body is the constant locus of sensations, the mind their register. The moral consciousness works unceasingly to distinguish the true from the false.

All this is to say that Limonov is an authentic representative of his genre. But does he have any further claim on our attention? Does the Limonov phenomenon mean nothing more than that Russia, too, has its dreaming, bookish boys from the provinces posing as toughs and demanding that we look at them? In his impressive programmatic work "Three Long Songs" Limonov reports another fantasy:

> Why not disappear from everyone, leave a note and one's things on one bank. And hide others for oneself. Come out on the other bank. Dress and walk away. When will that happen?[14]

Limonov has come out on the other bank. There was always a sense in which the experience of Moscow unofficial cultural life was easy for all its dangers. It was psychologically easy, because it removed the person from ultimate responsibility for his own success or failure. It was possible to say, Well, it's the fault of our repressive regime, which cannot recognize great poetry, great art, great scholarship. Limonov's book is about coming out in many senses—coming out into the frank recognition of his own homosexual propensities for one. But more important, it is about coming out of the shelter of the ready-made nest of the Muscovite counter-culture. Limonov does it crying out with anguish, but he does it, and therein lies his book's power. One doesn't have to think it gives a balanced picture or even that it is fair to acknowledge that it is the most powerful book about this wave of Russian emigration yet to be written. Limonov has fully embraced the experience of his failure, and by doing so has turned it into success.

Notes

1. *Eto ia—Edichka* was published by Index Publishers (New York, 1979) and has recently appeared in English as *It's Me, Eddie* (New York, 1983). It has also been published in French translation under the title *Le poète russe aime les grands nègres* (Paris, 1980). Translations into German and Dutch are forthcoming.

2. *Eto ia—Edichka,* p. 154.

3. Jean Genet, *The Thief's Journal* (New York, 1973), p. 135.

4. *Eto ia—Edichka,* p. 200.

5. *Russkoe* (Ann Arbor, 1979), p. 64.

6. Ibid., p. 69.

7. *Eto ia—Edichka,* p. 175.

8. *Russkoe,* p. 64.

9. Ibid., p. 61.
10. Ibid., p. 63.
11. "Sekretnaia tetrad', ili dnevnik neudachnika. Otryvki iz knigi," *Ekho*, 3, 1978, p. 58.
12. "My—natsional'nyi geroi," *Apollon* (Paris, 1977), pp. 57-62.
13. *Eto ia—Edichka*, p. 218.
14. *Russkoe*, p. 65.

ВОПРОСЫ К ВЫСТУПАЮЩИМ

Question. I have a question for the entire panel. Is it possible that the theme of the session *Literature Beyond Politics* is itself an illusion because as Robert Alter has written in the case of Nabokov's *Invitation to a Beheading,* the affirmation of an individual artistic consciousness in itself is a supremely political position?

Carden: Can I just answer that from here? Well I didn't take the title of the panel seriously, and I talked about Limonov's politics and tried to define their special aesthetic qualities.

Из публики: Я хотела спросить Лимонова, почему ему так хочется жить в Нью-Йорке, когда он живет в таком интересном городе как Париж?

Лимонов: Ответ очень простой. Нью-Йорк куда более живой, современный, совершенно сумасшедший город, а я поклонник современной красоты, такой жестокой, грубой, заплеванной, я обожаю Бродвей, вот lower side — мне это нравится. Париж он такой лакированный, музейный, а это, к сожалению, уже прошлое нашей цивилизации. Вот как ни относись к Нью-Йорку, можно его не любить, бояться, но это 21-й век, а я люблю 21-й век и не люблю 19-й.

Question: I was struck during Professor Johnson's discussion of the poetics of Sokolov by the connection between Sokolov and major themes of Vladimir Nabokov—the self-referential nature of his art, the concern with linguistic play and puns, the question of the reality of art and nature. And I was wondering if Mr. Sokolov had read the novels of Nabokov and, if he feels they have had an important influence on his art and outlook?

Соколов: Дело в том, что я просто почему-то был уверен, что этот вопрос обращен к Дону Джонсону, а поэтому просто не слушал, я давал прикуривать...

Повторение вопроса: Читали ли вы романы Владимира Набокова и, во-вторых, думаете ли вы, что они оказали важное влияние на ваше творчество.

Саша Соколов: Я думаю, что критики очень часто допускают ошибку, зачисляя новых писателей под какие-то уже сложившиеся новые рубрики. А в моем случае, сразу же после первой книги, стали говорить, что вот — Набоков, влияние Набокова. А вот я не читал Набокова ни одной книги до приезда сюда, просто невозможно было достать в России, хотя очень известное имя, но на „черный рынок" я как-то не ходил, просто не знал туда дороги, и не было у меня таких друзей с такими связями, чтобы достать Набокова. Ну, как-то мельком, я однажды видел Набокова, книгу подержал в руках... в школе еще, в 10-м классе. Даже не помню, какая книга, но не читал. Потом, прочтя уже здесь, я был как-то уязвлен и чуть ли не обижен. Думаю: вот черт, зачем я все это так написал. То есть похоже действительно, что сделаешь. Но Набоков висит в воздухе, вернее, не Набоков, а этот стиль. Он растворен, может быть, понемножку в других писателях, которых я читал. Но во второй книге я, наверно, успешно убежал от этого. Но опять же — куда бежать? Но вот, оказывается, прибежал к Белому, которого я тоже почти не читал. Я не знаю, что Дон Джонсон по этому поводу думает.

Из публики: Я позволю себе вспомнить „Литературную газету" и статью Эрнста Генри, где, по-моему, в 65-м году, если не ошибаюсь, впервые было публично упомянуто имя Владимира Набокова. И там была сноска, в которой было сказано: „американский писатель, автор бульварного романа „Лолита". Набоков, кстати, себя считал американским писателем по национальной принадлежности, нация для него, видимо, была отождествляема с государством. Но когда Лимонов говорит, что он жалеет о том, что он русский писатель, я не думаю, что стоило бы ссылаться на Набокова, потому что это, по-моему, неуместная ссылка. Вопрос мой заключается в следующем: Каким видят Набокова те, кто вот как Саша Соколов или как Лимонов, видно, очень чувствуют его присутствие, если не влияние? Не чувствовать его присутствие нельзя, потому что Набоков вошел в мировую литературу так, как, пожалуй, никто до него не входил.

Лимонов: Ну вот, мы решили, что я отвечу. Я чувствую, да чувствую... Когда я собирался убивать свою жену, я ей читал сцену убийства Ку перед этим. По-моему, великолепная сцена, я очень люблю эту сцену. Ну, вот это характеризует, я думаю, мое отношение к Набокову. Когда в такие минуты читаешь сцену из его романа. Я хотел бы, чтобы сцену из моего романа кто-нибудь читал перед тем, как он собирался кого-нибудь где-нибудь убить.

Carden: I'd like to ask Limonov a question on behalf of one of my students who hasn't been brave enough to get up and ask it, but he spoke about it yesterday and I thought it was a good question.

Can I ask you in English, Eduard?

Limonov: Yes, I will try.

Carden: You don't have to answer in English, but I'll ask it in English. Right now your work is living on the experience of being an immigrant. And you say yourself that you hope somehow to become *polnotsennyi*—to enter American or European culture. Where is your work going to go, what's going to happen when you exhaust that vein? You can't go on all your life writing about being a Russian immigrant?

Лимонов: Ну, я думаю, что пока я живу, я не исчерпаю... Я не чувствую себя эмигрантом, кстати говоря, уже давным давно, я не знаю уже несколько лет... Я не заметил момент, когда это произошло, вот в один прекрасный день я проснулся и понял, что я не эмигрант. И вдруг у меня стало меньше и меньше русских знакомых, в один прекрасный день я обнаружил, что я прекрасно себя чувствую. И я думаю, что пока писатель жив, он находит что-то. Я написал еще две книги прозы, которые пока не изданы, одна из них выйдет, я думаю, опять-таки в Париже, в издательстве Альбан Мишель, по-французски, и, может быть, выйдет по-русски, я надеюсь. И это уже немножко не эмигрантский опыт.

Writing for the Western Market

Sergei Dovlatov

КАК ИЗДАВАТЬСЯ НА ЗАПАДЕ?

Сергей Довлатов

Разрешите начать выступление с фокуса. Или с загадки. Догадайтесь, что у меня в кулаке?

Можете не стараться. Все равно не угадаете.

В кулаке находятся мои произведения. Все мое литературное наследие. Более двух тысяч страниц неопубликованных рукописей.

Рукописи сняты на микропленку. Вывезены из Ленинграда чудесной француженкой. (Фамилию ее просили не оглашать.)

Француженка занималась не только моими делами. Ей многим обязаны десятки русских литераторов и журналистов.

Из Союза француженка увозила рукописи, письма, документы. Туда везла книги, газеты, журналы, Порой — десятки экземпляров. Как-то раз в Ленинградском аэропорту она не могла подняться с дивана...

Так проникает на Запад русская литература. Я думаю, этим можно гордиться. Наши сочинения приравниваются к оружию, к взрывчатке...

Я хочу вручить эту пленку Илье Левину для его музея. Не потому, что мои рукописи так уж ценны. Вовсе нет. Я считаю эту пленку крошечным обелиском нашего безумного времени. Памятником нашего унижения, нашей жизнестойкости и нашего триумфа...

Я начал писать рассказы в шестидесятом году. В самый разгар хрущевской оттепели. Многие люди печатались тогда в советских журналах. Издавали прогрессивные книжки. Это было модно.

Я мечтал опубликоваться в журнале „Юность". Или в „Новом мире". Или на худой конец — в „Авроре". Короче, я мечтал опубликоваться где угодно.

Я завалил редакции своими произведениями. И получил не менее ста отказов.

Это было странно.

Я не был мятежным автором. Не интересовался политикой. Не допускал в своих писаниях чрезмерного эротизма. Не затрагивал еврейской проблемы.

Мне казалось, я пишу историю человеческого сердца. И все. Я писал о страданиях молодого вохровца, которого хорошо знал. Об уголовном лагере. О спившихся низах большого города. О мелких фарцовщиках и литературной богеме...

Я не был антисоветским писателем, и все же меня не публиковали. Я все думал — почему? И наконец понял.

Того, о чем я пишу, не существует. То есть в жизни оно, конечно, имеется. А в литературе не существует. Власти притворяются, что этой жизни нет.

При этом явно антисоветские книги издавались громадными тиражами. Например, произведения Бубеннова, Кочетова или Софронова. Это были книги, восстанавливающие читателей против советского режима. Вызывающие отвращение к нему.

Тем не менее их печатали. А меня — нет.

Наконец я совершенно разочаровался в этих попытках. Я уже не стремился печататься. Знал, что это бесполезно.

К этому времени хрущевская оттепель миновала. Начались заморозки. На месте отцветающей прогрессивной литературы расцвел самиздат.

Этот выразительный, четкий неологизм полон глубокого значения. Пишем сами. Издаемся сами. „Эрика" берет четыре копии...

Самиздат распространился повсеместно. Если вам говорили: „Дай что-нибудь почитать", значит речь шла о самиздате. Попросить официальную книгу считалось неприличным.

Масштабы увлечения самиздатом достигали масштабов российского пьянства.

Теперь мы писали без определенной цели, движимые иррациональными силами. Видимо, так и должно быть.

Я не буду говорить о том, для кого мы пишем. Этот вопрос заслуживает многотомного научного исследования. Лично я писал главным образом для моей бывшей жены. Пытаясь доказать ей, какого сокровища она лишилась.

В некоторых западных изданиях я прочел о себе:

„Его произведения распространялись в самиздате..."

Я не совсем понимаю, что это значит. В огромном количестве тиражировались произведения Солженицына. Материалы процесса над Синявским и Даниэлем. Письма Жореса Медведева и Эрнста Генри. И многие другие знаменитые тексты.

Вряд ли кто-то специально перепечатывал мои рассказы или рассказы моих друзей. Закончив рассказ, я сам перепечатывал его в нескольких экземплярах. И потом раздавал знакомым. А они — своим знакомым, если те проявляли интерес.

Это и есть самиздат в наиболее точном значении. Сам пишешь. Сам даешь знакомым. А порой — и сам читаешь в гордом одиночестве.

В семидесятые годы начали эмигрировать мои друзья. Я тогда и не думал об эмиграции. Хотя, может быть, идея развивалась в подсознании. В те годы подсознание стало необычайно людным местом. На этой арене разворачивались все главные события человеческой биографии.

Короче, я не собирался уезжать. Я чего-то ждал. Мне, в общем-то известно, чего я ждал. Я ждал, когда меня издадут в „Ардисе”...

Вот как это произошло. В издательство попала рукопись моей „Невидимой книги”. Друзья сообщили, что Карл Проффер намерен ее опубликовать. На двух языках.

Летом 76-го года я узнал, что Проффер в Ленинграде. Выяснилось, что я могу его повидать.

Я страшно волновался. Ведь это был мой первый издатель. Да еще — американец. После 16 лет ожидания.

Я готовился. Я репетировал. Я прямо-таки слышал его низкий доброжелательный голос:

„Ах вот ты какой! Ну, прямо вылитый Хемингуэй!..”

Наконец встреча состоялась. На диване сидел утомленный мужчина в приличном костюме. Он с заметным усилием приподнял веки. Затем вновь опустил их.

— Вы издаете мою книгу? — спросил я.

Проффер кивнул. Точнее, слегка качнулся в мою сторону. И снова замер, обессилев полностью.

— Когда она выйдет? — спросил я.

— Не знаю, — сказал он.

— От чего это зависит? — спросил я.

Ответ прозвучал туманно, но компетентно:

— В России так много неопубликованных книг...

Я не отставал. Тогда он наклонился ко мне и еле слышно произнес:

— Я очень много пью. В России меня без конца заставляют пить. Я не могу больше разговаривать. Еще три фразы, и я упаду на пол...

Потом я виделся с Карлом еще раз. Говорил с ним. И многое понял. Вернее, многое узнал.

Узнал, например, что в Америке даже знаменитые писатели — бедствуют. Что они ради заработка вынуждены служить или, как минимум — преподавать. Что русских авторов переводят мало. Что американцы предпочитают собственную литературу — европейской. (Не в пример европейским и тем более — русским читателям.) Я узнал, что финансовое положение Бродского несколько идеализировано ленинградской молвой. Что издательства завалены рукописями, доходы от которых ничтожны. Что многие русские книги попросту убыточны. Особенно — стихи, что является некоторым утешением для прозаика. И так далее. И тому подобное...

После этого я собирал информацию два года. Мне хотелось знать всю правду. Покончить с иллюзиями. Действовать разумно, трезво и практично.

Я не торопился уезжать. Хотя жизненные обстоятельства мои резко ухудшились. Я ждал, когда меня издадут в „Ардисе". Ведь пока я живу в Союзе, у меня больше шансов для этого.

И все-таки пришлось уехать. Некоторые происшествия сделали мой отъезд безотлагательным...

С февраля 79-го года мы живем в Нью-Йорке. Этот город — серьезное испытание воли, характера, душевной прочности. Здесь у тебя нет ощущения гостя, приезжего, чужестранца. И нет ощущения дома, пристанища, жилья. Есть ощущение сумасшедшего корабля, набитого миллионами пассажиров. Где все равны...

Если хочешь здесь жить, надо что-то полюбить в Америке.

Мне в этом смысле повезло. Я полюбил Америку раньше, чем ее увидел.

С детства я любил американскую прозу. За демократизм и отсутствие сословных барьеров. За великую силу недосказанности. За юмор. За сочувствие ходу жизни в целом. За внятные и достижимые нравственные ориентиры.

Еще раньше я полюбил американские трофейные фильмы. За ощущение тождества усилий и результата. За идею превосходящего меньшинства. За гениальное однообразие четко вылепленных моделей.

Затем я полюбил джаз шестидесятых годов, сдержанный и надломленный. Полюбил его за непосредственность. За убедительное, чуждое ханжеству, возрождение соборных переживаний. За прозорливость к шансам гадкого утенка. За глубокий, выстраданный оптимизм...

У меня появились знакомые американцы. Я любил независимость их поведения, элегантную небрежность манер. Я любил их пренебрежение к условным нормам. Прямоту и однозначность в разговоре. Мне нравились даже их узковатые пиджаки...

Наконец я приехал. Пытаюсь разобраться в этой жизни. Что-то делать, предпринимать...

Увы, мои прогнозы оказались верными. Вот что я уяснил:

Положение русского литератора на Западе можно считать двойственным. Обстоятельства его жизни необычайно выигрышны. И наряду с этим — весьма плачевны.

Начнем с плохого. Рядового автора литература прокормить не может. Писатели работают сторожами, официантами, лифтерами, водителями такси.

В Америке серьезной литературой занимаются те, кто испытывают в этом настоятельную духовную потребность.

Литература также не является здесь престижной областью. Действительно, в Москве или Ленинграде писатель считается необычайно уважаемой фигурой. Удостоверение Союза писателей распахивает любые двери. Дружбой с писателями щеголяют маршалы и киноактеры, хоккеисты и звезды эстрады, работники ЦК и гении валютных операций.

Здесь рядовой писатель совершенно не выделяется. Сферы бизнеса, медицины, инженерии, юриспруденции — куда престижнее. Литератора здесь ценит довольно узкий круг читателей.

Дома можно, разговаривая с незнакомой барышней, выдавать себя за приятеля Евтушенко. Здесь такой прием малоэффективен.

Дома нас страшно угнетала идеологическая конъюнктура. В Америке тоже есть конъюнктура — рынка, спроса. Это тоже очень неприятно.

И все-таки я предпочитаю здешнюю конъюнктуру. Ведь понятия „талантливая книга” — „рентабельная книга” хоть изредка, но совпадают. Разумеется, не всегда. И даже не часто. Скажем, в трех из десяти.

Понятия же „талантливая книга” — „идеологически выдержанная книга” не совпадают никогда. Нигде. Ни при каких обстоятельствах.

Здешняя конъюнктура оставляет писателю шанс, надежду, иллюзию. Идеологическая конъюнктура — это трибунал. Это верная гибель. И никаких иллюзий!..

Мы поселились в Америке. Приготовились к борьбе за существование. Все мои друзья твердили:

— Если надо, буду мыть посуду в ресторане. Жизнь заставит — пойду таскать мешки. Поступлю на курсы ювелиров или автомехаников. На худой конец сяду за баранку...

Я сам все это говорил. И что же? Многие ли из нас уплотнили собой ряды американского пролетариата?

Лично я таких не знаю. У кого-то грант. Кому-то жена умная попалась. Кто-то преподает. Кто-то стал государственным паразитом.

К тому же, напоминаю, я говорю о средних писателях. Не об Аксенове, Войновиче или Синявском. Я говорю о тех, кто не имел признания в Союзе. Да и здесь пока что его лишен.

(Немного обидно быть делегатом и теоретиком посредственности. Однако должен же кто-то исследовать этот вопрос.)

Все мои знакомые живы. Все что-то пишут. Подрабатывают на радио „Либерти”. В одной нашей редакции что-то получают 16 человек. По соседству находится русское телевидение. У них еще человек двадцать. И так далее.

239

Вернемся к литературе.

„Ардис” выпустил мою „Невидимую книгу” по-русски и по-английски. Рецензии были хорошие. Но мало.

Самая большая рецензия появилась в газете „Миннесота Дэйли”. Мне говорили, что в этом штате преобладают олени. И все же я низко кланяюсь штату Миннесота...

„Ардис” выпускает на обоих языках русские книги. Бродский советовал мне подумать об американских журналах. Он же рекомендовал меня замечательной переводчице Анн Фридман. Еще раньше я познакомился с Катей О'Коннор из Бостона.

Аня перевела мой рассказ, который затем был опубликован в журнале „Нью-Йоркер”. Далее „Нью-Йоркер” приобрел еще три моих рассказа. Один должен появиться в течение ближайших недель. Остальные — позже.

Мне объяснили, что это большой успех. В Союзе о „Нью-Йоркере” пишут: „Флагман буржуазной журналистики..” Здесь его тоже ругают. Знакомые американцы говорят:

— Ты печатаешься в самом ужасном журнале. В нем печатается Джон Апдайк...

Я не могу в этом разобраться. Я все еще не читаю по-английски. Джон Апдайк в переводах мне очень нравится...

Курт Воннегут тоже ругал „Нью-Йоркер”. Говорил, что посылал им множество рассказов. Жаловался, что его не печатают. Хемингуэя и Фолкнера тоже не печатали в этом журнале. Они говорят, Фолкнер писал чересчур хорошо для них. А Хемингуэй чересчур плохо.

Мне известно, что я не Воннегут. И тем более — не Фолкнер. Мне хотелось выяснить, чем же я им так понравился. Мне объяснили:

— Большинство русских авторов любит поучать читателя, воспитывать его. Причем иногда в довольно резкой, требовательной форме. Черты непрошенного мессианства раздражают западную аудиторию. Здесь этого не любят. И не покупают...

Видно, мне повезло. Воспитывать людей я не осмеливаюсь. Меня и четырнадцатилетняя дочка-то не слушается...

Действительно, русская литература зачастую узурпирует функции церкви и государства. И рассчитывает на соответствующее отношение.

Я не хочу сказать, что это плохо. Это замечательно. Для этого есть исторические причины. Церковь в России была довольно слабой и не пользовалась уважением. Литература же пользовалась огромным, непомерным, может быть — излишним авторитетом.

Отсюда — категорическая российская установка на гениальность, шедевр и величие духа. Писать хуже Достоевского считается верхом неприличия. Но Достоевский — один. Толстой — один. А людей с претензиями — тысячи.

Мне кажется, надо временно забыть о Достоевском. Заняться литературной техникой. Подумать о композиции. Поучиться лаконизму...

Кроме того, в сочинениях русских авторов преобладают мрачноватые гаммы. Это естественно. Мы прибыли из довольно серьезного государства. Однако смешное там попадалось не реже, чем кошмарное.

Трудно забыть, как сержант Гавриленко орал на меня.

— Я *сгнию* тебя, падла! Вот увидишь, *сгнию!*

Грустить мне или смеяться, вспоминая об этом. Хотелось бы не путать дурное настроение с моральным величием.

Уныние лишь издалека напоминает порядочность...

Недавно я прочел такую фразу у Марамзина:

„Запад интересуется нами, пока мы русские..."

Это соображение мне попадалось неоднократно. В самых разнообразных контекстах. У самых разных авторов.

То есть мировая литература есть совокупность национальных литератур. В самых ярких, блистательных образцах. Чем национальнее автор, тем интернациональнее сфера его признания...

Это соображение вовсе не кажется мне бесспорным. Хоть я и не решаюсь его опровергать. Теория — не мое дело.

Я только хочу привести несколько фамилий.

Иосиф Бродский добился мирового признания. Его американская репутация очень высока.

При этом Бродского двадцать лет упрекают в космополитизме. Говоря, что его стихи напоминают переводы с английского. Об этом писали Рафальский, Гуль и другие, более умные критики. И у Бродского есть материал для подобных оценок. В его поэзии сравнительно мало национальных черт. Хотя ленинградские реалии в его стихах точны и ощутимы.

Мне кажется, Бродский успешно выволакивает русскую словесность из провинциального болота.

А раньше этим занимался Набоков. Который еще менее национален, чем Бродский.

Два слова о Набокове. Я не хочу сказать, что ему противопоказана русская традиция. Просто она живет в его творчестве наряду с другими. Лужин, например, типично русский характер. Гумберт принадлежит к среднеевропейскому типу. Мартын Эдельвейс — вненационален, хоть и уезжает бороться с коммунистами.

Очевидно, самое русское в Набокове —литературный язык. (Пока он его не сменил.)

Вспомните Алданова, Ремизова, Зайцева, Куприна. Это были необычайно русские писатели. Притом очень высокого класса. А мирового признания добился один Набоков.

Я думаю, понятие „мировая литература" определяется не только уровнем. Не только качеством. Но и присутствием загадочного общечеловеческого фермента.

Я думаю, национальное и общечеловеческое в творчестве живет параллельно. И то, и другое сосуществует на грани конфликта. Может быть, противоречит одно другому. И при этом в каком-то смысле дополняет...

Рядом с Чеховым даже Толстой кажется провинциалом. Разумеется, гениальным провинциалом. Даже „Крейцерова соната" — провинциальный шедевр.

А теперь вспомним Чехова. Например, его любимую тему: раскачивание маятника супружеской жизни от идиллии к драме. Вроде бы, что тут особенного. Для Толстого это мелко. Достоевский не стал бы писать о такой чепухе.

А Чехов сделал на этом мировое имя. Благодаря общечеловеческому ферменту.

Уж каким национальным писателем был Лесков! А кто его читает на Западе?!

Чрезвычайно знаменателен феномен Солженицына, который добился абсолютного мирового признания.

И что же? Запад рассматривает его в первую очередь как грандиозную личность. Как выдающуюся общественную фигуру. Как мужественного, стойкого, бескомпромиссного человека. Как историка. Как публициста. Как религиозного деятеля.

И менее всего как художника.

Мы же, русские, ценим в Солженицыне именно гениального писателя. Выдающегося мастера словесности. Реформатора нашего синтаксиса. Отдавая, разумеется, должное его политическим и гражданским заслугам.

По-моему, тут есть над чем задуматься...

Мне кажется, у литераторов третьей волны проявляется еще одна не совсем разумная установка. Мы охвачены стремлением любой ценой дезавуировать тоталитарный режим. Рассказать о нем всю правду. Не упустить мельчайших подробностей. Затронуть все государственные и житейские сферы.

Стремление, конечно, похвальное. И черная краска тут совершенно уместна. И все-таки, задача кажется мне ложной для писателя. Особенно, если превращается хоть и в благородную, но самоцель.

Об ужасах советской действительности расскажут публицисты. Историки. Социологи.

Задача художника выше и одновременно — скромнее. И задача эта остается неизменной. Подлинный художник глубоко, безбоязненно и непредвзято воссоздает историю человеческого сердца...

Я думаю, что у литераторов третьей волны хорошие перспективы на Западе. Нашли дорогу к читателям — Аксенов, Максимов, Синявский, Войнович. Большой интерес вызывает творчество Соколова, Лимонова, Алешковского. Критика высоко оценила Мамлеева и Наврозова.

Ищет встречи с западной аудиторией благородное детище Григория Поляка — „Часть речи"...

Наверное, я пропустил десяток фамилий. Например, Ерофеева, автора шедевра „Москва-Петушки"... Конечно же — Игоря Ефимова, Марамзина, Некрасова.

Мы избавились от кровожадной внешней цензуры. Преодолеваем цензуру внутреннюю, еще более разрушительную и опасную. Забываем об унизительной системе аллюзий. О жалких своих ухищрениях в границах дозволенной правды.

Банально выражаясь, мы обрели творческую свободу. Следующий этап — новые путы, оковы, вериги литературного мастерства.

Как говорил Зощенко — литература продолжается.

Я, например, стал тем, кем был и раньше. Просто многие этого не знали. А именно, русским журналистом и литератором. Увы, далеко не первым. И к счастью, далеко не последним.

Спасибо за внимание.

BOOK PUBLISHING AND THE EMIGRE WRITER

Ashbel Green

Nearly four years ago I helped to sponsor a small dinner, given by American publishers attending the first Moscow Book Fair, at the Aragvi Restaurant in downtown Moscow. Our guests included eight Soviet writers of varying interests. It is both striking and instructive to me to note that two of these eight—Aksyonov and Voinovich—are here and three—Zinovyev and the Kopelevs—are living in Western Europe.

To speak toward the end of this conference is to risk repetition of themes and ideas already advanced. I shall try to focus on two subjects—the prospects in America for the emigre book writer, and the problems and opportunities in dealing with an American publisher.

The Soviet writer who lands on these shores has already heard something about the chances of publication in the West. He may be aware that only one of his countrymen has received both sizable monetary gains and wide critical attention. After a few months in America, he has probably realized that literature and writers are not treated as seriously here as they are in the Soviet Union. Of course, the American literary tradition, as distinguished as it is, is not in the same class as the Russian. The major literary figures in nineteenth-century American fiction simply are on a different level from Dostoevsky, Tolstoy, Turgenev, and Chekhov, not to ignore such writers as Pushkin, Lermontov and Gogol.

Serious American writing has a small audience, and one that I fear is not expanding with the growth of population and the number of university graduates. Later I'll try to advance some reasons for the condition, but it is worth mentioning now that the problem of publishing in this country is only exacerbated for the writer who is appearing in translation.

Not many serious novelists in the United States achieve substantial sales—Joan Didion, Saul Bellow, John Cheever, John Updike, Bernard Malamud, Philip Roth, and a few others make up the relatively short list. For the foreign writer of fiction the probabilities of publishing a best seller are remote. I believe that the only translated novelist to make such a breakthrough during the entire decade of the 1970s was Gabriel García Márquez. To cite some figures from Knopf's list, the Nobel Prize winner, Yasunari Kawabata, the remarkable Czech writer, Milan Kundera, the Italian novelist, Elsa Morante—none of them has published a book here that has sold much more than 15,000 copies in hardcover.

If I am stressing the financial aspect of publishing, I do so not because it should have a priority over art, but because the emigre writer who comes here has to earn a living. There is no assured income from a government agency or a writer's union. Opportunities for positions at our universities have diminished over the past decade. There are fellowships and grants and lecture appointments, but they are only temporary.

The foreign writer faces another serious problem. Those Americans who do buy and read books are primarily interested in reading about the American experience or foreign stories told from an American point of view. Books of the three great popular novelists of our day—James Michener, Herman Wouk and James Clavell—sell between half a million and a million copies in hardcover, and millions more in paperback. All three are storytellers writing for a popular market, and American readers feel comfortable and assured in their company. However you may regard it, Michener writing about South Africa will attract more readers than Nadine Gordimer, and Clavell's novel about Japan had a much wider audience than any book by Kawabata or Junichiro Tanizaki.

Americans are in many ways an insular people. We can look beyond our horizons, but we like to have a familiar guide. The exception like Pasternak or Solzhenitsyn may be as much a result of publicity as literature. And although American publishers diligently continue to publish translations, I won't pretend that the aggregate is either substantial or increasing.

Digging back through the publishing lists of the past five years, I have found four houses that can fairly be classified as active in bringing out translated fiction. I am referring to Farrar, Straus & Giroux, Harcourt Brace Jovanovich, Harper & Row, and Alfred Knopf. Of course, I don't mean to downgrade the efforts of other firms, some of whom publish the books of those present. And one should applaud the work of a publisher like Ardis, specializing in Soviet writers and many times introducing them to the West. My only criterion was that it be a major American publisher that issued at least ten works of translated fiction between 1976-80. During that period these four publishers brought out somewhere between ninety and one hundred translated novels and short story collections from a dozen languages. That is an average of less than five per year per publisher.

What is also distressing is the response in the marketplace. Most translated fiction is serious literature and, as I have suggested, serious literature is read by a small community of Americans. The hard truth is that the typical translated novel sells fewer than 5,000 hardcover copies, and may never appear in paperback, a situation which is neither viable for the author nor profitable for the publisher.

I have mentioned that there is a decline in serious reading in this country. Possibly because reading in school is connected to learning and discipline, Americans don't tend to associate it with pleasure and broadening of the mind. We are a restless, impatient, highly visual people—it is no wonder that television and the movies flourished here first and foremost—and the book has a difficult time competing with the performing arts. Another factor in the poor sales of translations is the shrinking ability, because of budget cuts, of public libraries to purchase works that may appeal to a small audience.

I have no solutions to the problem; I can only recommend courses of action. The emigre writer must find a publisher/editor who believes in his work. At Knopf we have published three novels by a European writer who is dense, difficult to translate, and experimental. Each of these novels has sold less than a thousand copies. But we believe in him, and we hope that some day the quality of his work will be recognized.

The emigre writer must promote himself, particularly on university campuses. That means giving readings and lectures and becoming familiar with members of English and Slavic languge departments. This is not always easy for practitioners of a very private activity. But it is important to understand that much of the serious reading in the United States takes place in the colleges and universities.

The emigre writer must be true to his own craft and sensibility. As has been emphasized here, it is not easy to write about what one knows as time spent apart from one's native land extends. But the serious writer is not likely to succeed in America if he is tempted, as many American authors have been, by the lure of writing for a popular audience and if his talents cannot adapt to the requirements of that readership.

Finally, I have been told by other editors that Soviet authors seem reluctant to write short fiction. They will find a lack of opportunity here for the *povest'*, or what we call the novella. The number of magazines publishing short fiction has been declining since the 1950s. But it is also true that the publication of short fiction is a useful way to keep a writer in the public eye, to exhibit his craft and inspire response from readers.

What can you expect from an American editor? He or she—and there are more she's than he's—ought to be intelligent, widely read, have good taste, and possess a well-developed curiosity. Editors here are, by and large, generalists; they may well specialize in one or two areas, but they must be prepared to edit almost any kind of manuscript. It is also important that an editor know the potential market for books, that he have a good business sense, and that he be up-to-date on developments in particular fields. For the foreign novelist it is a bonus if his editor understands his language; the translation can only benefit.

I am only dimly aware of the relationship between editor and writer in the Soviet Union. The Soviet writer of fiction normally first publishes in journals like *Novyi mir,* where the major editing process takes place. This form of publication is something of a test run; favorable criticism may result in a contract for a book. In America the norm is for a writer to become first affiliated with a book publisher; excerpts from a novel may appear in magazines, but the writer will usually work with a book editor on editorial matters. Because of the system of publication in the Soviet Union, where virtually every novel sells out its edition, whatever number is printed, the editor in Moscow largely has to be concerned with what other, shall we say higher, critics may think of a particular work.

Anatoly Gladilin has told of editors who tried to guide him to publication by showing him how to write as if he were painting a zebra—first a black stripe, then a bright stripe. He was told not to make his story too depressing. The American editor does not often try to shape a novel to the whims of the marketplace, but he is concerned about whether there are enough readers to justify publication.

When it comes to manuscripts, American editors are generally regarded as the world's busiest, although heavy editing is more likely to be applied to nonfiction than fiction, and almost never affects poetry. What the writer must always remember is that the book is his, his name is on the title page, and *he* is finally responsible for the words that appear in print. No good editor imposes his will on a writer, whether newcomer or veteran, and no writer should accept such treatment. But a writer should listen to an editor about a story's shape, believability, style. The editor is probably the writer's first professional reader, and he should be used as a sounding board. It is an intimate relationship, and on both sides it must be dealt with tactfully and sensitively.

An American editor, as I have stated, must worry about the financial prospects of a book. Except for university presses, American publishers are profit-making companies—though only marginally so. Nevertheless an American publisher has to function on a stable financial basis. Good literature *can* be monetarily rewarding, although it usually takes several books for a serious writer to be a financially successful writer. So the American publisher who is concerned about literature will also publish biographies, history, popular science, cookbooks, and popular fiction. There is certainly nothing wrong with such a program; Americans who buy and read books possess tastes and interests over a wide range. There is much competition for their leisure time, from commercial and public television, radio, films, the performing arts, sports and the great out-doors—probably more such competition than exists in any nation in the world. And publishers are not elitist institutions, bringing out only what they think the public ought to read.

Perhaps 1500 novels—including mysteries and science fiction—are published in this country each year. There is hope attached to each of them, but only forty or fifty will make the bestseller list in a given year, and perhaps a dozen or so of these will sell more than 100,000 copies. By way of contrast, a very successful television program will reach thirty million homes in the United States each week.

An editor will choose ten or fifteen books to publish in a given year; in twelve months time, depending on his reputation, experience and energy, he may receive anywhere from a hundred to a thousand manuscripts or proposals for books. And the hard truth for the emigre writer is that, unless the publisher is Helen Wolff (renowned for her efforts on behalf of European literature at Harcourt Brace Jovanovich), the work of American writers is going to be of most interest to the typical American editor. Further, much of what the editor will select will be in nonfiction, and save for the realm of personal experience, there is very little nonfiction being written in Russian that appeals to the Western reader.

All this is probably difficult for the emigre writer to comprehend and absorb. He comes from a country where his native literature is dominant, of course, but where a representative number of Western novels are published and receive considerable attention. The Soviet Union, however, is a country where a million people are studying English every year; in the United States, the number learning Russian is around 30,000. I feel there is a direct connection between such statistics and a nation's interest in another nation's literature.

American editors have much to learn about dealing with emigre writers. They need to be sensitive to the problems of an individual trying to make his way in a strange, wonderful, but often infuriating country. Americans who take their freedom for granted can only marginally understand what that means to an emigre; what it means not to be surrounded constantly by countrymen speaking the mother tongue; what it means to be published first in translation, whether English or German or French. There is the sense that, as a recent article in *Saturday Review* commented, that emigre writers may "have traded censorship by the state for censorship by the marketplace."

The American journalist and social critic H. L. Mencken once wrote that publishing "is at best a gloomy trade." There *is* a tendency among editors and publishers to be pessimistic about their calling, and I'm afraid I haven't upset that convention. The free market in the West can be a cruel mistress. But editors and publishers are *not* pessimistic about the book itself; despite the problems with reading in this country, we believe that the general quality of writing being published here and abroad is very high. And when a serious work of writing makes a real impact on the reading audience, it is time for rejoicing. That phenomenon is happening right now with the book *Prisoner without a Name, Cell without a Number,* by Jácobo Timerman, which will be published next week. The book is not beyond the interests of this conference, because it is a translation, it was written in exile, and its author was born in the Soviet Union.

Jácobo Timerman went from the Ukraine to Argentina at the age of five, where he was raised in a home that was not merely Jewish but Zionist. The newspaper he published and edited, *La Opinión,* became a sharp critic of Argentina's government; in 1976 he was kidnapped, tortured and imprisoned by an extremist faction of the army. He was finally released and exiled after thirty months because of worldwide pressure that was applied to the Argentine government. The book he wrote in Spanish was excerpted in *The New Yorker* last month, provoking the largest mail response in the history of that magazine. It received an extraordinary review by Anthony Lewis on the front page of last Sunday's *New York Times Book Review*. I truly believe that Timerman's book will stand with Solzhenitsyn's *Gulag* as a story of how man can survive the brutality of man. And it gives me hope when a book of this kind achieves a wide readership in America.

* * *

I have received some remarks from Frances Lindley, the Harper & Row editor who was to have been a discussant this afternoon but who is unable to be with us. As some of you know, she has edited books by Solzhenitsyn, Trifonov, and other Soviet writers.

"May I mention one or two facts I would have hoped to introduce at some point during the conference. They have to do with the realities confronted by Russian emigre writers who hope to establish a connection with the American reading public.

"The first emerges from a long conversation last week with Svetlana Peters, Stalin's daughter. We were talking about the subject matter—life in the Soviet Union—of most of the emigre writing that has been offered to American publishers in the last half dozen years, only a fraction of which has been published. Svetlana said: 'To all of you outside, it seems to be essentially the same story, told over and over again with a few variations. But to each person who has come out of the Soviet Union, his or her story is inevitably unique.'

"That sad but accurate description of the state of affairs was echoed in an interview with the late Yury Trifonov recently published in the *London Observer* magazine. Trifonov said: 'A Russian writer must above all write for his own people—under all conditions—because, to put it crudely, we are not really needed abroad.' I do not, of course, agree with Trifonov literally. There is always, one still hopes, an inexhaustible desire in every country for the exceptional, the superior work of literature from any other country. But, as a graphic description of the general endeavor which the emigre writer must be prepared to face, the statement will serve. Here, as an illustration, are the sales figures of the first three volumes of Solzhenitsyn's *Gulag: Gulag I* (1974)—hardcover 143,978, paperback 2,661,630; *Gulag II* (1975)—hardcover 35,255, paperback 398,514; *Gulag III* (1978)—hardcover, 23,823, paperback 48,382.

"These figures don't tell the whole story, but what they indicate should be kept in mind. In my opinion, *Gulag III* was the crown of the whole great undertaking, far and away the finest of the volumes. But it was virtually impossible to persuade the reading public that this was so."

ПО ЭТУ СТОРОНУ СОЛЖЕНИЦЫНА
(Современная русская литература и западное литературоведение)

Алексей Цветков

Как во временном, так и в пространственном отношении литературоведение представляет собой второй уровень отражения собственно литературно-художественной деятельности. Первым уровнем отражения является литературная критика, диахронически и синхронически предшествующая литературоведческому аргументу. При этом, как бы ни претендовало литературоведение на объективность суждения, на независимость от субъективно-эстетической оценки, она всегда, хотя бы неявно, заключает в себе эту оценку, выработанную предшествующей критической традицией. Поэтому литературовед предпочитает делать свои ,,нелицеприятные" умозаключения на основании примеров из Пушкина и Достоевского, а не из Боброва и Клюшникова.

Описанная ситуация, конечно, идеальна, и на практике мы имеем дело с более сложными взаимоотношениями упомянутых трех ветвей литературной деятельности. Тем не менее, эта теория триады ,,литература-критика-наука" с хорошим приближением приложима к истории западных литератур, в частности английской и американской. В России же (включая сюда и СССР, и современную литературную диаспору), в силу специфики ее социальных обстоятельств, искомый баланс был раз и навсегда нарушен. Критика как необходимое звено между литературой и литературоведением, фактически никогда не существовала. Вернее сказать: то, что существовало, лишь с большой натяжкой может быть названо *литературной* критикой. В результате взаимоотношения литературы и литературоведения оказались весьма сложными.

Русскую критику, от Белинского до Белинкова, в литературе занимал по большей части ее социологический и философский аспект. Мало кто осмеливался принимать литературу как автономную область деятельности человеческого духа, с ее собственными правилами игры. Считалось, что ее назначение — ,,исправлять нравы", а иногда и само общественное устройство. Усомнившихся записывали в реакционеры и зачастую эффективно отстраняли от литературной деятельности.

Такая атмосфера не могла не оказать, по принципу обратной

Alexei Tsvetkov

связи, влияния на самый предмет критики, т.е. на литературу. Оставляя в стороне простые случаи идеологической графомании, вроде Чернышевского, Слепцова или Курочкина, нельзя не отметить, что игра в идеологию захватила многие крупнейшие таланты классической русской литературы. У одних, как у Тургенева, это выразилось в навязчивом желании казаться прогрессивным; у других, как у Толстого, ходульная философия вступила в роковое единоборство с литературным дарованием. Пример Достоевского несколько счастливее, ибо в большинстве произведений идеология у него не выпадает в осадок, за исключением таких явных неудач как ,,Униженные и оскорбленные" и ,,Идиот".

Писатели же, не демонстрировавшие достаточной социальной озабоченности и не торопившиеся показать критике свое идеологическое лицо, преследовались критикой еще яростнее, чем отпетые реакционеры. Печально сложилась судьба Лескова, которого прогрессивная русская мысль подвергла настоящему бойкоту, сказывающемуся на отношении к этому перворазрядному таланту и по сей день.

Попыткой реакции на такой утилитарный подход к литературе явилась литературно-критическая деятельность символистов, в особенности В. Брюсова и А. Белого. Эта деятельность создала почву для решительного шага в сторону создания научного литературоведения, сделанного Шкловским, Якубинским и Якобсоном, а затем Эйхенбаумом, Тыняновым и другими. Но чистая наука зацвела в неудачный сезон, и вскоре все вернулось на прежние рельсы. С отменой частной инициативы идеология была реквизирована у вольнопрактикующих Скабичевских и Амфитеатровых и сделалась раз и навсегда государственным достоянием, а литература и критика — областью партийной работы.

С кончиной кремлевского Языкознавца и Литературоведа эта государственная монополия оказалась если не подорванной, то, по крайней мере, слегка поколебленной: иные смельчаки показали публике, что можно попробовать подать голос в частном порядке и, по крайней мере, остаться в живых. При этом, однако, оказалось, что недолгая традиция символистов и формалистов забыта начисто, и что литературная деятельность, хотя бы отчасти освободившаяся от пут правительственной идеологии, уже не мыслилась иначе, как неотторжимая часть идеологии оппозиционной. В итоге, литература как таковая вновь оказалась принесенной в жертву, и ситуация эта мало переменилась и до сего дня.

У истоков такого новейшего мезальянса музы с совестью стоит фигура покойного Аркадия Белинкова. Писателя этого никак не отнесешь к литературным критикам, но и в литературоведы тоже не запишешь. В своих работах он, по сути, отодвигает чисто литературный факт на второе место, и уделяет главное внимание взаимоотношениям литератора с деспотическим режимом. В своих книгах о Ю. Тынянове и Ю. Олеше — обе писались с расчетом на публикацию в СССР, хотя последняя вышла за границей — он достиг неслыханной доселе виртуозности в нанесении тайных ударов по неповоротливой туше режима и возвел искусство употребления эзопова языка на небывалую даже для Щедрина высоту.

Этот вид литературной деятельности приобрел в СССР не-обыкновенную популярность, сделавшись фактически видом интел-лигентного спорта. Постепенно сделалось вовсе неприличным, ска-жем, поэту выходить на эстраду без оппозиционного кукиша в кармане, прозаику — не подводить второе дно под буколически-лояльную поверхность повести. На этом были сделаны немалые репутации. Фактически, было воскрешено столетней давности клише: ,,Поэтом можешь ты не быть, но гражданином быть обязан." Гражданином, конечно, в оппозиционном, некрасовском смысле.

Эта плавная и четкая эволюция была нарушена, как ни странно, А. Солженицыным. Постепенно вытесняемый из официальной лите-ратуры, он все чаще стал прибегать в своих произведениях к ,,открытому тексту", не рассчитанному на игру в жмурки с цензором. В результате, у многих заслуженных эзопов заколебалась почва под ногами. Наступил момент нового выбора. Иные, дорожа дости-гнутым благосостоянием, сделали вид, что ничего не заметили, за что поплатились репутацией: среди них можно назвать Вознесенского и Евтушенко. Иные, с большим или меньшим запаздыванием, зато-ропились вдогонку за флагманом, принялись дерзить властям, и, в конечном счете, оказались либо в эмиграции, либо в серьезной опале.

Иные, наконец,отвергли обе эти альтернативы, решив, видимо, что можно-таки быть и просто поэтом. Им вдруг открылось, что художественная ценность литературного произведения не находится в строгой зависимости от политической позиции автора; более того: что такая позиция, выраженная с чрезмерной откровенностью или назойливостью, зачастую наносит литературе неоспоримый вред.

Нельзя сказать, чтобы хрущевская ,,оттепель" в русской ли-тературе застала западное литературоведение во всеоружии.

Такой важнейший продукт этого периода как Юрий Трифонов по сей день во многом остается за пределами поля зрения западного исследователя, от внимания которого ускользают многие измерения трифоновской прозы, самоочевидные для читателя, ,,рожденного" в такую литературу.

Что же касается последовавшего за Солженицыным ,,разброда", то эта эпоха остается для Запада полной загадкой, отдельные аспекты которой освещаются весьма случайными обстоятельствами, грубо искажающими общий баланс света и тени. Таким образом, если господствующее мнение иной раз и соответствует истине, то лишь по воле слепого случая: даже самый неважный стрелок, паля наугад, рискует рано или поздно угодить в цель. Такой редчайший факт попадания мы имеем в случае И. Бродского, о котором можно сказать, что его репутация на Западе в целом соответствует его фактическим литературным заслугам.

Литературоведение консервативно по своей природе, ибо предпочитает иметь дело с культурно освоенным материалом, а на освоение уходит время. Это, впрочем, никогда не мешало наиболее чутким исследователям быть в курсе текущих событий: вспомним работы Виноградова об Ахматовой и Зощенко, или Якобсона о Хлебникове. Но в целом русское литературоведение отличается особым отставанием по фазе в силу хронического отсутствия литературной критики, служащей инструментом культурного освоения. Недостаток этот еще как-то восполним для уроженцев СССР, более-менее знакомых с тонкостями культурного контекста, но западную науку о литературе этот информационный голод зачастую полностью парализует, причем жертва паралича не всегда отдает себе в этом отчет.

Рассмотрим вкратце условия, ведущие к отсутствию литературно-критической мысли как внутри СССР, так и за его пределами. Внутренняя ситуация вполне очевидна. Присяжные Зоилы режима придерживаются официального курса на гражданственность и представляют интерес лишь для социолога. Литературные же критики, в прямом смысле этого слова, работают в столь же сложных условиях, что и их предмет, и лишены возможности публиковать сколько-нибудь конструктивные наблюдения, которые во многих случаях были бы равносильны доносу, и либо красноречиво умалчивают о многом, либо ограничиваются воздушными намеками, вполне достаточными для посвященной внутренней аудитории, но совершенно нечувствительными для аудитории внешней, т.е. западной.

Что касается ситуации, сложившейся в литературных кругах эмиграции, то она, в известном смысле, еще печальнее. Здесь доминируют следующие два вида литературной рецензии, которые нельзя назвать иначе, как паралитературными:

1.*Положительная*: как правило, не основана на каких-либо объективных художественных качествах рецензируемого произведения. Рецензируемый автор в этом случае либо а) авторитетная фигура в эмиграции; либо б) издатель или редактор влиятельного периодического издания; либо в) попросту приятель рецензента. Авторы, не входящие в эти три категории, как правило, положительно не рецензируются.

2. *Отрицательная*: в этом случае художественные соображения

еще меньше входят в расчет. Обычно критикуется политическая и нравственная позиция автора. В экстремально отрицательных случаях автор объявляется агентом КГБ, либо, в специфических кругах, евреем, что зачастую верно.

О том, как сложилась эта печальная ситуация, мы поговорим ниже. Отметим здесь, что нам пока неизвестны сколь-нибудь успешные попытки преодолеть эту инерцию. В числе попыток безуспешных следует, в первую очередь, назвать опубликованную в ноябре прошлого года в ньюйоркском еженедельнике ,,Новый американец" статью Вайля и Гениса под довольно неудачным названием ,,Ответственность". При всем иконоборческом пафосе этой статьи, прочтя ее, с удивлением отмечаешь, что авторы аккуратно оставили все как было, и в итоге гора родила мышь. Кого принято ругать — обругали, кого принято хвалить — в общем и целом, похвалили, а если и ругнули слегка, то лишь со множеством извинений. При этом авторы с завидным профессионализмом стараются приводить исключительно литературные аргументы ,,за" и ,,против", не опускаясь до стандартного площадного языка литературной полемики в диаспоре.

Мотивы такого парадоксального ,,иконоборческого конформизма" Вайля и Гениса очевидны. Оба они, как и большинство из нас, существуют и даже — как меньшинство из нас — добывают себе пропитание в удушливой и инцестуальной атмосфере эмигрантской литературной жизни, где достаточно одного неосторожного шага, чтобы быть выброшенными за пределы среды обитания и перестать считаться реальным лицом, а в таких операциях эмигрантская литературная среда потенциально куда эффективнее, чем официальная советская.

В итоге всего вышесказанного, ,,нейтральная полоса" литературной оценки эффективно оккупируется подразделениями западной журналистики, зачастую весьма мало квалифицированными для вынесения такой оценки, но имеющими в активе высокую, по сравнению, скажем, с литературоведами, мобильность и широкие связи в некоторых русских литературных кругах, как внутри СССР, так и за его пределами. Фаворитами этого генератора мнений становятся в первую очередь две категории литераторов:

1. Участники так называемого правозащитного движения. По самой природе своей деятельности эти лица склонны добиваться контакта с аккредитованными в Москве иностранными журналистами, ибо мобилизация западного общественного мнения требует в первую очередь гласности. Побочным эффектом этой гласности является реклама литературной деятельности правозащитников. По выезде на Запад они, как правило, имеют уже готовую литературную репутацию.

2. Члены (или бывшие члены) Союза писателей СССР. Эта категория, как известно, является привилегированной в Советском Союзе, пользуется уже готовой известностью, и в результате, также имеет облегченный, по сравнению с непосвященными доступ к западным средствам информации. На Западе представители этой категории могут рассчитывать на поддержку и взаимовыручку со стороны бывших коллег по Союзу, благодаря сильно развитому в нем чувству цеховой солидарности.

Излишне доказывать, что принадлежность к первой из этих категорий ни в коей мере не является гарантией литературного дарования, а принадлежность ко второй, во многих случаях, даже исключает такое дарование. Между тем, в глазах незадачливых экспертов, именно представители этих категорий символизируют передний край современной русской литературы. Результатом является довольно противоестественное положение, при котором второразрядная литературная продукция А. Амальрика или Н.Коржавина украшает собой каталоги и стеллажи любой университетской библиотеки Соединенных Штатов, а имена Ю. Милославского и Е. Рейна вызывают лишь недоуменное вскидывание бровей.

По принципу ,,в стране слепых и кривой — король", просвещать западное общественное, а в конечном счете, и профессиональное мнение относительно текущего состояния русской литературы берется западная печать в лице таких ее популярных органов, как, например, газеты ,,Нью-Йорк таймс", ,,Вашингтон пост", журналы ,,Тайм", ,,Ньюсуик" и т.д. Недостатки такого рода печати очевидны: главный из них заключается в ее ориентации не на факт, а на событие. С этой точки зрения, вызов писателя в КГБ, например, представляет из себя благодарный материал, а факт написания нового интересного романа проходит незамеченным, если только он не послужил предлогом для такого вызова. Излишне объяснять, что, с литературной точки зрения, подход этот абсолютно превратен.

Приведем несколько примеров этого удивительного обращения западной прессы с русской литературой. В рецензии на роман Саши Соколова, весьма, кстати, положительной, рецензент, ничтоже сумняшеся, доводит до сведения читателей, что стиль этого писателя вовсе не похож на стиль ,,другого блестящего изгнанника", Солженицына. Нелепость такого сравнения не может не броситься в глаза: представим себе, как бы выглядело, если бы русский рецензент объявил, что стиль, скажем, Джона Апдайка, вовсе не похож на стиль Хемингуэя. Подобное ,,тонкое наблюдение" не единично: здесь налицо совершенно ложная система отсчета, предполагающая, что вся неконформистская русская литература, в той или иной степени, ориентируется на Солженицына.

В качестве еще более разительного примера приведем следующее краткое сообщение из французского журнала „Экспресс” от 25 апреля с.г.:

РУССКИЙ (АНТИКОНФОРМИСТ) В ПАРИЖЕ

Рок-опера made in Russia. Это было открытием для семи- или восьмисот человек, явившихся 2-го апреля в Эспас-Карден на выступление советского поэта Андрея Вознесенского. Все живущие в Париже диссиденты собрались в этом зале послушать этого 46-летнего поэта, продолжающего, несмотря на свой антиконформизм, жить в Москве... и т.д.

Здесь остается лишь развести руками. Велико искушение усмотреть в таком тексте элемент иронии, но она здесь начисто отсутствует. Если это и гротеск, то непреднамеренный. Пора бы уж, кажется, знать цену „антиконформизму” Вознесенского. Что же касается „всех живущих в Париже диссидентов”, то трудно понять, о ком здесь идет речь — да и как мог автор проверить наличие кворума. Бессодержательное само по себе, затасканное клише „диссидент” в таком контексте уже совершенно сбивает с толку. Так и подбивает изменить заголовок приведенного отрывка на „Диссиденты в опере”.

В заключение еще один довольно странный пример обращения западных средств информации с русской литературой. Минувшей зимой по сети публичного телевидения Соединенных Штатов было передано интервью Дика Кавета с Иосифом Бродским. В беседе с одним из крупнейших русских поэтов нашего времени американский журналист практически не коснулся литературных вопросов, а упирал, в основном, на пребывание Бродского в психиатрической больнице и на его многолетней давности судебный процесс, приправив все это дежурной салонной беседой об Афганистане и других исключительно политических материях. Удивительнее всего, что сам Бродский согласился участвовать в этом легком фарсе.

Под таким грубым давлением со стороны некомпетентной западной журналистики в русской литературе сложилась довольно странная иерархия, имеющая мало общего с истинным распределением художественных ценностей и талантов. Место во главе этой пирамиды безоговорочно отводится Солженицыну, за ним на известном расстоянии следуют „правозащитники” от литературы и многие бывшие (а в лице Вознесенского и настоящие) члены Союза писателей. Лица, не входящие ни в одну из этих категорий, проникают на страницы западных печатных органов лишь весьма спорадически.

В результате, жизнь современной русской литературы во многом подчинена механике примитивной сенсации,   навязываемой ей Западом. Так, альманах „Метрополь" обязан своим феноменальным успехом не столько качеству включенного в него материала, сколько созвездию имен, включающему все того же деловитого антиконформиста Вознесенского. Между тем, лучшие из опубликованных в альманахе вещей принадлежат перу таких далеких от сенсации авторов, как прозаики Е. Попов, Ф. Горенштейн, Вик. Ерофеев, поэты Ю. Кублановский, Е. Рейн и Г. Сапгир; тогда как ветераны Союза писателей в целом выступили довольно слабо. Но в сообщениях о „Метрополе", наводнивших западную прессу, упоминались лишь имена „ветеранов", что вполне объяснимо — именно эти имена вызвали ярость в партийных кругах Союза писателей и обеспечили новорожденному альманаху широкую известность.

Следует отметить, что задолго до выхода „Метрополя" в Ленинграде, Москве и других городах СССР составлялись и „выходили в свет" с пишущих машинок самые разнообразные альманахи и сборники, иногда и похуже качеством, иногда получше, но ни один из них не получил широкой известности на Западе по причине отсутствия в них звучных имен профессиональных советских писателей, очевидно полагавших в то время, что час еще не пробил.

Не подлежит сомнению, что неуклюжее вмешательство западных органов информации в русскую литературную жизнь наносит ей ощутимый ущерб. Многие литераторы с искусственно стимулированными репутациями приобретают головокружение от успехов и ведут себя в литературе, как в собственной вотчине. Показателен следующий пример. В 25-м номере журнала „Континент" опубликованы подборки стихотворений Э. Лимонова и Е. Щаповой, которым ответственный секретарь журнала Наталья Горбаневская нашла нужным предпослать предисловие. Наряду с другими интересными вещами госпожа ответственный редактор сообщает нам, что терпеть не может подобной поэзии, и, будь на то ее воля, печатала бы исключительно двух-трех поэтов, чьи имена она приводит, а с наибольшей охотой — самое себя. Прекрасные стихи Лимонова, стоящие, на наш взгляд, всего творчества ответственного секретаря, остались, в результате, невычитанными и искаженными множеством грубейших опечаток, зато сама Горбаневская не удержалась и в следующем же номере   одарила нас для контраста десятью страницами своего творчества — при воспоминании о платимых „Континентом" гонорарах такая свобода слова не может не вызвать зависти.

В том же 25-м номере читателя ожидает еше более поразительный сюрприз: интервью, данное господином главным редактором собственному сотруднику. Впрочем, это лишь логическое завершение эволюции жанра: интервью с В. Максимовым, которые он дает часто и охотно, давно стали незаменимым ингредиентом содержания многих зарубежных русских журналов, так что лишь „Континент" был до недавнего времени странным исключением.

Мы привели пример „Континента" как наиболее тревожный, поскольку этот журнал, заслуженно или нет, пользуется наибольшей популярностью среди всей зарубежной периодики как внутри СССР, так и за его пределами. На самом деле фактов безответственной редакторской практики немало. Можно упомянуть, например, интервью с самим собой Александра Глезера в редактируемом им журнале „Третья волна" и публикуемые там же его стишки на уровне пионерской стенгазеты. Можно упомянуть неуместные извинения, предпосланные редакцией журнала „Ковчег" публикации романа Э. Лимонова, подвергнутого к тому же откровенной цензуре. И так далее.

Чтобы отклонить возможные обвинения в низвержении кумиров, мотивированном преимущественно завистью и геростратовым комплексом, отметим, что автор настоящего выступления не ждет от него иных последствий в личном плане, кроме возможных неприятностей. Мы также не руководствуемся ложной формулой „все плохо, что исходит из Союза писателей". Так, среди бывших и нынешних членов этой организации многие имеют неоспоримые заслуги перед русской литературой, в том числе В. Аксенов, Д. Дар, В. Войнович, а также Ф. Искандер, Б. Ахмадулина, Б. Окуджава, А. Вознесенский, Е. Евтушенко, В. Распутин, В. Белов, В. Астафьев, В. Шукшин и др. Такие действительные члены Союза как А. Битов и В. Катаев могут быть причтены к наиболее выдающимся современным русским прозаикам, наряду с проживающими за границей и никак с Союзом не связанными Сашей Соколовым и Э. Лимоновым.

Суть нашего аргумента заключается в том, что средства массовой информации Запада, привлекаемые в первую очередь событийной изнанкой современной русской литературы, создают совершенно ложную картину состояния этой литературы, тогда как западное литературоведение, в отсутствие более надежных и аккуратных источников информации, легко подпадает под этот гипноз. За доказательствами далеко ходить не придется: среди 50 с лишним диссертаций, защищенных на отделении славистики Мичиганского университета, лишь *две* посвящены послевоенной русской литературе, одна Пастернаку („Доктор Живаго"), а другая, в согласии с нобелевским списком, Солженицыну. Непохоже, чтобы ситуация в других университетах США была в корне отличной.

Никому не придет в голову отрицать исключительность позиции, занимаемой А. И. Солженицыным в современной русской культуре. Но если мы обратимся конкретно к литературе, у нас пока нет оснований отводить ему здесь аналогичный ранг. Ставшие расхожими сопоставления Солженицына с Толстым и Достоевским производят впечатление некоторой преждевременности. То же можно сказать и об А. Зиновьеве, ставшем мгновенным фаворитом западной прессы, видимо, в силу естественно им занятой полярной по отношению к Солженицыну позиции.

На наш взгляд, истинными героями русской литературы являются другие люди. Это Саша Соколов, чей блестящий роман „Между собакой и волком" в протяжение целого года не мог привлечь к себе внимания рабской русской критической мысли, занятой сочинением взаимных здравиц. Это Эдуард Лимонов, чей стихотворный сборник „Русское", уникальный по своей оригинальности, пал невольной жертвой позорной травли, которой та же прогрессивная мысль подвергла его не менее оригинальную прозу. Это великолепный поэт Юрий Кублановский, прозябающий в Подмосковье под неусыпным надзором, между тем как подогреваемая прессой западная общественность, стеной стоявшая за А. Щаранского, о нем и слыхом не слыхала. Это, наконец, одиозный Валентин Катаев, который, под сенью официального признания и в тупике своей погубленной репутации, публикует, повесть за повестью, одни из лучших страниц современной русской прозы, лишний раз демонстрируя, как нелепо прилагать к литературе партийные, религиозные и правозащитные мерки.

Пора, наконец, подвести итоги. Все сказанное не имело целью открыть глаза представителям западных средств информации, делающим погоду в русской литературе постсолженицынской эпохи. У нас также нет возможности заставить литературоведов поверить нам на слово. Позвольте, однако, внести небольшое предложение, осуществление которого, на наш взгляд, способствовало бы достижению некоторого взаимопонимания между русскими писателями и теми, кому выпало изучать их творчество.

Мы считаем, что назрела нужда в создании независимого информативно-критического журнала, по крайней мере, ежеквартального, посвященного текущим проблемам современной русской литературы. Нужда эта не восполняется ни одним из существующих русских периодических изданий. Более того: крайне желательно, чтобы такой журнал издавался академическими кругами, способными воспрепятствовать его превращению в орган партийной дискуссии путем приема к публикации лишь работ, посвященных преимущественно литературе и написанных достаточно компетентно.

С другой стороны, это не должен быть журнал строго академического типа: подобных изданий вполне достаточно, отдел литературной рецензии занимает в них, как правило, весьма подчиненное место, а проблематика современной литературы, поскольку ей вообще уделяется внимание, рассматривается в очень узких аспектах.

Предлагаемый полуакадемический журнал, посвященный исключительно современной русской литературе и находящийся под контролем объективной и нелицеприятной академической редколлегии, сослужит неоценимую службу как писателям, так и литературоведам. Можно с уверенностью предсказать, что недостатка в сотрудниках и материалах не будет.

ОБ ЭВОЛЮЦИИ ЛИТЕРАТУРНОГО ЯЗЫКА В ЭМИГРАЦИИ

Илья Левин

Термин „эмигрантская литература" можно употреблять в двух значениях. Самое первое, обиходное значение этого термина — литература, созданная в эмиграции, произведения авторов-эмигрантов. Это, так сказать, био-библиографическое значение. Но можно понимать этот термин и в плане сугубо текстуального анализа, рассматривая ситуацию эмиграции как фактор литературного процесса, приводящий, в частности, к существенным стилистическим отличиям между эмигрантской литературой и литературой метрополии. В новой русской литературе эмиграция стала играть роль такого фактора сравнительно недавно. Еще рано говорить о литературе „третьей волны" как о явлении, существенно отличающемся в формальном плане от независимой литературы в СССР, в том же смысле, как можно говорить об особой стилистике эмигрантской литературы 50-60-х годов по сравнению с новой литературой в СССР того же периода. Нынешняя ситуация скорее напоминает, *mutatis mutandis* разумеется, период первой половины 20-х годов, когда еще поддерживались художественные связи между эмиграцией и метрополией и, скажем, выходившие в Берлине книги и литературные журналы имели авторов и читателей не только в эмигрантской среде, но и в СССР, и когда литературный процесс в эмиграции и метрополии еще не разделился на два потока.

Движение рукописей из СССР на Запад и, соответственно, проникновение „тамиздата" к читателю в СССР, а также эмиграция многих ведущих представителей независимой русской литературы — все это до сих пор способствовало сохранению единого литературного процесса, связывающего литературу „третьей волны" с новой русской литературой в метрополии. Поэтому тем более любопытно отметить некоторые явления в языке литературы „третьей волны", позволяющие рассматривать эмиграцию как фактор стилистической эволюции. В качестве примера такой специфически эмигрантской стилистики можно указать на использование варваризмов и иноязычия в литературе „третьей волны". Безусловно, обращение к варваризмам и иноязычию не является прерогативой эмигрантской литературы; существенно, однако, подчеркнуть функциональную разницу в использовании иноязычных элементов в литературном языке эмиграции по сравнению с языком метропольной литературы. В качестве иллюстрации можно привести несколько примеров из написанного в СССР и изданного на Западе романа Аксенова „Ожог". В этом романе — как, отметим, и в творчестве Аксенова в целом — иноязычные элементы функционируют в качестве контраста обиходному речевому ряду:

> Ты ниц не бойся, Алиска! Дон би эфрейд! Сифилиса не бойся! Тайги не бойся! Стоп край! (...) Але мы еще бендземы вдома энд ю уил би сингинг „Червоны маки на Монте-Кассино"!

Еще более смелое использование иноязычия мы находим в сцене неожиданного появления одного из героев „Ожога" Толи фон Штейнбока в кабинете магаданского МГБ, где два следователя избивают его друга Саню Гурченко. В этой сцене внутренний монолог выделен переходом на английский язык:

> Это что еще такое?! Кто такой?! — гаркнул в следующий момент следователь Борис. Гаркнул-то страшно, но в то же время опасливо покосился на Чепцова — что, мол, будем делать? Лишние свидетели не очень-то нужны, когда допрос выходит за рамки инструкций.
>
> —Take it easy—said von Steinbok with a smile. —Stay where you are, guys!
>
> He took off his overcoat and came into the interrogation room. The officers both were frightened. They found themselves without arms.
>
> At the next moment Tolya was throwing a chair at Cheptsov and right away hitting another officer in the stomach.
>
> It was done! After a while Tolya and Sanya were out the door and rushing down the road in a MGB car.
>
> — Look! — Sanya said to Tolya in his husky voice. — They are trying to catch us!
>
> — Never mind! — Tolya laughed. — Look here! My favorite candy! Dynamite!

Чепцов ничего не сказал своему товарищу, шагнул в коридор, крепко взял Фон Штейнбока за плечи, повернул к себе спиной и так сильно ударил ногой в зад, что Толя покатился вглубь коридора мимо дверей, за которыми слышался звон посуды и голоса весело обедающих сотрудников.

Язык и стиль внутреннего монолога героя ориентированы на американскую приключенческую литературу, и взаимостолкновение языков в этом отрывке подчеркивает контраст между пылким воображением юного фон Штейнбока и довольно неприглядной реальностью. Было бы интересно более подробно рассмотреть функции двуязычия у Аксенова, однако для наших целей сейчас важно подчеркнуть не столько особенности индивидуальной аксеновской стилистики, сколько *показательность* использования им иноязычия как элемента, противопоставленного обиходному речевому ряду, для системы литературного языка метрополии.

Анализируя эволюцию литературного языка в эмиграции, полезно учитывать сформулированную Юрием Тыняновым концепцию литературы как *динамической речевой конструкции*. Согласно этой концепции, литературная эволюция протекает в виде постоянной смены автоматизованных литературных форм новыми формами за счет обращения к быту, к внелитературным речевым рядам. Особенности стилистики варваризмов и иноязычия в эмигрантской литературе связаны со специфическими условиями развития литературного процесса в чужеродной языковой и культурной среде, на фоне взаимостолкновения языков в эмигрантском речевом обиходе. В этих условиях чужой язык может быть введен в литературу как *объект*, чужеродность которого проявляется, например, через буквальный перевод-кальку иноязычных синтаксических конструкций. Так поступает, например, Юрий Милославский (Израиль) в своей повести „Собирайтесь и идите”:

> Здесь вещание Израиля из Иерусалима. Часов —
> восемь. Это новости из уст Хаима Кадмона.

Любопытно, что объективации в качестве *чужого языка* у Милославского подвергается не только иврит, как в приведенном отрывке, но и *русские* речевые обороты, воспринимаемые автором как характерные для „старой ” эмиграции. Об одном из героев Милославского сообщается, что он „ был родом из Харбина (...) в России не был. Поэтому речь его была — из русских книг. Речь небывалых, надежно мертвых русских людей, *словесников* (курсив автора — И.Л.) гимназии имени Достоевского.” Изъясняется он так:

> Доброго здоровьичка вам, батюшка мой, Ваше Превосходительство, Арнон Наумыч! Что-то Вы нешто с личика-то спали... Никак опять прострел мучит? (...) Эх, батюшка мой, Арнон Наумыч... Служба, знать, корень точит! И я давеча у лекаря моего был: профессора Иерушалми Якова Соломоныча знаете, небось?

Иноязычные элементы играют ведущую роль в стилистике прозы Эдуарда Лимонова. Язык романа „Это я — Эдичка” ориентирован на речь новых эмигрантов из Советского Союза в Нью-Йорке. Именно эта ориентация позволяет рассматривать язык прозы Лимонова как специфически эмигрантское литературное явление. У Лимонова американизмы не противопоставлены обиходной речи, но, напротив, являются ее органической частью, наряду с жаргонными и нецензурными оборотами. В системе романа „Это я — Эдичка”, сделавшего литературным фактом то, что Довлатов назвал „бруклинским диалектом”, иноязычные элементы функционируют на различных уровнях. В некоторых случаях они употребляются тогда, когда стандартные русские эквиваленты отсутствуют: *басбой, Велфер.* Сюда же можно отнести *руммейт* во фразе „моя бывшая руммейт”, так как „соседка по квартире” явно не подошла бы в качестве русского эквивалента. Но часто американизмы употребляются и в тех случаях, когда имеются соответствующие русские обороты. Вот несколько примеров:

сэйлсмен — ср. „продавец”
паркинг — ср. „стоянка для машин”
радио Либерти — ср. „радио „Свобода”
получал анэмплоймент — ср. „пособие по безработице”
контрибюшн в один доллар — ср. „пожертвование”
апартмент — ср. „квартира”
паунд — ср. „фунт”
билдинг — ср. „здание”
джойнт — ср. жаргонное „косяк”

На уровне синтаксиса встречаются буквальные переводы, калькирующие англоязычные фразеологизмы, например:

...живет на Весте в восьмидесятых улицах
(ср. *He lives in the West eighties*)
Имейте прекрасный день в „Хилтоне”
(ср. *Have a nice day at the Hilton*)
Он сейчас в любви с Луисом
(ср. *He is now in love with Louis*)
Я имел свой класс... Я поехал в свой английский класс...
(ср. *I had my class... I went to my English class...*)
Я буду употреблять его для разрезывания огурцов
(ср. *I'll use him for slicing cucumbers*)

Бахтин нашел бы в прозе Лимонова много иллюстраций для своего термина „гибридная конструкция”.

266

„Мы называем гибридной конструкцией, — писал Бахтин, — такое высказывание, которое по своим грамматическим (синтаксическим и композиционным признакам принадлежит одному говорящему, но в котором в действительности смешались два высказывания, две речевых манеры, два стиля, два „языка", два смысловых и ценностных кругозора". В гибридных конструкциях прозы Лимонова иноязычное слово является носителем чуждого рассказчику мнения или мироощущения, но, одновременно, и само является объектом оценки со стороны рассказчика:

> Мне не хотелось с ней ссориться, кроме того, я все-таки чувствовал, что виноват, что была в моем *байсентенниал селебрэйшан поведении* большая доля русского свинства. (Курсив здесь и далее мой — И.Л.)

В этом ненормативном, с точки зрения русского синтаксиса, обороте ясно слышится голос Розанн, героини романа, устроившей накануне вечеринку с участием рассказчика. В комнате Розанн, сообщает рассказчик, висит надпись: „Я до тех пор буду оставаться *импасэбл персон*, пока все *пасэбл персон* не перестанут быть таковыми". Рассказчик комментирует эту надпись:

> Волею случая она действительно *импасэбл персон* в этом мире, но в какой же степени я тогда *импасэбл персон*, а? Уж я тогда чудовищно *невозможная личность*.

Сопутствующий перевод „импасэбл персон — невозможная личность" поддерживает здесь стилистическую функцию иноязычного оборота как носителя чужого мнения.

„Двуголосость", пользуясь термином Бахтина, варваризмов Лимонова заключается в их оценочной функции в системе романа „Это я — Эдичка". Чужое слово принадлежит чужому миру и выражает одновременно враждебность этого мира рассказчику и неприятие рассказчиком этого мира. Таков сознательно карикатурный буквальный перевод журнальной рекламы: „Вы имеете длинный жаркий день вокруг бассейна, и вы склонны, готовы иметь Ваш обычный любимый летний напиток." За этим следует комментарий рассказчика, пародийно воспроизводящего англоязычные синтаксические конструкции в собственной речи:

> Я никогда не имел длинного жаркого дня вокруг бассейна. Признаюсь, что никогда в жизни не купался в бассейне. Я имел вчера холодное отвратительное утро возле Вэлфэр-центра на 14 улице.

В эпилоге романа рассказчик, мечтая о недоступной ему жизни, описывает „чудесный *дом* с лужайкой", но уже на следующей странице, где речь заходит об окружающих его нью-йоркских улицах, родное слово сменяется иностранным: „Может быть, я адресую эти слова *билдингам* вокруг. Я не знаю."

Я отметил только некоторые, хотя, как кажется, главные, функции варваризмов в языке романа „Это я — Эдичка". Но я надеюсь, что мне удалось показать, что стилистика иноязычия в этом романе представляет интерес не только для анализа индивидуальных особенностей прозы Лимонова. С чисто стилистической точки зрения, проза типа лимоновской не могла бы быть написана в метрополии, и роман Лимонова заслуживает, поэтому, рассмотрения как первое значительное произведение литературы „третьей волны", в котором эмигрантская тема нашла адекватное языковое воплощение.

The Future of Russian Literature in Emigration

ga Matich

БУДУЩЕЕ РУССКОЙ ЛИТЕРАТУРЫ В ЭМИГРАЦИИ: ПИСАТЕЛИ ЗА КРУГЛЫМ СТОЛОМ

Ведущий: *Ольга Матич*

ВЛАДИМИР ВОЙНОВИЧ

Я начну с возражения Алексею Цветкову, критиковавшему здесь Наума Коржавина.

О стихах Коржавина я услышал впервые двадцать лет назад, когда из провинции приехал в Москву. Тогда я узнал много литературных имен, но имя Коржавина было среди самых громких. Его стихи не печатали, а они были широко известны. Многие люди перепечатывали его стихи на машинке, переписывали от руки и выучивали наизусть. Это была настоящая и самая достойная поэта слава. Слово „самиздат" придумал Николай Глазков, но я не помню в то время ни одной рукописи, которая ходила бы в самиздате так же широко, как стихи Коржавина. Стихи Коржавина для целого поколения были огромным событием, потому что он один из немногих писал то, что думал и чувствовал, не считаясь ни с какими официальными установками или правилами игры, не приспосабливаясь ни ко времени, ни к модным течениям. Он даже сидел за стихи в тюрьме.

Коржавин не только поэт, но целое культурное явление, огромное явление. Может быть, он, по мнению некоторых, не всегда удачно выступает устно, но он завоевал свое место в русской литературе, и он в ней останется, независимо от того, как будут оценены его устные выступления.

Теперь несколько слов по нашей теме.

Господин Ашбель Грин говорил о том, как русским писателям трудно пробиваться к американскому читателю, и прогноз его на будущее был очень пессимистичен.

Но я думаю, что писателям даже и в своих странах живется не легко. Даже американскому писателю пробиться к американскому читателю нелегко, а уж иностранному, конечно, труднее. Но в утешение нам всем я хочу сказать, что мы все же не сироты, у нас есть наш русский читатель, для которого — и на языке которого — мы пишем. Нас с этим читателем разлучили, но книги наши там остались, их выслать за границу труднее, чем выслать писателя. А те книги, которые мы напишем здесь, тоже будут попадать к нашему читателю и будут пользоваться успехом, если того заслужат. Писатели моего поколения и старше уже вряд ли станут когда-нибудь американскими писателями, да это и не нужно, писатель и американскому читателю (немецкому, бельгийскому или какому-нибудь еще) интересен только тогда, когда он приносит в литературу свой мир, когда он своеобразен, а не пытается подражать писателям, выросшим в ином мире и в иных условиях.

Писатель молодой, который здесь начинает и здесь формируется, может стать и американским писателем, почему бы и нет?

Но нам уже американскими писателями не стать и не надо. Я думаю, что любому американскому писателю, как бы ни был приятен успех среди советских читателей, дороже все-таки успех здесь, в Америке. А нам все-таки там. Но если мы о России, о том, что мы знаем лучше всех, будем писать хорошо, если какая-нибудь из наших книг станет событием русского искусства, она дойдет и до американского читателя тоже. Да уже доходит. Я, например, ехал в Нью-Йорке в такси, разговорился с шофером, он оказался моим читателем, читал все мои книги, переведенные на английский. И мне это было приятно. Хотя, не скрою, мне было бы еще приятнее встретить своего читателя среди московских таксистов.

Я надеюсь, что у нас здесь все-таки есть кое-какие перспективы. А там, в Советском Союзе, количество наших читателей растет и расти будет, потому что в наших книгах читатели найдут то, чего не смогут найти в книгах казенных советских издательств.

Спасибо за внимание.

АЛЕКСЕЙ ЦВЕТКОВ

Мне, очевидно, придется вкратце ответить на вопрос Владимира Войновича, хотя, по совести, я не чувствую внутренней необходимости оправдываться. Я, безусловно, так же подвержен ошибкам, как и любой другой, но выступление мое было, на мой взгляд, нужным, так как поставленные в нем вопросы сами собой с повестки дня не сойдут. Взявшись за такую работу, невозможно не побить посуды и никого не задеть, иначе получится то, что, на мой взгляд, получилось со статьей Вайля и Гениса, которая по замыслу-то была нужной, а вот по исполнению оказалась бесполезной. Не ошибается только тот, кто не пробует...

Теперь о будущем эмигрантской, как она здесь названа, литературы. Вот Лимонов, например, не хочет быть русским писателем. Я же не хочу быть русским страдальцем в изгнании. Я люблю страну, в которой я прожил уже пять с лишним лет, я чувствую себя здесь дома, а дома я был только гость, да и нежеланный к тому же. Горечи хлеба изгнания я не ощущаю. Но я и не пытаюсь стать иным писателем, чем я есть, волей обстоятельств я куда более кроткий, чем Лимонов, пленник русского гетто Карла и Эллендеи Профферов, которым я очень многим обязан. Я могу повторить вслед за Короленко, что моя родина — это русская литература, поэтому вопрос об эмиграции кажется мне немного абстрактным — мне на него трудно ответить, потому что для меня этого вопроса не существует. Из русской литературы я пока никуда не эмигрировал.

Что же касается русской литературы в целом — то есть, в данном случае, русской литературы за рубежом — то достаточно взглянуть вокруг, чтобы увидеть, какие крупные перемены произошли за последние годы. Перед нами сидят одни из самых значительных людей в современной русской литературе. Еще недавно они были там, теперь они здесь. Воля ли это случая, или же закономерный процесс — не так важно. Важно, что дальнейшая судьба русской литературы как за рубежом, так и внутри страны, неразрывно связана с судьбой этой страны — России или СССР, как ни назови. Если условия там ухудшатся, или даже все останется по-прежнему, можно ожидать, что потенциальный читатель пожелает эмигрировать, а если ему к тому же и позволят — наша читательская аудитория будет сохранять свой объем. Воспитывать своего читателя мы не в состоянии, ибо молодежь на Западе ассимилируется.

Если же условия улучшатся... но это уже жанр социальной утопии, в котором я не работаю.

В конечном счете, как бы ни бунтовал Лимонов, и как бы ни остерегал Солженицын, все дело в нашем языке. Что случится с ним, то случится и с нами.

САША СОКОЛОВ

Хочу начать с комплимента Оле Матич, которая не находила себе места в течение многих месяцев, пытаясь нас собрать вместе, очень разных людей, которых связывает только русский язык. То есть, я был свидетелем всей этой битвы. А к сожалению, все-таки не удалось приехать людям, которых хотелось бы здесь видеть. Бродский не приехал, не приехал Зиновий Зиник, Милославский, Максимов. Если бы приехал Максимов, то было бы все намного интереснее. И самая большая потеря нашей конференции — Милош, это результат наших, не моих лично, конечно, трений. Я не понимаю этого: я не живу в Париже. А будущее... Очень бы хотелось заглянуть в будущие энциклопедии, так, лет через сто. Какие там энциклопедии, русские?.. кто в них останется? Потому что каждый, кто пишет, рисует, танцует, втайне, хочет остаться. Все — полный мрак совершенно. В любой литературе данного десятилетия или данного двадцатилетия существует два, максимум — три писателя. В любой литературе работает много пишущих, но писателей — всего несколько. А до поры до времени это тайна. И в данную минуту мы не можем ничего рассудить. Спасибо за внимание.

АНДРЕЙ СИНЯВСКИЙ

Вероятно, будущее непредсказуемо, любое будущее: историческое, литературное, эстетическое, даже будущее эмигрантской литературы. А когда мы занимаемся какими-то футурологическими выкладками, мы чаще всего на будущее распространяем наше настоящее, либо преувеличивая, так сказать, гиперболизируя его, думая, что оно увеличится в размерах, либо преуменьшая. А будущее обманывает всегда, и тем более, литература, которая развивается не по прямой, а обычно развивается зигзагами, ходом в сторону, ходами отталкивания от того, что уже отстоялось, или от того, что завоевано.

Тем не менее, лично я именно в этом плане смотрю на будущее достаточно оптимистично. Я очень пессимистичен по отношению к возможностям социально-политических улучшений в Советском Союзе. Думаю, что там ничего в скором времени хорошего не произойдет. Сам я думаю, что никогда не вернусь в Советский Союз, это не зависит от моего желания, просто в силу ситуации. Но в отличие от довольно мрачного взгляда на социально-политические перемены, по отношению к литературе я как раз склонен предаваться некоторым мечтам и надеждам. Ведь собственно говоря, после Сталина, во времена Сталина, казалось, что культурная почва настолько уничтожена, не только вырублен лес и выкорчеваны кусты, но вся земля выжжена как бы, так что на этой земле, казалось, вообще уже никакой культуры произрасти не может. И тем не менее, худо ли, хорошо ли, понемногу вдруг эта выжженная земля зазеленела, и, в частности, дала ростки самые разнообразные, которые какой-то своей частью, естественно, ушли в эмиграцию. И хотя неизвестно, будут ли выпускать дальше других писателей, захотят ли они сами уезжать из России, безусловно, что неугодные тексты оттуда будут уходить, и будут попадать сюда, и следовательно, эмигрантская литература, или вообще литература, чисто текстуально эмигрантская, будет существовать, и думаю, что этот процесс уже необратим.

Но нужно быть ко всему готовым, и поэтому я хотел бы свои чересчур радужные прогнозы закончить анекдотом, который сочинил не народ — обычно народ сочиняет анекдоты — а совершенно

Naum Korzhavin, Viktor Nekrasov, Yuz Aleshkovsky, Edward Albee,
Vasily Aksyonov, Dmitry Bobyshev

конкретный писатель, сидящий здесь, за нашим столом, Юз Алешковский. Анекдот следующий, из серии Чапаева. Петька поздно, где-то в середине ночи, будит Василия Ивановича и говорит: ,,Василий Иванович, вот тут мы с Анкой, так сказать, забавлялись — там немножко грубее — и вдруг стали думать... Василий Иванович, а что будет через двадцать лет?" ,,Хм, — сказал Василий Иванович — через двадцать лет, Петька, через двадцать лет будет 1937-й год, Петька". ,,Эх, — сказал Петька, — дожить бы, Василий Иванович!"

ВИКТОР НЕКРАСОВ

Подымаясь на эту эстраду, садясь на это место за длинным столом, я невольно вспомнил другой, очень длинный, такой же длинный стол, только скатерть была не желтая, а красная. Дело это происходило в Киеве, в так называемом Октябрьском зале. (Это было в 63-м году.) Вокруг тоже сидели писатели, не скажу хорошие, в основном, руководящие писатели. Я сидел на том месте, где сидит Володя Войнович, а на моем месте сидел Александр Евдокимович Корнейчук, председатель Союза писателей Украины. (А на моем месте кто сидел? — Аксенов.) На твоем, по-моему, давай я вспомню, кажется, Загребельный...

Все это, значит, было собрано для того, чтобы выжать из Некрасова какие-то извинения, и чтобы он раскаялся в своих ошибках, которые допустил в книге, посвященной Америке, ,,По обе стороны океана". Он должен был признать, что неправильно восхвалял Америку и третировал свою родину. Корнейчук нападал, я оборонялся. Что-то доказывал. Нечто подобное чуть-чуть ощутил я и вчера, в конце собрания. Тем не менее, я считаю, что организованная Олей Матич конференция — прекрасная конференция, и сколько бы мы здесь, как кто-то сегодня сказал, ни били посуды — надо бить посуду, ничего от этого страшного не будет. Но главное, за что я благодарю Ольгу, это даже не за то, что происходит в этом зале, а скорее, на площадке перед залом. То, что мы, съехавшись с разных концов земного шара, встретились, познакомились и даже с кем-то подружились. За это я Ольгу, в первую очередь, и благодарю.

ЭДУАРД ЛИМОНОВ

Я не думал о будущем эмигрантской литературы. Недавно в Нью-Йорке мне рассказали такую историю, для меня очень любопытную. Это — мое будущее или настоящее. Мне рассказали о детях Солженицына, которые в туалете, скрываясь от отца, читали мою

Naum Korzhavin

книгу. Таким образом, я считаю, что мое будущее уже пришло.

НАУМ КОРЖАВИН

Будущее не пришло... Я даже не знаю, стоит ли мне выступать, ибо, с одной стороны, получается, что я плохо пишу стихи, а с другой, что плохо выступаю. Насчет стихов — это дело читателя, насчет выступлений, то, учитывая, что я все-таки перед многими выступал, то, надеюсь, не все согласятся с моим другом Володей Войновичем, который на моих выступлениях никогда не бывал, кроме как у него дома. (А у меня дома ты всегда выступал прекрасно — Войнович.)

А теперь... Теперь я должен заявить, что я требую себе больше времени, потому что мне достаточно времени не давали, а меня атакуют. Я вообще единственный поэт, которого здесь касаются. В принципе, здесь идет дипломатия, и только в отношении меня она нарушена. Я бы хотел говорить о недостатках данного совещания, ибо это недостатки американской русистики вообще. Вот тут Цветков сильно жалуется, что мое имя помещено в каких-то каталогах. Получается, что американские русисты оказывают мне какое-то предпочтение. Между тем, американские русисты в массе относятся ко мне довольно плохо. А каталоги — вещь формальная. Вышла книга, занесена в каталог, отношения это не выражает. Но всю свою „демократическую" речь Цветков построил вполне демагогически, не потому, что он хотел демагогии. Он просто употреблял слово „художественность", не давая себе труда раскрыть, что он имеет в виду, очевидно, считая, что это нечто само собой разумеющееся, как делают многие из вас. Кроме тех (что еще хуже), кто пытается свести этот критерий к списку определенных признаков. Например, к наличию „образов" — т.е. тропов. Это открывает широкий простор для деятельности, ибо исследовать такую „художественность" можно сколько угодно, можно пойти дальше — через это исследовать работу органов пищеварения и внутренней секреции и прочие „личные" особенности изучаемых авторов. И хоть ценность литературного произведения не в личных, а в личностных особенностях (в том, к чему человек выходит из своего личного), такая деятельность выглядит извне вполне импозантно и интеллектуально, и все исследуемое, таким образом, начинает казаться литературой. И именно на такое внимание претендуют многие из нас. Именно за него борется и Цветков, потому его так тревожат каталоги. Я ему их уступаю, раз ему это так важно. Но ведь гораздо важней, что у него стихи пока не выходят.

Я говорю сейчас резко, но я не отношусь к Цветкову так плохо, как может показаться. Когда он появился, я к нему отнесся, как к способному мальчику, у которого, повторяю, стихи пока не выходят. Это не оскорбительно. У большинства людей ничего в них и не *входит,* ничего нет, все попусту, на какие бы темы они ни сочиняли, а у него что-то то было, бурлило, но именно не ,,выходило", не отрывалось от магмы, не обретало законченности, не отливалось в форму. Для того, чтоб выходило, нужна внутренняя определенность, для этого нужна безжалостность к себе. Этой безжалостности нет, ее нельзя заменить безжалостностью к другим или борьбой за признание американской публики, т.е. русистской публики, другой ведь нет. И поэтому его так сильно волнует, как к кому из нас относится американское (русистское) литературоведение. Это — критика для таких, как он, критика, на отсутствие которой здесь так сетовали. Меня эта ,,критика" не волнует. А так как идет борьба за ее внимание, то я охотно уступаю ее Цветкову. И все каталоги уступаю. Берите!

Это не значит, что меня не волнует Америка и ее культура. И я очень интересуюсь ее культурой и интеллектуальной жизнью. И допустим, выступление госпожи Патриции Карден я воспринимаю не в плане русской культуры (к ее проблемам оно пока отношения не имеет), а в плане американской. Дело не в ее отношении к повести Лимонова, я ее не читал и мнения о ней у меня нет, дело в общей позиции, которую госпожа Карден проявила. Надо сказать, что такую позицию и многие в Америке воспринимают, как болезнь американской культуры, в серьезных американских журналах с такой позицией много спорят, и я бы сказал: успешно спорят, но, к сожалению, успехов тут быть не может, ибо в Америке люди разных взглядов друг друга не читают. Ибо у каждого свой журнал, и мыслящие люди Америки читают сами себя, доказывают все самим себе — при очень ограниченном влиянии на периферию. Тем не менее, американская культура все-таки стоит высоко, высокий американский интеллект — существует, и писателям третьей волны следовало бы лучше оглядеться и не ориентироваться на периферийные явления. Сам я себя к этим писателям не отношу, я просто русский писатель — второстепенный или третьестепенный — другой вопрос. Зависит, по отношению к кому считать. В русской поэзии быть второстепенным, так сказать, по размеру — но не вторичным поэтом — значит довольно много. Пушкиным я уже, наверно, никогда не буду и даже с ним не прогуляюсь.

К сожалению, когда изучение литературы сводится к изучению ,,приемов", появляется и литература, вызванная к жизни таким изучением. Есть даже в Америке такой термин ,,университетская литература", о которой один американский критик сказал, что она "teachable but not readable". Не надо стремиться подражать ей, стараясь достичь этого ,,высокого" уровня — это отнюдь не уровень Фолкнера. Я читал американских писателей. Не только их произведения, но и их высказывания о литературе. В Москве вышла такая книга „Американские писатели о литературе” — советую всем прочесть. По своему отношению к литературе они весьма далеки от литературы университетской. Даже самые „изысканные” из них. А смысл, общий смысл литературы — есть. И я очень уважаю ленинградца Бобышева, который не побоялся здесь сказать банальную вещь (среди выехавших ленинградцев это особенно немодно), а именно, что в писателе важно не только то, что в нем сугубо индивидуально, т.е. то, чем писатели не похожи друг на друга, но и то, что их объединяет, их принадлежность литературе, общему духу искусства. А что это такое? Об этом и надо бы говорить.

Быть может, Цветков прав, может, и нет — здесь это не решить. Но факт, что он обращается к русистской аудитории, как к своей, как к читателю, сколько бы в ней ни было достойных людей, это самообман. Ну, убедит он тут всех, что я ничего не стою, ну, выбросят меня из каталогов, ну, не стану я любимым поэтом иностранных русистов — ну и что?

Конечно, молодому писателю в эмиграции трудно. Когда есть отдельные писатели, которые живут сами по себе, но нет читателя, нет цельной литературы, — никто ни на кого не только не влияет, но и не поддерживает. Но чашу эту следует испить до конца, а не находить подмену тому, чего нет. Повторяю, к Цветкову я отношусь лучше, чем почти ко всем эмигрантским поэтам, кроме Бродского, у которого мне нравятся два-три стихотворения (правда, нравятся по-настоящему). Ибо у Цветкова бывают живые нотки, живая интонация, живая заинтересованность тем, что он пишет, но, опять-таки, повторяю, все это не выходит, не отливается в форму. Тут встает вопрос о том, что такое форма. Но поскольку о ней, как и о прочих основных параметрах, здесь просто не хватило времени говорить (не то, что установить их смысл), как вообще не хватило времени говорить о литературе (кроме как в плане научных исследований), то сейчас, в конце, начинать этого разговора я не буду. Тем более, что пришлось бы говорить в ином плане, чем здесь говорили, т.е. как бы вторгаясь в чужую область и наводя в ней свои порядки. А это хлопотно.

Благодарю за внимание.

АНАТОЛИЙ ГЛАДИЛИН

Так получилось, что я в конференции практически не участвовал, кроме того, я занимался своими журналистскими обязанностями. Мы здесь слышали мнения, что жить писателю трудно, на профессиональный писательский заработок нельзя прожить. Мне, например, приходится работать журналистом.

Anatoly Gladilin

Вы знаете, я бы просто хотел сделать комментарии по ходу конференции, не то, чтоб давать оценки, а комментарии по собранию. Как человек все-таки участвовавший во многих съездах, писательских пленумах, заседаниях и пр., я просто хочу сказать — вот первая отличительная особенность этой конференции: возьмите любой съезд, любой пленум Союза писателей. На первом заседании на докладе в основном зал полон, дальше ряды начинают катастрофически редеть: кто бежит за японскими зонтиками, кто бежит за книгами, где-то там колбасу выбрасывают, кто просто идет в буфет и потихоньку пьет, и в общем, увы, все речи произносятся при пустом зале. Здесь вот у меня такое ощущение, что чем дальше, тем больше в зале народу. Это показатель, как мне кажется, интереса к конференции. И, мне кажется, для нас, собравшихся здесь, это важно.

Второе — немножечко по поводу выступлений. Не хочу ни в коем случае давать оценки никому, и не вправе... мне лично показались выступления всех очень интересными, по-своему, и каждого я слушал не только как журналист, а просто как человек, имеющий какое-то отношение к русской литературе. Это неважно, как говорится, согласен я или не согласен с выступавшими. С точки зрения полезности обмена мнениями, в общем, соблюдался спокойный стиль дискуссий... не было не только мордобоя, слава Богу, но и все уважительно говорили друг о друге, за некоторым исключением, которое мне придется отметить. В общем это показатель, что в этой стране, и не только в этой стране, а и в Европе, в этом новом мире, мы немножечко чему-то научились и начинаем отходить от той советскости, от того советского образа мыслей, от той советской нетерпимости, которая, давайте признаемся, сидит еще в каждом из нас.

Говоря о замечаниях, может чисто субъективных, я хотел бы вернуться, если будет время, к выступлению Цветкова, потому что, мне кажется, там были очень горькие и справедливые вещи, которые я хотел бы расширить. Но, с другой стороны... я, конечно, понимаю горечь Цветкова: действительно, с его точки зрения, получается, что вот какой-то существует заговор, так сказать, американского и международного капитализма с советским коммунизмом, ибо и в СССР и в Америке писали и пишут только о диссидентах, об известных литераторах, бывших членах Союза писателей, а вот других как-то не замечают. Конечно, о диссидентах западная пресса много говорит, однако, простите меня за банальную истину, но все-таки диссиденты сидят не здесь в этом зале, а сидят в ,,буре”, в тюрьмах, в лагерях, где в общем-то не так уютно, как здесь. И о них надо говорить в прессе в первую очередь. И за это американской прессе, мировой прессе мы должны сказать просто спасибо.

Далее, по поводу Союза писателей... Ну, вы знаете, в Союзе писателей СССР очень много людей, которые не имели, не имеют и не будут иметь к литературе никакого отношения, хотя ,,поголовье писателей", выражаясь языком Госплана СССР, возросло уже до 8-ми тысяч, а, может быть, даже и больше. В СССР явно перегнали Америку по количеству членов Союза писателей, это, по-моему, единственное, в чем Советский Союз перегнал Америку. Повторяю, в Союзе писателей много людей, которые не имеют к литературе никакого отношения. Но с другой стороны, может быть, за исключением одного или двух человек, я не знаю ни одного крупного русского писателя, получившего не только русскую, всенародную любовь и поддержку, но и мировую известность, мировую славу, который не был бы членом Союза писателей. Лучшие прозаики — Платонов, Булгаков, Бабель были членами Союза писателей. (Бродский не был членом Союза писателей — Лимонов. Бродский не был никогда. — Томас Венцлова. Был членом Профкома писателей. — Аксенов.) Членом Союза писателей был Мандельштам (Не был. — Лимонов), был (Мандельштам не был. — Венцлова), была Ахматова, членом Союза писателей был Зощенко, можно долго перечислять. Членом Союза писателей, кстати, был Солженицын (Пастернак. — из публики), членом Союза писателей был еще Борис Пастернак. Я к тому, что эта организация, кроме своих других функций, еще была профессиональной организацией, был какой-то профессиональный отбор.

Когда Виктор Перельман говорил вот о таком, не скажу глобальном, но все же наступлении графоманства, это все-таки, будем выражаться изящно, имеет место быть. Я, ни в коем случае, не намекаю на кого-либо из присутствующих... Мы наблюдаем часто: в эмиграцию приезжают люди, которые считают себя диссидентами и крупными писателями только потому, что их ни разу не напечатали в советских журналах. Конечно, по теории вероятности, всякое бывает, но в принципе, количество журналов в Советском Союзе огромно, уровень редакторов зачастую низок, и не быть ни разу напечатанным ни в журнале, ни в газете — это все-таки надо как-то отличиться, надо как-то уметь. И, ей Богу, мне кажется, что противником этих людей, их главным врагом была не советская власть.

И еще, я хочу коротко сказать о вежливости. Вы знаете, нельзя, поймав хлесткую фразу, лепить ее совершенно не по назначению. В отношении Коржавина и Довлатова это неправильно. И еще несправедливо обвинять Виктора Некрасова в том, что он, якобы, говорит о своих заслугах, что он воевал и тем самым, так сказать, делал себе карьеру, звездочки на погоны. Давайте говорить откровенно — здесь, вероятно, удобнее говорить о своей ненависти к коммунизму, чем о том, что ты в коммунизм верил, за это боролся, за это сражался, ошибался, и это была твоя беда, понимаете? Говорить как Некрасов — это все-таки требует какого-то мужества. И кроме всего прочего,

Alexei Tsvetkov, Eduard Limonov, Sasha Sokolov, Naum Korzhavin

Edward Albee

отвечая на обвинения против Некрасова, мол ты делал на войне карьеру, я хочу отметить маленькую подробность: дело в том, что на войне еще и стреляли. Участвовать в войне было все-таки несколько опаснее, чем участвовать в этом заседании.

СЕРГЕЙ ДОВЛАТОВ

У меня сложилось такое впечатление в ходе заседания, что вопрос о будущем русской литературы как будто уже решен в положительном смысле. Все же я хочу коротко сказать, причем довольно банальные вещи, что-то повторить из того, что уже говорилось, поскольку наше первое заседание о том, две литературы или одна — это разговор о будущем литературы. И я сознательно хочу произнести несколько банальных вещей, ибо, вообще говоря, я считаю, что нравственный путь во многом — это путь к прописным истинам, которые есть смысл иногда повторить, чтобы привыкнуть.

Я еще раз хочу сказать, что оглядываясь на прошлое, мы исследуем таким образом будущее, и убеждаемся, что время сглаживает какие-то политические нюансы, и территориально-гражданские признаки литературы становятся менее существенны, чем кажутся в настоящий момент, что будущее литературного процесса определит мера таланта людей, участвующих в этом процессе... Существует разница между Фетом и Огаревым (если кто-то перечитывал когда-нибудь Огарева)? Конечно, существует, но не в плане мировоззрения, а в уровне дарования. Как известно, Фет был крепостником, но писал значительно лучше. Скажем, Аполлон Григорьев был почти что люмпеном, а Тютчев был камергером, и сейчас это не имеет никакого значения. Внуки будут оценивать наши достижения по эстетической шкале, останется единственное мерило, как в производстве — качество, будь то качество пластическое, духовное, качество юмора или качество интеллекта. Мне хочется почему-то привести такой микроскопический, но характерный пример. Я недавно прочел книжку Лотмана о „Евгении Онегине". Мы часто цитируем из Пушкина строчки, скажем, такую строку: „Из Страсбурга пирог нетленный...". Выяснилось с помощью Лотмана, что пирог вовсе не пирог, а гусиный паштет, что нетленный он не потому, что остался в памяти, как совершенство кулинарии, а потому, что он консервированный. Действительно, в ту пору изобрели процесс консервирования, и нетленный пирог — это консервы гусиные. Сейчас все эти реалии забыты и интересуют, может быть, одного Лотмана, а стихи остались, потому что они хорошо написаны, вне всех подробностей...

Проза Солженицына выше прозы Георгия Маркова именно

качеством, даже неловко произносить, настолько это ясно. Теперь вот еще разговор о том... кажется, Владимир Николаевич Войнович говорил, что в эмиграции не может родиться большое дарование... (Я не говорил. — Войнович) Нет? Значит кто-то другой говорил из уважаемых людей... Что талант может усовершенствоваться и заявить о себе в эмиграции, но родиться не может. Мне не кажется это бесспорным, потому что рождение таланта во многом, если не во всем, это такой непредсказуемый, иррациональный момент и абсолютно внелогичный. Скажем, появление таких замечательных писателей, как Аксенов, Войнович и Гладилин было естественным, и мотивировалось какими-то историческими обстоятельствами, оттепелью, например, а, скажем, появление Солженицына было не только неестественно, но даже противоестественно, если вспомнить, что он, капитан артиллерии, потом заключенный, потом раковый больной в захолустье, потом рязанский учитель, и внезапно вот такое огромное, несвоевременное дарование. Солженицын свой талант выращивал в заключении, в больнице, долгие годы, потом написал 4000 гениальных страниц, а Ерофеев двадцать лет пьянствовал, потом написал 65 страниц замечательной прозы ,,Москва — Петушки", и, говорят, сейчас опять пьянствует. И тот и другой являются замечательными писателями, хотя по-разному сложилась их жизнь и образ этой жизни...

Гениальный писатель может родиться в эмиграции, а может и не родиться. Тут я хочу повторить почему-то, может, даже некстати, простую и очень важную вещь, которую на этот раз уже точно произнес Войнович. Он сказал, что если есть один великий писатель в литературе — значит, это великая литература. Я это понимаю так, что явление великого таланта обеспечено какими-то... клетками всего народа, всей нации, так же как явление злодейства титанического, как это было в Германии, да и у нас тоже, в какой-то степени, обеспечивается биохимией всей нации, но это мы уже в сторону ушли...

Значит, повторяю, мерилом будет качество, это надежный вполне, и главное — единственный критерий. Я вынужден признать, что кто-то из нас может стать первой жертвой этого критерия, но от этого он не становится менее надежным, а главное — менее единственным, если так можно говорить по-русски... Мы уже говорили: две литературы или одна — это по сути дела, разговор о будущем литературы, эта литература едина, в ней есть элементы, которые присущи любой здоровой культуре, т.е. сосуществуют — реалистическая проза, авангард, наличествует сатира, нигилизм и т.д. В заключение, я хочу сказать, что будущее литературы лежит, мне кажется, в сфере осознания литературой собственных прав и собственных возможностей. Из методической разработки относительно того, как жить или ,,что делать", она превратится или превращается, как мы видим по литературе прошлого, в захватывающее, прекрасное явление самой жизни, и из наставления, скажем, по добыче золота она превращается в сокровище, и уже неважно, трудом добыто это сокровище или получено в наследство.

Спасибо за внимание.

НИКОЛАЙ БОКОВ

Мне хочется привести один пример из науки, которая изучает поведение животных. Когда рождается цыпленок, когда он вылупливается из яйца, очевидно, первое, что он видит — это клуха, наседка, курица, и затем он послушно следует за курицей, куда бы она ни пошла. Ученые сделали такой эксперимент: когда цыпленок вылупливался из яйца, то рядом лежал шар на веревочке, и затем за эту веревочку шар тащили. И цыпленок считал шар своей матерью, все цыплята ходили за шаром. Конечно, аналогия смелая, но мне кажется, в какой-то мере ее можно применить и к людям, и к тем людям, которые затем становятся писателями. Если родившись на свет, или даже вдруг начиная осознавать самого себя, ты видишь пионерскую организацию, то потом кажется, что пионерская организация повсюду, что она самая лучшая. Если вдруг ты видишь Союз писателей, то потом думаешь, что уж без Союза писателей никак, только Союз писателей. Только Союз писателей может выбрать писателей.

Но есть и другое, и сейчас я перейду к проблеме, которая мною, в общем-то, не решена, и если кто-нибудь пытался ее решать, то мне было бы интересно узнать, как проходил этот опыт. Собственно, писатель в эмиграции сталкивается с вещью необычной, он даже ее не может описать, сформулировать. Речь идет о том, что перед ним жизнь других людей, другого народа, и он не может войти в эту жизнь, он ее не чувствует. Он не может воспринять достаточно впечатлений от этой жизни, услышать соки этой жизни, он не может сделать то, что он делал раньше и достаточно успешно — он не может „взять материал". А ведь все перед глазами, и происходят, в общем-то, знакомые вещи, те, что происходили на родине. Эта невозможность „взять материал" возникает от того, на мой взгляд, что у писателя оказывается отрезанным детство. Мы эмигрируем не из страны, мы эмигрируем из того места, где впечатления детства находили подтверждение каждый день, каждую минуту. Это бесконечная отсылка к первым впечатлениям ребенка, который начинает жить. Как быть писателем с отрезанным детством, с мертвым детством, с убитым? Есть два выхода. Один — писать по памяти. Тогда возникает

Dmitry Bobyshev

художник, работающий только в ателье и совершенно не умеющий работать на пленере. Или пытаться войти в эту жизнь, поскольку писать, вспоминая, в общем, возможно, но мне лично, например, не интересно. Мне кажется, что говорить о будущем литературы в эмиграции в этом отношении, может быть, еще рано, во всяком случае, мне нечего сказать, для меня это настолько живой процесс, что, в общем-то, я еще не вижу результатов, я даже их еще не предвижу.

Можно подойти к вопросу и с другой стороны. Во-первых, мне кажется, что эмигрантская литература ныне очень тесно связана с той литературой, которая делается в России на русском языке. И я не думаю, чтобы это была литература членов Союза писателей. Это нечто другое. Для себя, строя журнал, я ориентируюсь приблизительно на 50 авторов, которые существуют и пишут на русском языке. Этого достаточно, чтобы делать журнал, и я не припомню, есть ли среди них члены Союза писателей. Кажется, что нет, кажется, есть один член профкома. Так что не на Союз писателей, который отберет что-то, я рассчитываю. Если провести аналогию... скажем, сегодня — это то, что вчера было будущим. И что же в этом прошлом, которое сегодня есть настоящее и будущее для этого прошлого, что же там были, например, за писатели? Я вспоминаю, например, безумно популярного Панферова, безумно популярного Ляшко, даже не знаю, говорит ли вам что-нибудь эта фамилия. Отобранные, из Союза писателей, оба. Я вспоминаю Шпанова, тоже очень популярный автор. Вместе с тем они исчезли, как выполнившие свою социальную задачу... (Регламент). Ну, что ж, я думаю, лучше окончить фразу на середине. Спасибо.

ДМИТРИЙ БОБЫШЕВ

Несколько полубанальных мыслей по поводу настоящего и будущего... Будущего, разумеется, никто не знает. И в то же время литература — это и есть будущее, это заложено в самом писательстве. Уже сейчас мы в какой-то степени знаем его... Это — то, что мы пишем, и чем лучше, тем дальше в будущее пойдет написанное.

А. Синявский сказал в своем выступлении в первый день, что писатель, в сущности, пишет самого себя. Это, наверное, так, но мы — это наш индивидуальный и общественный опыт, и, что бы ни говорилось, а мы принадлежим народу, создавшему великую культуру, и пишем мы все-таки о России... И думаем о ней, даже когда думаем, что пишем не о ней. Тем не менее, хорошо, по-моему, что мы уехали. Когда я жил там, мне казалось, что я могу думать только одной половиной сознания и одним полушарием. Я пытался взглянуть на себя и на тамошнюю жизнь со стороны, но не мог, не было никакой точки опоры. Здесь есть возможность думать полным сознанием или обоими полушариями мозга, применяя опыт и той, и здешней жизни. Мне кажется, что такой опыт все-таки уникален.

Там мы жили в одном из вариантов будущего; другое дело — осуществится этот вариант или нет. Самым главным в этом опыте для меня была выживаемость культуры. Сумевшая выжить русская культура, это и есть для меня Россия. В связи с этим, мне было очень неприятно прочитать интервью с новейшим нобелевским лауреатом в журнале ,,Континент”.

Он посчитал нужным объявить, что, как поляк, он не любит Россию. Конечно, это его дело, любит он или не любит, но ведь интервью было дано им для русского культурно-общественного журнала... Мне кажется, что интеллектуал, профессор литературы и поэт должен отличать русскую культуру от войск Варшавского договора.

Не знаю, я люблю Польшу, я помню, как в 50-е годы многие мои сверстники учили польский язык, чтобы в переводах читать, например, Фолкнера или французских романистов новой волны — английские и французские книги до нас не доходили тогда. Читали мы и польских прозаиков, например, Марека Хласко, любили поэзию Галчинского, Тувима и других. И мы не смешивали польскую культуру с Дзержинским.

Здесь говорили о критике... В ее русском варианте на Западе почему-то принято утверждать одних авторов за счет других. Пример из сравнительно недавнего прошлого: критика возвеличивала Бунина за счет умаления Мережковского. Не потому ли, что они одновременно были выдвинуты на Нобелевскую премию, которая досталась Бунину, а не Мережковскому? Нельзя так обожествлять успех. Этого замечательного религиозного мыслителя и писателя ругают все, кому не лень: и советская, и зарубежная критика, разного рода мемуаристы; прозвучала неодобрительная оценка его творчества даже на этой конференции.

Кто-то дожен об этом сказать. Пусть это буду я. Есть священные коровы, есть и козлы отпущения... Мне приходилось не раз спорить с критиками ,,первой волны” по поводу ,,Прогулок с Пушкиным” Синявского. Я говорил, что не надо забывать, ведь Синявский — это Абрам Терц, он написал эту книгу на лагерных нарах. С этой позиции можно объявить ,,проверку на вшивость” кому угодно, даже Пушкину, этому раззолоченному кумиру пушкиноведения. И главное — то, что Пушкин после такой проверки вышел живым, веселым и мудрым!

Но я благодарен Синявскому еще и за другое. Когда моя книга вышла в Париже, я жил в Ленинграде. Знакомые удивлялись, что

Yuz Aleshkovsky

против меня не было никаких репрессий. Но я твердо знаю, что избежал возможных неприятностей именно потому, что Синявский за подобное уже отсидел в лагере. И это — то прошлое, которое отзывается в настоящем, и, следовательно, — в будущем. Спасибо.

ЮЗ АЛЕШКОВСКИЙ

Судя по названию темы сегодняшней встречи, мы должны перенестись, или, как говорят философы-мистики, совершить трансцензус в область сладких и горьких грез: будущее русской литературы в эмиграции. Я говорю о сладких и горьких грезах, потому что наши представления о будущем русской литературы в эмиграции могут быть оптимистическими до несерьезного бодрячества, а также мрачноватыми до опустошающего душу уныния.

Величайший разрушитель Ленин небезвинно призывал массы регулярно использовать чудеснейшую способность человеческой натуры — по-меч-тать. В сущности, это было для него одним из основных методологических принципов отношения разрушительного большевизма к бытию. При первом приближении принцип этот мог показаться в те каталиктические времена романтичным и внушающим надежду всем душевным силам человека, личности, а также народа, ужасно поколебленным в самом своем существе кровавой, а главное, лукавой бойней революции. То есть, призыв к мечтаниям был актуален и прагматичен.

Если же исследовать дальний, так сказать, прицел этого принципа на тысяче примеров из новейшей истории СССР, то окажется, что цель призывов к мечтаниям была не так уж инфантильна и безобидна. Целью этой было оторвать Дар от Реальности. С этой именно целью, и больше ни с какой другой, был создан гениальный по своему дьявольскому содержанию и внедрению в практику, в творчество, якобы художественный, метод социалистического реализма. Что из-за этого насильственного и унизительного отрыва Дара от Реальности происходит в культуре и происходило, мы прекрасно знаем. Ни одного, буквально, замечательного произведения по этому методу создано не было. Но благодаря ему и его поддержке карательными органами, в отечественную словесность, обескровленную и обезоруженную, хлынули саранчовые стаи посредственностей, циников, мошенников и просто монстров.

Я говорю все это к тому, что эмиграция, изгнание дает нам счастливую и достойную возможность соответствовать чувству реальности сообразно нашему художественному видению мира. Если говорить исключительно о нравственной задаче, моей, скажем, собственной, — не сводя к ней, как это часто, навязчиво и неэстетично делает мой друг Коржавин, всех целей и всего содержания искусства — то я вижу ее в бесстрашном воспроизведении абсурдной советской действительности: этого нового монструального мира. Я говорю исключительно о себе. Я намеренно избегаю разговора о том, что всегда составляет счастье существования даже в условиях тоталитарного общества: о птичках, девушках, милых семейных отношениях, удачах, т.е. о том, с чем любая власть справиться не может. У советских писателей, даже самых талантливых, нет полноты такой возможности.

(Дальше следует несколько резких слов в адрес Лимонова, которые по просьбе выступавшего были убраны.)

EDWARD ALBEE

Olga Matich thanked me earlier for participating. I can't imagine why. I'm the one who's grateful for being allowed to spend this time with my brothers. Before I share with you some of my musings of the past three days, I must comment on a couple of things that Mr. Green said earlier this afternoon. He referred to the barren wasteland of nineteenth-century American literature compared with Russian literature of the nineteenth century. I must protest. I think of Herman Melville, I think of Walt Whitman, and, to perhaps a lesser extent or in a more parochial sense, I think of Thoreau. And that is not a wasteland.

For the past three days I have been trying to imagine what it must be like to be a writer in exile; I cannot do it. I live in a society where I may write whatever plays I wish; I live in a society where audiences are free to refuse in great numbers to attend my plays. I live in a society where critics are free, and indeed encouraged, to misunderstand every word I write. I have never been arrested for my prose; I have never been imprisoned for my dislike of Republican administrations, nor have I, during any of my visits to foreign lands, been informed that I may not return home. I've tried to imagine what it must be like to be a writer in exile, but I cannot. I've almost wished that I could in the same way that the British poet, finally American poet, Wystan Auden, is reputed to have daydreamed that his lover had died so that he could experience ultimate grief. Perhaps I daydream that I might one day be in exile so I could comprehend it. It must indeed present problems of an enormous dimension. One cannot surrender, abandon, lose one's roots, but at the same time any writer worth the title transcends the parochialism of his society and becomes a world writer. But what of the writer who must move to an environment where, to a certain extent and for a while, his value is going to be determined by the very fact that he is an exile? Solzhenitsyn was enormously popular in the United States while he still lived and had his woes in the Soviet Union. He began to be less popular when his work was translated, and people began to read him; and he became less popular still when he began to tell people in the West how they should behave.

What language does an exile writer work in? Does he do what Joseph Conrad did? Does he do what Nabokov did and work in an entirely new language or the language of the country or environment he chooses to live in? Indeed, does he do what Joyce did and invent an entirely new language? What does a writer in exile do? We are told of the vitality that adversity brings to us. We are told that the transcendent will transcend, the petty will not. All these things are true. But I try to imagine what it must be like to be in exile. Not the exile I spoke of the other day, because all writers are in some exile from their societies, from their environment, but what it must be like to have to create one's private world in a totally different world. I don't know. I think perhaps these past few days I've begun to learn a bit about it.

I hope we'll be able to preserve in the West an environment in which you all can work with some happiness, but democracy is enormously fragile, far more fragile than any totalitarianism, and it may well be that we will not be able to preserve it. If that turns out to be the case, I think I'm also grateful that I will be joined by most of you at the barricades.

ВАСИЛИЙ АКСЕНОВ

Вроде, тут все уже сказано, разбита вся посуда, впрочем, вот... пластмассовая еще цела. Мандельштам в „Египетской марке" написал когда-то, что русская литература родилась под звездой скандала. Думаю, что это нормальная, собственно говоря, жизнь, и нечего ее пугаться. Мандельштам там описывает скандал на литературных чтениях — все начинается на вешалке, в гардеробе, все там перепутали галоши, начинают из-за галош ругаться, толкаться и т.д. И это тоже входит в норму, абсолютную норму литературной жизни, я бы сказал.

Ну, кто-то здесь, у нас, на нашей, на мой взгляд, совершенно блистательной конференции перепутал галоши, скажем, вот, на мой взгляд, доктор Янов перепутал галоши, или вот мой ближайший кореш Юз только сейчас влез в чью-то чужую пару. Ну, Алеша Цветков там, нападая на альманах „Метрополь", совершенно непонятно почему, тоже куда-то там вляпался. Он говорит, что известные писатели все время хапают себе славу, и неизвестным ничего не остается. Между прочим, одна из целей альманаха „Метрополь" была как раз поднять из неизвестности вот этих названных Цветковым блестящих писателей, и мы этого добились, именно после „Метрополя" начали говорить о них. Можно рассматривать выступление Цветкова, как дерзкую атаку молодежного крыла, я бы сказал, на старых зубров Союза писателей СССР. Дерзкая молодежь на писательском сборище — это тоже нормально. Что же делать нам со своим прошлым? Может быть, сделаем чучело Союза писателей и сожжем его на кампусе USC? Соберем студентов, рок-группу какую-нибудь пригласим, неплохой праздник в завершение конференции.

Мы как-то с Максимовым говорили, я помню, прошлым летом, когда я только приехал в лучший из существующих трех миров, говорили о русских зарубежных распрях. И мы согласились, что ничего особенного в общем не происходит, ну действительно, гораздо лучше положение, чем в других эмиграциях: никто не стреляет друг в друга, стульями почти не бросаются, бороды не обрывают, а вот кое-где в других литературах, не эмигрировавших, бывают всякие столкновения, даже вилки в задницы всаживают. Спор на нашей конференции, конечно, отличается, скажем, от дискуссий девятой студии советского телевидения, когда высоколобые аппаратчики спорят по принципу: ,,Вы совершенно правы, только разрешите добавить..."

Теперь, если попытаться перекинуть мостик от первого нашего round table к этому последнему, можно снова подумать о судьбе нашей литературы. Я думаю, что в эмигрантской литературе положение сейчас очень исключительное, она расцветает, идет активная бурная жизнь, в то время как литература в метрополии хиреет и пребывает в плачевном состоянии. Надолго ли хватит пороха в зарубежье? Сможем ли мы помочь грядущей литературной весне в метрополии? Трудно предсказать судьбу. Если же говорить о литературе, как о русской литературе, как о единой, то тут надо... нечего сказать, надо только думать, думать, что будет, какова судьба у литературы, которая изгоняется с территории, из языка.

Вспоминается судьба первой русской эмиграции, блестящей культуры первой эмиграции, о которой говорили, что она умерла и не дала плодов: дети стали по-французски шпарить или там по-английски и так далее, и тому подобное. Но это неверно. Русская литература первой эмиграции внесла огромную лепту в наше формирование, в формирование нашего литературного поколения, она достигла берегов России, принесла нам огромную русскую культуру эмиграции, не оказалась лишней и в культуре тех стран, что дали ей приют. Я надеюсь, что и мы сможем что-то сделать на нашем сходном пути. Я надеюсь, что когда-нибудь литература достигнет своих главных русских берегов, и, как говорится, придут времена, когда ,,мужик не Маркова, не Грибачева глупого, Синявского, Максимова с базара понесет".

ПРЕНИЯ

Гладилин: Я хочу просто напомнить о своем выступлении. Дело не в том, что старые зубры-писатели, так сказать, ужасно защищаются и не пускают молодежь, и ее игнорируют. Уже стало ясно, что все споры по поводу Лимонова не по существу, т.к. Лимонов нам сам заявил, что он не хочет принадлежать русской литературе. Я не буду скрывать своего отношения к этой книге, она мне не нравится, я это публично высказывал и повторяться не буду. Дело в том, что те претензии, которые были к этой книге, на мой взгляд, справедливы, но справедливы только в том случае, если мы будем ее рассматривать в русле русской литературы. Но, судя по словам Лимонова, он написал ее в русле другой литературы, будем ее условно называть эмигрантской, хотя это не совсем точное определение. Он написал ее по законам, о которых нам только что говорил американский издатель, а перед этим говорили, вроде бы, понимающие в этом отношении американские профессора, что писал он так для того, чтобы обратить на себя внимание. А что остается делать писателю, который хочет, так сказать, перейти... Надо кусаться, надо укусить собаку — я утрирую, конечно. И Лимонов укусил несколько собак, укусил самого себя там... не буду перечислять, чтобы, знаете, не попасть в чужие галоши. Но это другой закон, и, видимо, в этом он добился какого-то успеха, вне всякого сомнения, именно, в рамках другой литературы, которая, в общем, мне чужда.

Это моя, так сказать, в общем, вина, я пытаюсь оставаться в русской литературе. Не повторяя то, что вы все знаете о достоинствах русской литературы, я считаю, что есть у нее какие-то достоинства, которые нам надо сохранять, несмотря на то, что мы здесь все свободны. (Ваше время истекло. — Матич.) А это очень важно, как раз, то, что я хотел сказать. (Другие тоже еще хотят выступить. — Матич.) Ну, как хотите. (Ну, пусть закончит... Да почему же так... — из публики.)

Войнович: Я уступаю свое время Коржавину.

Гладилин: Так вот я еще раз повторяю... Тем не менее, я считаю, что то, о чем совершенно справедливо говорил Цветков, хамство, которое было проявлено по отношению к Лимонову журналом „Континент” — это даже не хамство, а еще хуже. Это уже не эмигрантская литература в самом отрицательном ее качестве, а эмигрантско-советская литература. За этот ответ, за эту снисходительность барскую, которая была проявлена к литератору, своему собрату, в общем-то, в приличном обществе, простите, бьют рожу. Все.

Цветков: Я буду очень краток. Я тут невольно повернул, отчасти сорвал беседу, что, в общем, не входило в мои намерения. Я хотел сказать несколько вещей, которые я считал нужным сказать, и, конечно, я упустил гораздо больше, чем сказал, и если вышло все очень черно, то я прошу прощения. Я надеялся, что поймут, что я просто регламентом, если уж ничем другим, был стеснен, и поэтому я вот просто отвечал Войновичу, и вкратце, я хочу в двух словах ответить Василию Аксенову. Я думаю, что я, как и многие другие из нас, благодарен Аксенову, как организатору ,,Метрополя". Я считаю, что ,,Метрополь", бесспорно, очень важное явление в современной литературе, и тоже заслуживает всяческой похвалы роль Проффера в его публикации. И спасибо прессе за то, что она, так сказать, помогла, и спасибо даже, парадоксально, тому же Вознесенскому, что он дал свое имя. Я просто говорил о другом.

Алешковский: Ровно одну минуту. Мне очень приятно второй раз слушать выступление замечательного писателя Эдварда Олби, потому что я почувствовал в этом выступлении нотки истинной творческой серьезности. Мы много говорим об изгнании, а на самом деле, можно бы отнестись к нашему перемещению, к нашим трагедиям, к нашим драмам перемещения с большей иронией и оценить подарок судьбы — свободу. Потому что, действительно, не мы в изгнании, а в изгнании, скажем, те же самые Феликс Кузнецов, начальник московских писателей, и начальник всесоюзных писателей Георгий Марков. Однажды на банкете Марков уронил свой зубной протез в салат ,,оливье" Феликса Кузнецова, и Феликс Кузнецов, для того, чтобы, так сказать, снять ,,шокинг" этого явления, проглотил этот протез. И Марков ему сказал: ,,Феликс, я этого никогда не забуду, но, все-таки, ты мне завтра отдай его обратно".

Поскольку мы выступаем не в Центральном парке культуры и отдыха, и основная цель конференции — это контакт литераторов не с нашими милыми и родственными нам советскими людьми, которые нас знают, а контакт с публикой американской, с американскими учеными, устроителями, то, действительно, не мешает подумать не только о темных сторонах изгнания, но и о достойных и славных. Спасибо.

Коржавин: Я хочу высказаться дополнительно. Не существует в эмиграции проблемы молодых писателей — во всяком случае, в том смысле, что их кто-то куда-то не пускает. Кто, кого, куда может не пускать здесь, за границей? Это ведь физически невозможно, даже если бы кто и хотел. Здесь проблема вообще не в публикации. Трудность в другом. Как и на чем сформироваться молодому писателю, и сохраниться немолодому. Но это как раз, судя по выступлениям, никого не беспокоит, с этим, вроде бы, все в порядке.

Меня вообще поразила какая-то гордость от нахождения вне России и ее бед, от возможности игнорировать эти беды в творчестве — прозвучавшая в некоторых речах. Причем, это выдавалось за высоту духа и изысканность вкуса. Однако, русская литература может существовать, только соотносясь с Россией и ее судьбой. Существовать ,,нигде" она не может. Ссылаются на Набокова. Но, во-первых, я человек отсталый (меня здесь чуть ли ни агитатором представляли — только непонятно, за что агитирую?!), и мне кажется, что ему это ,,нигде" больше мешало, чем помогало, что лучшие свои места он написал не с этим ощущением. И потом, Набоков оказался за границей не потому, что так решил, а не имея другого выхода. В отличие от нас. А это влияет на самоощущение. Наше появление на Западе больше зависило от нашего решения и больше нуждается в обосновании, т.е. беспочвенность нам угрожает и разрушительна для нас и для нашего духа больше, чем для него.

Ведь литература существует где-то на скрещении личности и духа, а не индивидуального (но не личностного) существования и его самовыражения, верней, самоутверждения. Впрочем, литература тоже самоутверждение, но самоутверждение человека в духе, в бытии, а не в быте, особенно, в литературном. Мало этого — даже в эмиграции. Но здесь об этом почти не говорили. Возможно, потому что никто не обнимет необъятного.

Хочу добавить, что и мне было здесь приятно встретиться с друзьями, с нашими милыми устроителями, читателями — и цетера.

Боков: Мне кажется, что все-таки существует проблема: пускают — не пускают. Это можно легко доказать. Скажем, между написанием Лимоновым своего романа и опубликованием его в ,,Ковчеге" прошло четыре года, между созданием ,,100 однофамильцев Солженицына" Бахчиняном и опубликованием прошло пять лет. Все-таки, четыре-пять лет — это довольно много в жизни, тем более в эмигрантской, в условиях свободы.

Лимонов: Я просто хочу всех поблагодарить, поскольку, по-моему, мне на этой конференции оказали незаслуженное, непропорциональное, с моей точки зрения, внимание. Хочу поблагодарить моих литературных друзей, литературных врагов, всех находящихся в зале, Ольгу, и надеюсь, что это не последняя конференция. Спасибо.

BIOBIBLIOGRAPHIES OF PARTICIPATING RUSSIAN WRITERS

The following short biobibliographies do not claim to be exhaustive. They are meant instead to provide the interested reader with a thumbnail sketch of each writer's life and a list of the major works he has published, in book form and in Russian, outside the Soviet Union.

Vasily Aksyonov (b. 1932) made his reputation in the late fifties as the originator of "young prose" in the Soviet Union, depicting Soviet youth on their own terms and in their own language. Later he expanded both his thematic and stylistic repertory to include different generations and types and more fantastic views of reality, more self-conscious literary play, thus demonstrating how innovations of recent Western writers and the newly rediscovered Russian writers of the twenties could revitalize Soviet literature. In the late seventies he spearheaded an attempt to publish an independent literary miscellany in Moscow, *Metropol'*, and in 1980 his Soviet citizenship was revoked in absentia. *Metropol'*, (1979), *Zolotaia nasha zhelezka* (1980), *Ozhog* (1980), *Ostrov Krym* (1981), *Aristofaniana s liagushkami* (1981), *Bumazhnyi peizazh* (1983). Stories in *Glagol, Kontinent, Vremia i my*.

Yuz Aleshkovsky (b. 1929) did not begin his career as a writer until after a stint in the navy, several years in a labor camp, and a number of odd jobs. His first books were for children, and he later wrote film and television scripts. He was best known in the Soviet Union, however, for his irreverent *samizdat* song texts, and his reputation in the West rests on his equally irreverent novels. *Nikolai Nikolaevich/Maskirovka* (1980), *Ruka* (1980), *Kenguru* (1981), *Sinen'kii skromnyi platochek* (1982), *Karusel'* (1983).

Dmitry Bobyshev (b. 1936) belonged to a group of young Leningrad lyric poets (including Brodsky, Naiman, and Rein) personally encouraged by Anna Akhmatova. He first published his work in Alexander Ginzburg's *samizdat* journal *Sintaksis* and later in several Soviet journals. In 1972 he experienced an epiphany, became baptized, and has since written largely on Christian themes. *Pamiati Akhmatovoi* (1975), *Ziianiia* (1976). Poems in *Kontinent, 22, Vestnik, Vremia i my, Ekho, Novyi amerikanets*.

Nikolai Bokov (b. 1945) graduated from Moscow University in philology, but was unable to find steady employment for political reasons. During the seventies he published avant-garde poetry and prose in *samizdat* and abroad. He is the founding editor of the avant-garde journal *Kovcheg* in Paris. *Smuta noveishego vremeni: Neobychainoe pokhozhdenie Vani Chmotanova* (1970), *Bestseller i drugoe* (1979). Stories in *Russkaia mysl', Grani, Kovcheg*.

Sergei Dovlatov (b. 1941) was expelled from Leningrad University for contact with foreigners, then made a career for himself as a journalist. While writing for the official press, he circulated his stories first in *samizdat*, then in *tamizdat*. He is known for his sardonic first-hand views of camp life (he served for a time as a military guard in a strict security prison camp) and life from the viewpoint of the Soviet editorial board. Until recently he was the editor-in-chief of the New York weekly *Novyi amerikanets*. *Nevidimaia kniga* (1978), *Solo na undervude* (1980), *Kompromiss* (1981), *Zona* (1982), *Marsh odinokikh* (1983). Stories in *Kontinent, Tret'ia volna, Vremia i my, Ekho*.

Anatoly Gladilin (b. 1935) came to the fore in the "young prose" movement along with Aksyonov. His works show great concern for the moral integrity of the individual, whose predicaments he shows both in contemporary Soviet reality and historical perspective. In the West he has devoted himself largely to journalism. *Prognoz na zavtra* (1972), *Repetitsiia v piatnitsu* (1978), *Parizhskaia iarmarka* (1980), *Bol'shoi begovoi den'* (1983).

Naum Korzhavin (b. 1925), whose career as a poet was postponed by nearly a decade of exile, earned the respect of his colleagues for stark and uncompromising poems on social, historical, and political themes, thereby carrying on the best of the Russian tradition of the "civic" poet. He also published much admired literary essays in a similar vein. *Vremena* (1976), *Spleteniia* (1981). Poems and essays in *Grani, Novyi zhurnal, Kontinent.*

Eduard Limonov (b. 1943) was named Eduard by his father, an army officer who admired the poet Eduard Bagritsky. Beginning in 1967 he earned his keep by sewing trousers and selling volumes of his own poetry at five rubles a piece. Since coming to the West Limonov has concentrated more on prose, but has remained as controversial as before. He considers himself a born outsider and enjoys his enfant terrible image in New York and Paris as much as he enjoyed it in Moscow. *Russkoe* (1979), *Eto ia—Edichka* (1979), *Troe* (1981), *Dnevnik neudachnika* (1982), *Podrostok Savenko* (1983). Poetry in *Grani, Kontinent, Kovcheg, Ekho.*

Victor Nekrasov (b. 1911) has the distinction of being among the first to write with simple honesty about life in the trenches and the soldier's immediate return to civilian life, and later, the zek's return to civilian life. He also attracted attention with a series of unbiased travelogues of Italy, the United States, and France. He was until recently on the editorial board of the Paris-based journal *Kontinent. Zapiski zevaki* (1976). Essays in *Grani, Novoe russkoe slovo, Kontinent.*

Andrei Sinyavsky (b. 1925), who for years led a second, secret literary existence under the pseudonym Abram Tertz, began his literary career as a critic specializing in Soviet poetry of the twenties. When despite the Thaw he realized he had no hope of publishing his essay "What is Socialist Realism?" in the Soviet Union, he sent it to France. A group of sharply satirical stories followed, setting the tone for the rest of his work with their fantastic, anti-utopian settings. In 1965 Tertz was identified as Sinyavsky and was sentenced to seven years hard labor. Since emigrating he has taught at the Sorbonne, and together with his wife, Maria Rozanova, he edits the journal *Sintaksis. Liubimov* (1965), *Mysli vrasplokh* (1966), *Fantasticheskii mir Abrama Tertsa* (1967), *Golos iz khora* (1973), *Progulki s Pushkinym* (1975), *V teni Gogolia* (1978), *Kroshka Tsores* (1980), *"Opavshie list'ia" V. V. Rozanova* (1982). Essays in *Kontinent, Sintaksis, Vremia i my.*

Sasha Sokolov (b. 1943) was born in Canada, the son of a Soviet diplomat. After graduating from the Moscow University School of Journalism, he worked as a night watchman, stoker, factory worker, and morgue assistant. He began thinking of himself as an internal emigre in 1972. His highly original use of languge has taken the Russian novel into previously unexplored territory. *Shkola dlia durakov* (1976), *Mezhdu sobakoi i volkom* (1980).

Aleksei Tsvetkov (b. 1947) attended the Moscow University School of Journalism and worked at various trades. His finely wrought poetry belongs to the contemplative tradition of Russian poetry. He is also active as a translator of contemporary Anglo-American poetry. *Sbornik p'es dlia zhizni solo* (1978), *Sostoianie sna* (1981), *Troe* (1981). Poems in *Kontinent, Glagol, Vremia i my, Ekho.*

Vladimir Voinovich (b. 1932) began his professional career as a carpenter and managed to become a writer against great odds. In his early works he tried to give an objective account of how and why things went wrong in Soviet society, then turned to humor and satire. The main butt of his attacks is Soviet bureaucracy in all its forms (the army, the housing office, the literary establishment). His heroes are "natural people who fall into unnatural situations." *Zhizn' i neobychainye prikliucheniia soldata Ivana Chonkina* (1975), *Ivan'kiada* (1976), *Putem vzaimnoi perepiski* (1979), *Pretendent na prestol* (1979).